SUPER SEX *beginnt mit* 50

AF640091

TRACEY COX

SUPER SEX *beginnt mit* 50

SO BLEIBEN LIEBE UND LUST LEBENDIG

DK

Für die deutsche Ausgabe:
Programmleitung Monika Schlitzer
Redaktionsleitung Anne Heinel
Projektbetreuung Doreen Wolff
Herstellungsleitung Dorothee Whittaker
Herstellungskoordination Ksenia Lebedeva
Herstellung, Design & Satz Christine Rühmer

Übersetzung Regine Brams
Lektorat Elke Sagenschneider Texte und Projekte, München

Titel der englischen Originalausgabe: Great Sex starts at 50. How to age-proof your libido.

Der Originaltitel erschien 2020 in Großbritannien bei Murdoch Books, ein Imprint von Allen & Unwin, London.

Text © Tracey Cox 2020

Covergestaltung Sibylle Schug, unter Verwendung eines Bilds von 123RF.com: Daria Minaeva

© der deutschsprachigen Ausgabe by Dorling Kindersley Verlag GmbH, München, 2021
Ein Unternehmen der Penguin Random House Group
Alle deutschsprachigen Rechte vorbehalten

Jegliche – auch auszugsweise – Verwertung, Wiedergabe, Vervielfältigung oder Speicherung, ob elektronisch, mechanisch, durch Fotokopie oder Aufzeichnung, bedarf der vorherigen schriftlichen Genehmigung durch den Verlag.

ISBN 978-3-8310-4164-0

Druck und Bindung DZS Grafik, Slowenien

MIX
Papier aus verantwortungsvollen Quellen
FSC® C106600

www.dk-verlag.de

HAFTUNGSAUSSCHLUSS
Die Informationen und Ratschläge in diesem Buch sind von der Autorin und vom Verlag sorgfältig erwogen und geprüft, dennoch kann eine Garantie nicht übernommen werden. Eine Haftung der Autorin bzw. des Verlags und seiner Beauftragten für Personen-, Sach- und Vermögensschäden ist ausgeschlossen. Wer gesundheitliche Beschwerden hat oder an einer Erkrankung leidet, sollte unbedingt Rücksprache mit seinem Arzt halten. Die in diesem Buch enthaltenen Informationen können eine qualifizierte Untersuchung und Diagnose nicht ersetzen. Die Verantwortung liegt allein beim Leser. Grundsätzlich ist bei ernsthaften oder anhaltenden Beschwerden von einer Selbstdiagnose und Selbstbehandlung abzuraten. Auch wenn Beschwerden länger anhalten, sollten Sie einen Arzt aufsuchen. Dasselbe gilt für Personen, die verschreibungspflichtige Medikamente einnehmen.

HINWEIS
Dieses Buch ist für Frauen jeglicher sexueller Orientierung gedacht, gleich ob sie hetero, bi oder lesbisch sind. Aus Gründen der besseren Lesbarkeit ist hier von „Ihr Partner“ und „er“ die Rede. Partnerinnen sind jedoch ausdrücklich mitgemeint.

INHALT

Machen Sie sich auf etwas gefasst! 6

KAPITEL 1
Vier Dinge, die Ihr Sexleben revolutionieren 11

KAPITEL 2
Libido kennt kein Alter 27

KAPITEL 3
Ich fühle mich aber nicht mehr sexy 49

KAPITEL 4
Die Hölle, die man Wechseljahre nennt 69

KAPITEL 5
Ich liebe meinen Partner, will aber keinen Sex mehr mit ihm 97

KAPITEL 6
Frauen haben keine schwache Libido, wir sind gelangweilt! 121

KAPITEL 7
Wie man ohne Erektion (heißen) Sex haben kann 143

KAPITEL 8
Warum Sexspielzeug die meisten Ihrer Probleme lösen kann 171

KAPITEL 9
Wie man in einer sexlosen Beziehung überlebt 191

KAPITEL 10
Affären: Ihre, seine und der Umgang mit den Konsequenzen 221

KAPITEL 11
50 plus und Single 239

KAPITEL 12
50 Dinge, die Sie nur wissen können, wenn Sie über 50 sind 271

Dank 278
Leseempfehlungen 280
Quellenangaben 282
Register 285

MACHEN SIE SICH AUF ETWAS GEFASST!

Hätte man vor 20 Jahren jemanden aufgefordert, eine Frau mittleren Alters zu beschreiben, wäre wohl das Bild einer stämmigen Person mit Dauerwellen und festem Schuhwerk herausgekommen, die gerade im Garten herumwerkelt. Googeln Sie mal Jennifer Lopez, die gerade knapp über 50 ist – dann sehen Sie, dass sich etwas verändert hat. Und wie! 50 plus heute hat mit 50 plus damals nichts mehr zu tun.

Wir haben starke weibliche Vorbilder, die andere Generationen nie hatten: alterslose Schönheiten wie Helen Mirren, die quirlige Dawn French, Madonna, die noch immer Netzstrümpfe trägt, Christine Lagarde, Anne Will, Annie Leibovitz, Annie Lennox, Isabelle Huppert, Birgit Schrowange und Michelle Obama. Keine dieser Frauen macht den Eindruck, man müsse geschlechtslos, unsichtbar und öde werden, nur weil man ein halbes Jahrhundert auf der Welt ist.

Auch in Sachen Sex sind wir anders als unsere Mütter. Wir diskutieren über Testosteronsubstitution und wissen, dass Hormonersatztherapie unsere Geschlechtsorgane einsatzfähig und unsere Stimmung im Gleichgewicht hält. Wir treiben mehr Sport, machen Yoga und Pilates, ernähren uns besser, fühlen uns jünger und sehen auch so aus.

Die Gesellschaft ist offener für Themen wie die Wechseljahre, und – ob es Ihnen gefällt oder nicht – es gibt keinerlei Zweifel, dass *Fifty Shades of Grey* einen starken Einfluss auf Frauen mittleren Alters hatte; schließlich wurden wir an den guten, interessanten Sex erinnert, den wir hatten, bevor er langweilig und monoton zu werden begann. Ihre Kinder finden den Gedanken, dass Sie es immer noch tun, möglicherweise eklig, aber einige Frauen haben im Alter tatsächlich mehr und befriedigenderen Sex als je zuvor.

Allerdings ... wenn alles so einfach wäre, bräuchte ich dieses Buch nicht zu schreiben. Ganz so einfach ist es nicht. Denn mit 50 geschieht sexuell etwas mit uns: Unsere Lust auf Sex nimmt ab. Wenig Lust ist das häufigste sexuelle Problem älterer Menschen, und dieses Problem betrifft Frauen doppelt sooft wie Männer. Viele Paare reden nicht über schwindende Lust, darüber, dass jede Art körperlicher Nähe sich seltsam anfühlt, fast unmerklich die Zuneigung versiegt und Paare sich auseinanderleben. Es gibt viele ältere Menschen, die kapitulieren und sich einer Zukunft ohne Sex gegenübersehen – die ihnen eine Riesenangst macht.

Es ist nicht so, dass wir alle träge und nachlässig geworden sind. Doch auch wenn 50 das neue 35 ist: Der Körper verändert sich. Die Wechseljahre bescheren uns eine Menge Schwierigkeiten, von Schmerzen beim Sex und trockener Scheide bis zu schwindender Libido und Problemen mit der Körperwahrnehmung. Gleichzeitig sorgen sich viele Männer darum, dass ihr Penis nicht mehr so reibungslos funktioniert wie früher, und sie kriegen die Krise, wenn sie es mit Potenzstörungen und einem zweifelhaften Segen namens Viagra zu tun bekommen. Addiert man dazu noch so banale Altersbeschwerden wie lädierte Knie, einen kaputten Rücken, Arthritis und unerwünschte Nebenwirkungen typischer 50-plus-Medikamente auf unsere Sexualität, kann Sex vom Quell der Freude zum Quell des Leidens werden.

Doch es gibt auch andere als rein körperliche Herausforderungen. Lässt sich nach Jahrzehnten mit ein und derselben Person die Lust wieder neu entfachen? Was können Sie tun, wenn Sie Ihren Partner von Herzen lieben, aber nicht mehr mit ihm schlafen wollen? Kann man auch ohne Sex eine gute Beziehung haben? Und wie geht man mit dem Scherbenhaufen um, der übrig bleibt, wenn Untreue ins Spiel kommt?

Zum Glück braucht man nur Informationen und ein wenig Enthusiasmus, um viele dieser Probleme zu lösen und das Sexualleben wieder in Gang zu bringen. Warum das wichtig ist? Weil Sex nicht nur Spaß macht, sondern uns auch gesund hält. Er stärkt Immunsystem, Herz und Muskulatur. Eine Studie der *Harvard School of Public Health* ergab, dass bei Männern, die häufig onanieren, statistisch gesehen das Risiko, an Prostatakrebs zu erkranken, geringer ist. Die Wissenschaft zeigt auch, dass Sex hilft, den Blutdruck zu senken, Stress zu mindern, die Stimmung und sogar die Gedächtnisleistung zu verbessern. Regelmäßige Orgasmen sind unerlässlich für unser seelisches und körperliches Wohlbefinden. Sie helfen beim Einschlafen, entspannen uns und setzen Endorphine frei, die für gute Laune sorgen. Es lässt sich nicht leugnen: Es gibt bei Menschen jeden Alters einen klaren Zusammenhang zwischen sexueller Intimität und Wohlbefinden.

In diesem Buch geht es nicht um den Versuch, jung zu bleiben – weder von der Einstellung noch von der Körperlichkeit her. Es geht nicht um einen verzweifelten Versuch, die Uhr zurückzudrehen. Es geht darum, Ihnen Informationen und praktische Lösungen an die Hand zu geben, damit Sie das Beste in Ihnen zum Vorschein bringen und Ihre Beziehung in jeder Lebenslage genießen können, voller Elan – und bereit, in der zweiten Hälfte Ihres Lebens ebenso glücklich zu leben wie in der ersten.

Wir alle sind einzigartig, und ich habe dieses Buch für Sie alle geschrieben, egal, ob Sie eine feste Beziehung haben oder gerade Single, verheiratet oder irgendetwas anderes sind. Es ist für Frauen jeglicher sexueller Orientierung gedacht, gleich ob sie hetero, bi oder lesbisch sind, für Frauen, die Sex schön oder schrecklich finden oder nie verstanden haben, was die ganze Aufregung soll. Vor allem jedoch richtet es sich an Frauen, die Sex einmal schön fanden, aber im Laufe des Älterwerdens die Freude daran verloren haben. Dieses Buch wendet sich an Frauen, ist aber auch so angelegt, dass Sie es mit Ihrem Partner oder Ihrer Partnerin teilen können und Sie beide etwas davon haben.

Ich habe für dieses Buch Hunderte von Frauen zwischen 45 und 80 interviewt. Ihre Geschichten haben mich aufgebaut, aber auch betroffen gemacht. Einige der Frauen haben fantastischen Sex, andere beschlossen, nie mehr Sex zu haben. Nicht wenige haben Sex nach dem Motto: Augen zu und durch. Eine der Frauen hatte ihren ersten Orgasmus mit 45, eine andere mit 17; letztere kommt weiterhin regelmäßig zum Höhepunkt, mit derselben Person, und ist inzwischen über 70 Jahre alt. Von all diesen Frauen kann man etwas lernen; ihre Fallgeschichten und Zitate sind über das ganze Buch verstreut.

Ich bin fast 60 Jahre alt, und dies ist mein 17. Buch über Sex und Beziehungen. Mein erstes hieß *Hot Sex: How to Do It* und kam vor 20 Jahren in den USA heraus. Vielleicht haben Sie es gelesen und sind mit mir zusammen älter geworden. Es war damals ein Bestseller, wurde weltweit über eine Million Mal gekauft und in mehr als 20 Sprachen übersetzt. (Es ist in Amerika immer noch im Handel.) *Hot Sex* war einer der ersten Sex-Ratgeber mit praktischen, erprobten und nicht wertenden Schritt-für-Schritt-Anleitungen. Er sagt Ihnen alles, was Sie wissen müssen, um fantastischen Sex zu haben ... solange Sie noch nicht 50 sind. Wenn Sie unter 50 sind, haben Sie keine Ahnung davon, dass Sex in der zweiten Lebenshälfte eine völlig andere Sache ist.

Dies hier ist *Hot Sex* für Erwachsene. Ich hoffe, Sie finden es authentisch, aufbauend, ehrlich und (hoffentlich) lustig – ein Buch, in das Sie eintauchen und aus dem Sie wieder auftauchen können, das Ihnen von nun an zur Seite steht, so etwas wie eine beste Freundin, die sich mit Sex super auskennt. Und ich würde mir gern vorstellen, dass Sie es Ihren Töchtern, Freundinnen und Kolleginnen zu deren 50. Geburtstag schenken.

Ich hoffe, Sie haben beim Lesen so viel Freude wie ich beim Schreiben.

6 EWIGE WAHRHEITEN ZUM THEMA SEX

1. **Begehrt zu werden ist ein unglaublich wirksames Aphrodisiakum.** Zu wissen, dass man von jemandem wirklich gewollt wird, schlägt selbst die ausgefeilteste Sexpraktik.
2. **Zu hocherotischem Sex gehört nicht unbedingt ein Orgasmus.** Wenn Sie ganz in dem Erlebnis aufgehen, ist ein Orgasmus unbedeutend. Deshalb geht Orgasmus-fokussierter Sex komplett an der Sache vorbei.
3. **Es ist nichts Schlechtes, manchmal Nein zu sagen.** So geben Sie Ihrem Partner die Gewissheit, dass Sie bei einem Ja auch wirklich in Stimmung für Sex sind.
4. **Zu gutem Sex gehören Körper und Geist.** Das bedeutet, dass Sie Ihr Gehirn stimulieren müssen, damit Ihre Genitalien aufwachen und mitmachen.
5. **Sex ist nicht etwas, das »einem im Blut liegt«.** Wir kommen nicht mit dem Wissen auf die Welt, wie man mit jemandem schläft. Es ist etwas, das wir lernen.
6. **Echte Erregung ist viel mehr als nur »feucht« oder »steif« zu sein.** Sie spüren sie im gesamten Körper, nicht nur im Genitalbereich.

KAPITEL 1

VIER DINGE, DIE IHR SEXLEBEN REVOLUTIONIEREN

Selbst wenn Sie nur das erste Kapitel dieses Buchs lesen, bin ich schon zufrieden. Denn es geht darin um den einen, den allerwichtigsten Faktor, von dem abhängt, ob Sie sexuell zufrieden sind oder nicht, egal wie alt Sie sind. Und dieser Faktor ist Ihre Einstellung zum Sex. Ihre Einstellung zu ändern ist ebenso wirkungsvoll, wie Ihr Verhalten zu ändern, vielleicht sogar noch wirkungsvoller.

Wissen ist, wie immer, Macht. Es ist sehr viel wichtiger zu verstehen, wie Körper und Lust funktionieren, als neue Techniken zu beherrschen. Nicht dass abwechslungsreiche und erprobte Sex-Fertigkeiten nicht wichtig wären – sie sind es. Sie sind nur völlig nutzlos, solange Sie im Kopf nicht die richtige Einstellung haben.

Ich werde mich zu allem, was ich hier nur kurz anspreche, im Lauf des Buchs ausführlicher äußern. Doch wenn Sie sich die folgenden vier grundlegenden Prinzipien jetzt zu eigen machen, ist der Rest ganz einfach.

1. ÜBERPRÜFEN SIE IHRE ERWARTUNGEN

Wir alle blicken wehmütig auf den Sex zurück, den wir mit 18 hatten, und es gibt kein Paar, das nicht gern die Zeit zurückdrehen – und dann anhalten – würde, um noch einmal den heißen, lustvollen Sex des ersten gemeinsamen Jahres zu erleben. Aber wer sagt denn, dass »guter Sex« dem Klischee vom wilden, energiegeladenen Geschlechtsverkehr fitter, junger Körper entsprechen muss, bei denen schon ein Blick, schon die kleinste Berührung ausreicht, um Leidenschaft zu entfachen? Für viele Paare stellt sich heraus, dass der Sex, den sie später im Leben haben, weitaus besser ist.

Junger Sex ist nicht besser, sondern nur anders

Der Körper verändert sich mit dem Alter. Das Leben verändert sich. Was wir vom Leben erwarten, ändert sich. Ich möchte nicht die gleichen Dinge tun, die ich Mitte 20 tun wollte, und ich will gewiss nicht mehr die Art von Sex, die ich damals hatte (all das harte, tiefe Stoßen – soll das ein Witz sein?)

Beim Sex ab 50 geht es nicht um wildes Stoßen; er ist sanfter, entschleunigt, weniger auf Verkehr fokussiert. Ein Grund dafür, dass ältere Paare von befriedigenderem Sex berichten: Sie lassen es langsamer angehen und verwenden mehr Zeit auf das Vorspiel. (Ein Vorspiel ist in jedem Alter erforderlich, aber versuchen Sie mal, es mit 50 plus wegzulassen – ein Desaster!)

Die Genitalien altern, genau wie der restliche Körper. Während Frauen über trockene, empfindliche Scheiden jammern, beklagen Männer den Verlust der harten, strammen Erektionen ihrer Jugend. Um 20 herum bekamen sie schon eine Erektion, wenn sie nur an Sex dachten. Über 50 brauchen die meisten Männer starke, andauernde Stimulation.

Das ist normal. Das nennt man Altern, und es passiert jeder und jedem von uns. Wir alle können entscheiden, wie wir damit umgehen. Sie können alles furchtbar deprimierend finden, bitter werden, um Ihre verlorene Jugend trauern und sich auf das konzentrieren, was am Älterwerden schlimm ist. Sie können eine griesgrämige Frau, ein mürrischer Mann werden. Oder Sie reißen sich zusammen, akzeptieren die Realität, suchen das Positive und amüsieren sich vielleicht gelegentlich, wenn Sie fröhlich und sexy unterwegs sind.

Sich den Kopf über das Älterwerden zu zerbrechen, ist Energieverschwendung. Genauso unsinnig ist es, darüber zu lamentieren, was für tollen Sex man am Anfang der Beziehung hatte und dass seitdem nichts daran herankommt.

Spontaner Sex wird überbewertet

Spontaneität ist auch etwas, worüber viel geredet wird. »Wir haben überhaupt keinen spontanen Sex mehr. Anfangs hatten wir ihn. Das vermisse ich.«

Sind Sie ganz sicher, dass es immer spontan war? Gerade am Anfang ihrer Beziehung bemühen Paare sich enorm, Sex zu planen. Man überlegt, welche Kleidung dem Körper am meisten schmeichelt, wählt die Unterwäsche mit Sorgfalt aus, bezieht das Bett neu, macht sich Gedanken zu Musik und Beleuchtung, darüber, was man alles miteinander machen wird, wenn es zur Sache geht, darüber, wie er reagiert, wenn Sie diesen ganz speziellen Sex-Trick anwenden, der alle vorangegangenen Lover auf die Knie gezwungen hat. In Wirklichkeit ist Sex am Anfang etwas ganz Besonderes, und man plant ihn im Vorfeld schier endlos.

Spontaner Sex wird überbewertet – besonders wenn man älter ist. Den meisten Frauen über 50 käme eine Penetration ohne ein gutes Gleitmittel nicht in den Sinn, und viele Männer über 50 verlassen sich auf Viagra oder Ähnliches, um eine Erektion zu bekommen. Beides erfordert Planung. Darüber hinaus gewinnt ein unaufgeregtes Vorspiel mit zunehmendem Alter an Bedeutung; Bequemlichkeit ist also oberstes Gebot.

Kaputte Knie und ein schlimmer Rücken verbieten den Gedanken daran, dass ein Waldspaziergang mit einem Quickie am Baumstamm spannender wäre. Sex mit 50 plus ist nicht wie der Sex von damals, also hören Sie endlich auf, so zu tun.

Passen Sie Ihre Erwartungen an, schrauben Sie Ihre Ansprüche herunter und seien Sie gespannt, was Sie erwartet.

2. MACHEN SIE SICH KEINE GEDANKEN MEHR ÜBER ORGASMEN

»Wir Therapeuten sind an Orgasmen gar nicht so interessiert«, sagt der US-amerikanische Sexualtherapeut Stephen Snyder, der seit mehr als 30 Jahren praktiziert und über 1500 Einzelpersonen und Paare beraten hat. »Wir gehören zu den wenigen Menschen auf diesem Planeten, die daran wenig Interesse haben.« Er meint, ein Orgasmus sei nur ein Reflex. Über einen Reflex muss man sich nicht allzu viele Gedanken machen.

Aber wir tun es, und wie! Frauen denken viel über Orgasmen nach: darüber, keinen zu haben oder zu lange für einen zu brauchen, darüber, warum der gerade eben sich ganz anders anfühlte als der vor ein paar Tagen – und so geht es weiter und weiter.

Lauter unnötige Sorgen, findet Snyder. »Warum sollte sich jemand Gedanken darüber machen, wie lange man bis zum Orgasmus braucht?«, fragt er. »Was ist denn, wenn man länger braucht?« Und er gibt einen einfachen, vernünftigen Rat: »Wenn Sie lange brauchen, nehmen Sie doch einen Vibrator; der beschleunigt das Ganze. Ich bin immer für einfache Lösungen. Wenn es für Sie mit einem Vibrator weniger mühsam ist, einen Höhepunkt zu erreichen, dann nichts wie ran.« (Was auch mit der Vorstellung aufräumt, eine Frau, die für den Orgasmus einen Vibrator braucht, sei keine »richtige Frau«. Wenn jemand mit diesen Referenzen sagt, das Ding sei okay, dann ist es okay!)

Ich werde diesen erfrischend bodenständigen Therapeuten noch häufiger zitieren. Er ist der Autor des Buchs *Love Worth Making: How to Have Ridiculously Great Sex in a Long-Lasting Relationship.* Er ist der Meinung – und da stimme ich zu –, dass wir uns über den Orgasmus viel zu viele Gedanken machen.

Bei richtig gutem Sex sollte der Orgasmus, so Snyder, so etwas sein wie das Dessert nach einem guten Essen. Bemerkenswert, aber nicht der Grund, warum man essen gegangen ist. »Die Paare, die den besten Sex haben, sind jene, die sich nicht den Orgasmus zum Ziel setzen. Sie genießen ihn einfach, falls und wenn er kommt.«

Auch auf die Sexualberaterin Emily Nagoski beziehe ich mich immer wieder. Sie hat ebenfalls ein hervorragendes Buch geschrieben, *Come As You Are: The Surprising New Science That Will Transform Your Sex Life* (dt. *Komm, wie du willst: Das neue Frauen-Sex-Buch*). Auch sie ist geradeheraus, hat hilfreiche Tipps – und möchte, dass wir alle uns nicht so einen Kopf um den Höhepunkt machen. Sorge um den Orgasmus ist (nach der um Lust) der zweithäufigste Grund, warum Menschen sich wegen sexueller Probleme in Behandlung begeben, schreibt sie. Aber: »Nicht ein Orgasmus ist das Ziel. Lust ist das Ziel.« Wenn Sie inzwischen zum Orgasmus länger brauchen als früher, dann ist das eine gute Sache, schreibt Nagoski. Drehen Sie den Spieß um, denken Sie: »Toll, jetzt erlebe ich eine halbe Stunde Lust« und nicht: »Warum brauche ich jetzt eine halbe Stunde?«

Sie meint, ein Orgasmus sei ziemlich ähnlich wie gekitzelt zu werden. Manchmal macht es Spaß, andere Male nervt es, und manchmal fühlt es sich nach gar nichts an. »Allerdings fragt mich nie jemand: ›Warum fühlt es sich meist angenehm und lustig an, wenn mein Partner mich kitzelt, andere Male aber überhaupt nicht?‹«, sagt sie. Wir alle wissen intuitiv, dass es fürs Kitzeln eine richtige Zeit, einen richtigen Ort gibt. Und das gilt auch für einen guten Orgasmus. Wir erreichen ihn, wenn wir glücklich, entspannt, frei im Kopf und nicht unter Druck sind. Diese perfekten Bedingungen sind recht selten, doch wir hören nicht auf, uns systematisch fertigzumachen, weil wir nicht regelmäßig und auf Knopfdruck explosive Orgasmen haben.

Wo wir gerade dabei sind, Mythen zu entlarven: Weniger als ein Drittel aller Frauen kommen durch bloße vaginale Penetration zum Höhepunkt, die restlichen zwei Drittel erleben manchmal, selten oder nie einen Orgasmus durch Verkehr allein. Falls Sie eine der vielen Frauen sind, die immer meinten, dass mit ihnen etwas nicht stimmt, weil Sie beim Verkehr keinen Orgasmus haben, sollten Sie sich mit diesem Wissen besser fühlen. Sie gehören zur Mehrheit, nicht zur Minderheit!

Die Klitoris ist der zentrale Punkt für erotische Wahrnehmungen, sagt Emily Nagoski. Das erklärt, warum 80–90 Prozent aller Frauen, die masturbieren, dies mit wenig oder ganz ohne vaginale Penetration tun (selbst wenn sie einen Vibrator benutzen).

Was manchen Frauen vielleicht auch die Augen öffnen könnte: Die Klitoris, die oben auf der Vulva zu sehen ist, ist einfach nur die Spitze. Sie erweitert sich in ein ausgedehntes, unter der Haut verborgenes Erregungssystem, das die gesamte Vulva und Vagina umfasst. Ein großer Teil der inneren Klitoris umschließt die Vagina – was eine Erklärung dafür sein könnte, warum einige Frauen durch Stimulation der Scheide zum Orgasmus kommen. »Sogenannte vaginale Orgasmen kommen in Wahrheit dadurch zustande, dass die innere Klitoris indirekt durch den Geschlechtsverkehr stimuliert wird«, sagt Snyder.

Wovon wir also auch noch Abstand gewinnen müssen, ist, Orgasmen mit Etiketten zu versehen (vaginal, klitoral, gemischt usw.). Orgasmus ist Orgasmus – und zu allen kommt es letzten Endes durch Stimulation der Klitoris.

3. FANGEN SIE AN, SEX ZU HABEN

Ich war kürzlich bei einer Gynäkologin, weil mir die Penetration wehtat. »Vermutlich, weil Sie nicht genug Sex haben«, sagte sie sofort. Und das, ohne überhaupt zu fragen, wie viel Sex ich derzeit hatte.

Sie fragte nicht nach Hormonersatztherapie oder ob ich die Wechseljahre hinter mir habe. Sie schärfte mir nicht ein, wie wichtig das Vorspiel ist, erkundigte sich auch nicht, ob mein Mann vielleicht besonders gut ausgestattet sei. Alles lief auf das eine hinaus: ob ich regelmäßig Sex hatte oder nicht.

Wer rastet, der rostet

»Wer rastet, der rostet« gilt, wenn man ein halbes Jahrhundert hinter sich hat, für so ziemlich alles; doch was Sex angeht, ist diese Regel entscheidend. Regelmäßiger Sex kann chronischer Blasenentzündung, einer Gebärmuttersenkung und Inkontinenz vorbeugen und hilft, wenn die Vaginalschleimhaut dünner und trockener wird. Er hält seine Erektion stabil und gesund, weil der Penis mit Sauerstoff versorgt wird. Kurz gesagt: Je regelmäßiger Sie Sex haben, desto besser ist der Zustand Ihrer Genitalien.

Dies ist der erste gute Grund, Ihr Liebesleben wieder in Gang zu bringen, falls es ins Stocken geraten ist, oder weiterhin sexuell aktiv zu sein, wenn Sie es bereits regelmäßig sind: Körperlich gesehen ist Sex sehr gut für Sie. (Wenn ich »Sex« sage, meine ich übrigens nicht Geschlechtsverkehr. Ich meine jegliche sexuelle Aktivität. Das kann Solo-Sex sein. Das kann Vorspiel sein. Das kann Geschlechtsverkehr sein, doch zum Sex muss nicht gehören, dass sein Penis in Sie eindringt – niemals, wenn Sie es nicht wollen.)

Selbst wenn Ihrer beider Libido im Keller ist und Sie beim Gedanken an den Akt stöhnen – nicht positiv gemeint –, gibt es überzeugende Argumente dafür, sich aufzuraffen, regelmäßig irgendeine Art von Sex zu haben: Forscher der Universität von Chicago zeigten, dass Paare zwischen 57 und 85, die noch Sex haben, ihren Gesundheitszustand als ›sehr gut‹ oder ›ausgezeichnet‹ einschätzen. Sex stärkt das Immunsystem, mindert Stress und verbessert die Gedächtnisleistung. Und das sind nur die körperlichen Vorteile.

Regelmäßiger Sex bringt Freude ins Leben und fördert die Produktion von Oxytocin, dem Kuschelhormon, das Vertrauen, Intimität und Verbundenheit fördert. Es macht, dass wir uns weniger deprimiert und allgemein positiver fühlen, stärkt Selbstbewusstsein und Selbstvertrauen.

Paare, die regelmäßig Sex haben, fühlen sich ihrem Partner mehr verbunden und beurteilen ihre Beziehung viel besser als Paare, die das nicht haben. Sex zu haben fördert auch Ihre Libido – und wenn Sie länger keinen hatten, erinnert er Sie daran, wie gut Sex sich anfühlt.

Machen Sie Sex zur Gewohnheit

Und wie viel Sex brauchen Sie nun, um in den Genuss all dieser Vorteile zu kommen? Studien legen nahe, dass einmal pro Woche ausreichend ist. Was bedeutet, dass zumindest einige von uns einen Zahn zulegen müssen.

Die Sex-und Beziehungskolumnistin Suzi Godson erhob Daten darüber, wie häufig Paare nach Alter und Dauer der Beziehung Sex haben. Das ergab folgende Statistik: 5,3 Prozent der heterosexuellen Paare im Alter zwischen 45 und 55, die 10–15 Jahre verheiratet waren, hatten täglich Sex; 42,1 Prozent wöchentlich; 31,6 Prozent monatlich; 15,8 Prozent hatten einmal im Jahr Sex und die restlichen 5,2 Prozent nie.

Lassen Sie mich aber an dieser Stelle etwas klarstellen: Wenn Ihre Beziehung in Scherben liegt oder Sie ein Jahrzehnt lang keinen Sex hatten, wäre mein Vorschlag, wieder Sex mit Ihrem Partner zu haben, etwa so, als würde ich sie auffordern, mit gefesselten Händen den Everest zu besteigen. (Dazu, wie man mit Wut und/oder sexlosen Ehen umgeht, später.) Dieser Rat richtet sich an das durchschnittliche Paar, das die Wein/Sofa/Glotze-Kiste dem Sex vorzieht. Ja, miteinander entspannen soll man als Paar natürlich. Aber Sex haben auch.

Regelmäßiger Sex ist eine Gewohnheit. Wenn Sie ihn in Ihren Tagesablauf einbauen – als etwas, das Sie tun und von dem Sie sich nicht vorstellen können, dass Sie es nicht tun, etwa wie Zähneputzen –, hält Ihr Sexualleben länger als das jener Paare, die Sex haben, »wenn es sich ergibt«.

Begehren ist nicht das einzige Motiv für Sex

In Langzeitbeziehungen ist es unrealistisch und naiv zu denken, dass Sie es jedes Mal beide wirklich wollen, wenn Sie Sex haben. Manchmal, vielleicht sogar öfter als manchmal, werden Sie Sex haben, ohne wirklich dazu in der Stimmung zu sein.

Doch warum? Nun, wie wäre es mit: Sie lieben Ihren Partner, schätzen Ihre Beziehung und möchten ihn sexuell glücklich machen? Ich finde, das sind ziemlich gute Gründe. Sie nicht auch? Begeisterung ist ein prima Ersatz für Lust. Seien Sie großzügig. Betrachten Sie Sex als ein Geschenk, das Sie Ihrem Partner machen können. Und Sie haben auch etwas davon: Es ist sehr wahrscheinlich, dass sich auch bei Ihnen Verlangen einstellt, wenn Sie sich sexuell stimulieren lassen. Viele von uns erregt es auch, wenn wir zusehen, wie unser Partner angetörnt wird.

Nach meiner Erfahrung sagen Paare, die regelmäßig Sex haben, dass sie es in 20–25 Prozent der Fälle tun, weil sie ihrem Partner einen Gefallen tun wollen. Manche Therapeuten meinen, nur die Hälfte aller sexuellen Begegnungen in Langzeitbeziehungen seien für beide Partner gleichermaßen befriedigend.

Nein, das ist nicht das, was man erwartet, wenn man sich zum ersten Mal verliebt, blauäugig und mit idealistischen Vorstellungen von »wahrer Liebe«. Doch fragen Sie eine Person, die in einer gesunden Langzeitbeziehung war, und sie wird Ihnen sagen, dass das alles Teil der Realität ist, wenn zwei Menschen einander glücklich machen wollen. (Ich muss hoffentlich nicht klarstellen, dass Welten dazwischen liegen, ob Sie Sex haben, auch wenn Sie manchmal nicht in Stimmung sind, oder ob Sie in einer zutiefst unglücklichen oder toxischen Beziehung zu ungewolltem Sex gezwungen oder genötigt werden.)

4. REDEN SIE ÜBER SEX

Ein paar Dinge haben mich bei der Recherche zu diesem Buch überrascht, positiv wie weniger positiv. Das weitaus Verblüffendste war die Erkenntnis, wie viele Paare über 50 keinen Sex mehr hatten und nie darüber redeten.

Ich spreche nicht von schüchternen Paaren oder von Paaren, die nicht gut kommunizieren. Ich spreche von Paaren, die sich über jede andere Einzelheit ihres Lebens unterhalten, sich extrem gut verstehen, sich als total verliebt bezeichnen würden und nicht prüde sind. Gern sprechen sie über veränderten Stuhlgang, Müdigkeit und andere Konsequenzen des Älterwerdens, doch eine alternde Scheide oder ein Penis, der nur auf Halbmast hängt, sind tabu.

»Wissen Sie denn wenigstens, warum Sie keinen Sex mehr haben?«, fragte ich eine 59-jährige, seit 17 Jahren verheiratete Frau. Sie und ihr Partner hatten fünf Jahre keinen Sex mehr gehabt.

»Er hat einfach kein Interesse«, erzählte sie mir. »Keine Ahnung, warum. Ich glaube nicht, dass er eine Affäre hat. Er hat den Sex einfach aufgegeben. Ehrlich gesagt, ich auch. Er ist kein Thema mehr.«

»Sie sind also zufrieden damit, dass Sie nie mehr Sex mit Ihrem Mann haben, ohne nach dem Warum zu fragen oder es mit ihm zu besprechen?«

Sie zuckte mit den Achseln. »Es ist mir peinlich, darüber zu reden.«

Es gibt Paare, die beschließen, keinen Sex mehr zu haben, und die damit zufrieden sind. Aber wenn man einen so wichtigen Teil des Lebens streicht, sollte man doch wenigstens dazu stehen, oder? Fragen, ob der oder die andere damit glücklich ist? Darüber sprechen, wie man ohne Sex miteinander verbunden und vertraut bleiben will?

Paare, die zusammenbleiben und sich mit ihrer Sexualität wohlfühlen, sind diejenigen, die offen über Sex reden

Fast alle Sexprobleme können gelöst werden, wenn man mit dem Partner darüber reden kann. Ich weiß, es kann schrecklich sein, über Sex zu sprechen – besonders wenn man es nicht gewohnt ist. Aber sobald man die ersten verlegenen Minuten hinter sich hat, finden es die meisten Paare viel leichter, als sie es sich vorgestellt haben. Sie sind unglaublich erleichtert, wenn sie endlich all die Zweifel ans Licht gebracht haben, die an ihnen nagen.

Er fürchtet, dass Sie glauben, er sei kein echter Mann mehr, wenn er Probleme hat, eine Erektion zu bekommen oder zu halten; Sie haben Angst, dass er Sie nicht mehr sexy findet, wenn Sie gestehen, dass Sex manchmal höllisch wehtut. Das betrifft nicht nur heterosexuelle Paare. Niemand gibt gern zu, in Sachen Sex alles andere als perfekt zu sein – unabhängig von der sexuellen Identität oder Orientierung.

»Meine Freundin ist acht Jahre jünger als ich, und ich habe ihr von den Schwierigkeiten, die ich beim Sex habe, noch nicht einmal die Hälfte gebeichtet«, erzählte mir eine 52-jährige lesbische Freundin. »Ihre Libido ist noch stark, weil sie die Wechseljahre noch vor sich hat und vergleichsweise jung ist. Ich möchte nicht, dass sie mich als eine alte Frau sieht, die jenseits von Gut und Böse ist.«

Ich drängte sie, mit ihrer Partnerin zu reden, doch sie weigerte sich und versuchte verzweifelt, an der Illusion festzuhalten, alles sei in Ordnung ... bis sie es nicht mehr konnte.

»Wir sind Lesben, aber wir stehen auch auf Penetration. Schließlich musste ich doch zugeben, dass es wehtat und keinen Spaß machte, sonst hätte ich Sex ganz meiden müssen. Meine Freundin ist ganz großartig damit umgegangen. Total verständnisvoll.«

»Sie ist also nicht schreiend davongerannt, weil Ihr Körper es wagt zu altern?«

»Nein«, sagte sie, und ihr Lächeln sprach Bände.

Je aufrichtiger und häufiger Sie miteinander über Sex reden, desto unwahrscheinlicher ist es, dass Sie in die schreckliche Lage kommen, wo beide jegliche Intimität vermeiden, weil sie es peinlich finden, was mit ihren Körpern passiert.

Reden, sich Bestätigung holen und dazu stehen zu können, was geschieht, wenn man älter wird – das kann Beziehungen und Ehen, die kurz vor dem Ende scheinen, wieder ins Gleis bringen. Ich sage es immer wieder gern: Wenn es um Sex geht, ist der Mund für vieles gut, am besten aber fürs Reden.

BEVOR SIE DEN MUND AUFMACHEN …

Machen Sie sich klar, was bei der Diskussion herauskommen soll. Denken Sie über alles sorgfältig nach, bevor Sie reden. Geht es darum, dass Ihr Partner Sex meidet? Dass Sie Sex meiden? Dass Sie keinen Sex haben? Vielleicht möchten Sie anderen Sex als den, den Sie haben, oder Sie möchten darüber sprechen, dass Sie gar keinen haben. Schreiben Sie Ihr Ziel in einem klaren Satz auf. Prüfen Sie, ob er leicht verständlich ist. Achten Sie auch darauf, dass er einfühlsam formuliert ist und den Partner nicht angreift oder beschuldigt.

Formulieren Sie positiv. Sagen Sie, was Sie im Bett gern häufiger hätten, nicht, was Sie nicht leiden können. »Ich wünsche mir …«, nicht: »Ich finde es furchtbar, wenn du …« Sagen Sie: »Ich mag es, wenn du meine Brüste berührst«, wenn er sie jedes Mal vollständig außer Acht lässt, und lieber nicht: »Warum berührst du nie meine Brüste?«

Setzen Sie Körpersprache ein. Achten Sie darauf, dass Ihre Körpersprache beim Sex unterstreicht, was Sie wollen oder nicht wollen. Wenn Sie etwas nicht mögen, bewegen Sie sich weg von der Berührung. Wenn Ihnen etwas gefällt, pressen Sie Ihren Körper an seinen. Stöhnen Sie, wenn es sich toll anfühlt. Nehmen Sie seine Hand von Stellen weg, an denen Sie nicht berührt werden mögen, und legen Sie sie dorthin, wo Ihnen Berührung angenehm ist.

Wie Sie mit Ihrem Partner über Sex reden

SO IST ES GUT

Um das Thema Sex einzuleiten:
»Ich liebe dich und möchte, dass wir so glücklich wie möglich sind, schließlich gehören wir ja für immer zusammen. Können wir mal über etwas reden? Ich würde gern mit dir darüber sprechen, wie der Sex besser wird/dass wir seit Ewigkeiten nicht mehr miteinander geschlafen haben, ich vermisse das nämlich/warum ich glaube, dass du Sex vermeidest. Können wir jetzt darüber reden?«

Wenn Sie etwas Neues ausprobieren möchten:
»Letzte Nacht habe ich geträumt, wir würden X machen.« (Achten Sie auf seine Reaktion. Wenn es ihn interessiert, das auch einmal auszuprobieren, wird er Genaueres wissen wollen und Sie neugierig anschauen.)

»Eine Freundin von mir – ich sag nicht, wer das ist, schließlich geht es nur sie was an – hat mir gestern erzählt, sie und ihr Partner würden X machen.« (Bei Interesse ist seine Antwort: »Lass es uns ausprobieren!« Wenn die Idee ihm nicht gefällt, wird er vielleicht sagen: »Ich wusste ja schon immer, dass die schräg drauf sind!«)

Wenn Sie nicht sicher sind, ob ihm gefällt, was Sie mit ihm machen:
»Magst du, wenn ich dies mache/dich hier anfasse/es kräftiger mache/es sanfter mache?«

»Wie hast du es am liebsten? So oder so?«

»Darf ich dich hier anfassen?«

Wenn Sie von etwas gern mehr hätten:
»Ich liebe es, wenn du das tust. Kannst du das noch länger tun?«

»Weißt du noch, damals? Wir hatten sonntags so gern beschwipsten Sex nach dem Mittagessen. Das hat mir immer super gefallen. Lass uns das mal wieder machen.«

Wenn Sie etwas gern anders hätten:
»Ich mag, wenn du das tust. Aber weißt du, was ich auch mag? Wenn du X machst. Das fühlt sich richtig toll an.«

»Ich mag, wenn du mich oral befriedigst. Aber weißt du. ich brauche jetzt mehr Zeit bis zum Höhepunkt. Macht es dir was aus, es länger zu tun? Manchmal fühle ich mich gehetzt.«

Wenn Sie Ihren Vibrator benutzen möchten, während Sie mit ihm im Bett sind:
Stecken Sie zwei Frauen in ein Bett, ist ein Vibrator wahrscheinlich kein Problem. Mit Männern wird es allmählich besser; ein Vibrator ist inzwischen so normal, dass jüngere Kerle nicht anders können, als mitzumachen – doch gerade ältere Männer könnten sich nach wie vor bedroht fühlen.

So machen Sie ihn damit bekannt: Sagen Sie, Sie hätten ein witziges Geschenk für Sie beide gekauft – einen Mini- oder Bullet-Vibrator. So ein Ding ist so groß wie ein Tampon und ideal dafür, einen nervösen Mann mit einem Vibrator bekannt zu machen.

Wenden Sie den Vibrator erst bei ihm an: Brummen Sie um seine Brustwarzen herum, probieren Sie ihn an seinem Penis aus, an seinen Hoden – alles leicht und spielerisch. Sobald er etwas entspannter ist und merkt, wie gut sich das anfühlt, geben Sie ihm das Ding und lassen ihn damit auf Ihrem Körper herumspielen. Wenn er es an Ihrer Klitoris benutzt, sagen Sie:»Mmh. Das fühlt sich herrlich an!« Schieben Sie es aber, kurz bevor Sie zum Höhepunkt kommen, beiseite. (Viele Männer – jung oder alt – sind völlig entgeistert, wenn sie zum ersten Mal sehen, wie schnell die meisten Frauen mit einem Vibrator zum Orgasmus kommen; ein Mann ackert stundenlang, um dasselbe zu erreichen.) Machen Sie das so ein paarmal, wenn Sie Sex miteinander haben – und lassen Sie ihn das Ding jedes Mal länger an Ihnen benutzen –, machen Sie den Vibrator aber noch nicht zum Mittelpunkt, indem Sie einen Orgasmus haben.

Sie werden es merken, wenn Ihr Partner beginnt, sich vollständig zu entspannen. Dann können Sie es bis zum großen Finale durchziehen. Danach ist es leicht zu sagen: »Lass uns zur Abwechslung mal einen anderen Vibrator ausprobieren«, wenn Sie etwas Größeres oder Kräftigeres bevorzugen.

WAS SIE NIE SAGEN SOLLTEN

»Ich hasse es, wenn du das tust.«

»Ehrlich, ich lasse mich scheiden, wenn du nicht aufhörst, die nassen Handtücher aufs Bett zu schmeißen. Und übrigens bist du im Bett genauso ein Versager wie beim Aufräumen.«

»Warum haben wir nicht so viel Sex wie John und Jane?«

»Warum merkst du nicht, was ich will?«

»Wie oft soll ich es noch sagen: ICH HASSE DAS?«

»Mein Ex hat das immer so gemacht. Kannst du das auch tun?«

»Beeil dich doch!«

»Lass es uns hinter uns bringen.«

»Du willst doch, dass ich ehrlich bin, oder? Ich kann nichts dafür, wenn ich keinen Sex mit dir haben mag.«

»Du törnst mich nicht mehr an.«

»Was ist los mit dir?«

KAPITEL 2

LIBIDO KENNT KEIN ALTER

Jetzt müssen Sie tapfer sein: Dieses Kapitel ist ziemlich ernüchternd. Ich werde darin über all die Dinge sprechen, die beim Älterwerden mit unserem Körper passieren. Um ehrlich zu sein: Einiges davon ist gar nicht schön. Aber was bleibt uns übrig, als der Realität ins Auge zu sehen?
Gegen das Altern kann man nichts tun, doch es gibt einiges, das uns helfen kann, besser mit seinen Folgen umzugehen. An erster Stelle: Informieren Sie sich. Wenn Sie wissen, was körperlich mit Ihnen beiden geschieht und was vor Ihnen liegt, sind Sie für den Umgang damit viel besser gewappnet.

DAS SEXUALLEBEN MIT 50 PLUS

Das »typische« Sexualleben ab 50 gibt es wohl nicht. Doch wir alle müssen auf einige recht gravierende körperliche Veränderungen eingestellt sein.

Was in Ihrem Körper geschieht

Sie fühlen sich anders als in jüngeren Jahren, und das hat einen Grund: Der Hormonspiegel verändert sich, Östrogen- und Testosteronlevel sinken. Östrogen ist das Hormon, das Ihre Scheide feucht, gesund und flexibel hält – auch Klitoris, Harnleiter, Blase und andere Teile des Urogenitaltrakts sind für ein reibungsloses Funktionieren auf dieses Hormon angewiesen. Wenn nun der Östrogenspiegel sinkt, schrumpfen diese Organe buchstäblich. (Ich habe Sie gewarnt!)

Ist das Östrogenlevel zu niedrig, wird die Scheide trocken und weniger sauer. Selbst wenn man sexuell erregt ist, dauert es länger, bis man feucht ist, denn die Durchblutung der Vagina ist schlechter und die Schleimhaut deshalb dünner und schwächer. Die Elastizität nimmt ab, sodass die Scheide weniger dehnbar wird – deshalb kann Verkehr schmerzhaft oder unangenehm sein.

Eine geringere Durchblutung bedeutet auch, dass die Nervenenden weniger empfindsam sind, auch in Ihrer Scheide. Es kann sein, dass Sie bis zum Orgasmus länger brauchen und es Ihnen schwerfällt, den Höhepunkt zu erreichen. Wegen dieser hormonellen Veränderungen kann sich auch die Intensität der Orgasmen verändern.

Wenn Sie in die Wechseljahre kommen, produziert Ihr Körper nur etwa halb so viel Testosteron wie damals, als Sie um die 20 waren. Nach dem Wechsel werden nur noch geringe Mengen produziert. Forscher sind sich nicht ganz sicher, welche Rolle Testosteron bei der weiblichen Sexualität spielt, doch es scheint das Verlangen zu beeinflussen und kann auch zur Durchblutung und Erregung von Klitoris und Schamlippen beitragen, was wiederum für den Orgasmus wichtig ist.

Auch die Produktion von Progesteron – einem weiteren Hormon, das allgemein für sexuelles Verlangen verantwortlich ist – nimmt ab und hört gleichzeitig mit dem Eisprung ganz auf.

Die drei Hormone, die uns Lust auf Sex machen, gehen also langsam, aber sicher, den Bach hinunter. Ist es da ein Wunder, dass es sich ab 50 so anfühlen kann, als hätte jemand den »Lust-auf-Sex-Schalter« auf Aus gestellt?

Für Männer sind die Nachrichten nicht wirklich besser. Ihre Testosteronwerte sinken auch. Das geht einher mit Schwierigkeiten, eine Erektion zu bekommen oder zu halten (erektile Dysfunktion), weniger Verlangen nach Sex und verringerter Durchblutung des Penis. Daraus folgt die gleiche Liste von (recht deprimierenden) Konsequenzen: Eingeschränkte Empfindsamkeit führt dazu, dass er länger braucht, bis er erregt ist. Zwischen den Erektionen braucht er eine längere Erholungspause, und sein Orgasmus ist ebenfalls weniger intensiv, die Ejakulation weniger kräftig und die Spermamenge geringer.

Nehmen Sie zu diesen Veränderungen, die sich direkt auf unser Sexualleben auswirken, auch noch die unvermeidlichen, altersbedingten gesundheitlichen Beschwerden hinzu, mit denen viele Leute zu kämpfen haben, wenn sie in die zweite Hälfte ihres Lebens eingetreten sind: Die Beweglichkeit nimmt ab, manche Menschen haben Arthritis, sind öfter müde und haben weniger Ausdauer. Vielleicht kämpfen sie auch mit einer Krebserkrankung. Männer sind besonders anfällig für hohes Cholesterin, schlechte Herz-Kreislauf-Gesundheit und Diabetes Typ 2; das alles beeinträchtigt die Durchblutung und kann zu erektiler Dysfunktion (ED) führen.

Weil Häufigkeit und Qualität ihrer Erektionen in Gefahr sind und Männer nicht mehr so einfach zum Höhepunkt kommen, ist es nichts Ungewöhnliches, wenn ihr sexuelles Selbstbewusstsein darunter leidet und Versagensangst aufkommt.

Wie diese Veränderungen Ihr Sexualleben beeinflussen

Das größte Problem vieler Frauen ist vermutlich, dass Sex unangenehm wird. »Zu mir kommen viele Frauen über 50, die klagen, dass Sex nun wehtut«, sagte mir ein Gynäkologe. »Und die meisten erzählen es ihrem Partner nicht. Es gibt eine Menge Frauen, die insgeheim beim Sex die Zähne zusammenbeißen.«

Eine Durex-Studie (2019) mit 1200 Erwachsenen bestätigt dies. Die Wissenschaftler fanden heraus, dass fast drei Viertel der Frauen in Großbritannien (73 Prozent) beim Geschlechtsverkehr Schmerzen haben – und 24 Prozent ihren Partner bitten, sich zu beeilen, weil es wehtut. Nur 57 Prozent der männlichen Studienteilnehmer haben etwas davon bemerkt.

»Für Frauen, die zugeben, dass Sex nun schmerzhaft ist, kann das frustrierend sein«, sagt die UK-Sexualtherapeutin Victoria Lehmann, die seit 30 Jahren praktiziert. »Viele Männer lösen die altersbedingten Probleme mit Viagra. Für Frauen ist es nicht so einfach, und Männer sind nicht so geduldig. Unterbrechen Frauen den Sex, wenn er wehtut, stört das den Ablauf, und Männer fürchten dann, ihre Erektion zu verlieren. Für ältere Männer ist das ein ganz großes Thema.«

Und noch eine unschöne Nachricht: Weil die Schleimhaut ihrer Scheide trocken und dünn ist, neigen ältere Frauen stärker zu Harnwegsinfekten. Ich bin deswegen bei meinem Hausarzt gewesen, denn die Infektion schien immer aufzutreten, nachdem ich Vaginalverkehr hatte. Auch ein Grund, warum der Geschlechtsverkehr, der uns früher Spaß gemacht hat, zu der Sexualpraktik werden kann, die wir am wenigsten mögen (mehr darüber, wie man damit umgeht, auf Seite 86.)

GRUND ZUR FREUDE

Aber – und jetzt können Sie aufatmen – während einige der körperlichen Veränderungen nicht gerade hilfreich sind, passiert psychisch viel Positives. Häufig gibt es bei älteren Frauen eine Bereitschaft, endlich die selbstzerstörerischen Einstellungen aufzugeben, die wir in unserer Jugend hatten.

Als ich Frauen über 50 bat, den Sex zu beschreiben, den sie als jüngere Frauen hatten, fielen die Begriffe *unbeholfen, demütigend, langweilig, dürftig, angsterfüllt, fremd, spontan, dreckig, gefährlich, chaotisch, unaufschiebbar, beängstigend.*

Und so beschrieben dieselben Frauen ihr jetziges Sexualleben: *sinnlich, mit Raum für Experimente, liebevoll, erfüllend, abwechslungsreich, abenteuerlich, warmherzig, immer noch vergnüglich, ich fühle mich geliebt, begehrt und glücklich.*

Wenn wir älter sind, machen wir uns nicht mehr so viele Gedanken darum, was man von uns denkt, deswegen sind wir als Liebhaberinnen selbstbewusster. Wir sind egoistischer und weniger zaghaft. Wir lassen uns im Schlafzimmer und außerhalb weniger gefallen. Wenn Sie nur wegen der Kinder in einer schlechten Beziehung geblieben sind und diese endlich das Nest verlassen, mögen Sie vielleicht denken: »Es reicht, ich habe meinen Teil beigetragen. Jetzt bin ich raus hier und suche einen Neuen, der mich zum Lachen bringt.« Tatsächlich ist die Generation 50 plus ein schnell wachsender Teil des Dating-Markts. (Und ein ganzes Kapitel, das einem neuen Singledasein gewidmet ist, finden Sie ab Seite 239.)

Wenn Sie lange Zeit glücklich verheiratet sind, mag es Sie trösten, dass sich daran wahrscheinlich nichts ändern wird. Ein zufriedenes »Wir gehören doch zusammen« wird stärker.

Wenn Sie über 50 sind, haben Sie im Allgemeinen mehr Zeit und Geld – Zeit, um sich aufeinander zu konzentrieren und als sexuelle Wesen zu erkunden.

Manche Menschen werden mit zunehmendem Alter furchtloser – all diese Omis, die mit dem Fallschirmspringen beginnen, sind der Beweis –, und es kann sein, dass Sie beide bereit sind, Sachen auszuprobieren, die Sie früher für unanständig gehalten haben: nach Amsterdam fahren und das Rotlichtviertel erkunden, einen Kurs in Tantra-Sex belegen, sich erinnern, wie toll Sex auf dem Sofa war, bevor die Kinder kamen, und das Schlafzimmer nur noch zum Schlafen nutzen.

Sex mag seltener stattfinden, doch seine Qualität ist oft besser. Dass Orgasmen sich anders anfühlen als früher, ist nicht unbedingt schlecht. Wie die eloquente Marie de Hennezel in *L'âge, le désir & l'amour. L'intimité après 60 ans: Les chemins de l'accomplissement* sagt: »Sie haben nicht mehr dieses dunkle, impulsive, fast unbeherrschbare Moment, das Ihr gesamtes Sein wie eine gewaltige Woge davonträgt, ein Erlebnis, das eher instinktiv als bewusst ist.«

Tatsächlich gibt es viele neue Studien, die darauf hinweisen, dass Sex mit dem Alter wirklich besser wird. Das Magazin *Health Plus*, das sich an Leser über 45 richtet, zeigt in einer Studie, dass ältere Frauen abenteuerlustiger sind: 89 Prozent der Frauen geben zu, dass sie bei Stellungen und Orten Abwechslung mögen. Die meisten sagten, Sex sei mit vierzig besser als mit zwanzig. Eine weitere aktuelle Studie (2019, Universität von Manchester) fand heraus, dass 80 Prozent der sexuell aktiven Männer über 50 bis ins neunte Lebensjahrzehnt mit ihrem Sexualleben zufrieden sind. 85 Prozent der sexuell aktiven Frauen im Alter von 50–69 sagten das Gleiche.

Bitte bekommen Sie keine Panik und verzweifeln Sie nicht, wenn Sie all diese positiven Informationen lesen und denken: »Ich fühle mich nicht so. Sex ist für mich furchtbar. Das hier ist noch schlimmer, als ich befürchtet habe.« Forschung ist Forschung: Wenn Sie danach suchen, finden Sie zu allem Negatives und Positives. Nach all den Infos über knochentrockene Scheiden und schlaffe Penisse wollte ich Sie doch wenigstens noch ein bisschen aufmuntern!

Wenn Sie dem Sex abgeschworen haben, aus welchem Grund auch immer, sind Sie nicht allein. Wenn man altert, kommt es bei Frauen zweimal so häufig vor wie bei Männern, dass das Interesse an Sex erlischt. Das liegt vielleicht daran, dass Sex häufig unangenehm und schmerzhaft ist und viele Paare bei Sex ausschließlich an Geschlechtsverkehr denken. Und natürlich gibt es noch eine Menge anderer Gründe.

Über all diese Dinge werde ich in diesem Buch immer wieder sprechen und Ihnen praktikable Lösungen für die Probleme anbieten, die Ihr Sexualleben negativ beeinflussen. Zudem gibt es ein Kapitel über Ehen ohne Sex und wie sie funktionieren (ab Seite 191) – falls Sie beschließen, dass es für Sie mit dem Sex nun aus ist.

MEDIKAMENTE, DIE PROBLEME BEIM SEX VERURSACHEN KÖNNEN

Viele Medikamente tragen zu Beschwerden beim Sex bei, weil sie die Hormonproduktion oder die Durchblutung beeinträchtigen, und das wirkt sich negativ auf Verlangen, Erregung und die Gesundheit der Genitalien aus. Wenn Sie Medikamente aus der folgenden Liste einnehmen, empfehle ich Ihnen, mit Ihrem Arzt zu besprechen, ob es Alternativen gibt oder die Dosis gesenkt werden kann. (Die Liste ist nicht vollständig, umfasst aber einige der meistverordneten Medikamentengruppen.) Ich muss hoffentlich nicht erwähnen, dass Sie niemals ein Medikament ohne Rücksprache mit Ihrem Arzt absetzen dürfen. Eine taube Klitoris ist vielleicht frustrierend, doch sicher ist sie nicht wert, dass Sie Ihr Leben dafür aufs Spiel setzen.

* Antidepressiva
* Antihistaminika
* Blutdruckmedikamente
* Medikamente, die den Cholesterinspiegel senken, z. B. Statine und Fibrate
* Schmerzmittel, insbesondere Opiate
* Diuretika (Entwässerungsmittel)
* Herzmedikamente
* Betablocker
* Beruhigungsmittel
* Antimykotika (Mittel gegen Pilzinfektionen)
* Medikamente zur Behandlung von Reflux, Sodbrennen und Magengeschwüren

LÖSUNGEN FÜR ALTERSBEDINGTE PROBLEME BEIM SEX

Dieses ganze Buch beschäftigt sich damit, wie sich die Probleme, die Sie beim Sex haben könnten, lösen lassen. Hier sind zunächst einige einfache, praktische Tipps, wie Sie die Kugel wieder ins Rollen bringen können. Sie werden Ihnen helfen, Ihre Libido wieder aufzuwecken.

Machen Sie es wie dieses Paar

Mein Mann und ich reden im Urlaub nie mit anderen Paaren. Auch nicht im Flugzeug. Also wirklich: nie.

Auf unserer letzten Reise aber taten wir es, aus einem einzigen Grund: Wir standen vor einem Rätsel. Alle verschwanden abends irgendwohin, wo doch das Resort in der Mitte von Nirgendwo lag. (Es stellte sich heraus, dass in Laufweite ein ganzer Strand voller Restaurants war ... das zeigt Ihnen, wie sehr wir es im Urlaub krachen lassen.)

Das Paar, mit dem wir sprachen, war Ende 50. Ich hatte die beiden schon vorher gesehen, als sie Hand in Hand ins Meer gingen, auf ihren Liegestühlen lagen und sich unterhielten – man merkte, dass sie sich gut verstanden. Es stellte sich heraus, dass es nette Leute waren, jahrelang verheiratet, Inhaber einer gemeinsamen Firma. Schnell kam ans Licht, dass ich an diesem Buch schrieb, und die beiden waren fasziniert.

»Wir haben beide Freunde, die keinen Sex mehr haben, und wir haben sie erstaunt gefragt: ›Was? Warum?‹«, sagte die Frau. Ich fragte, ob sie noch regelmäßig Sex hätten, und die Antwort war: »Aber ja! Einmal die Woche – schon immer, seit wir zusammen sind.«

Das ist mal ein Paar, das es mit Sex und dem Älterwerden gut hinbekommen hat. Regelmäßigkeit ist ein Schlüsselwort. Die beiden hatten gesundheitliche Probleme – und deswegen zeitweise eine Pause eingelegt –, fanden aber bald Wege, ihr wöchentliches Vergnügen wieder aufzunehmen. Dieses Paar wird nicht von den Problemen geplagt, die andere haben, weil sie immer regelmäßigen Sex hatten. Das ist die beste Art, die Schleimhaut der Scheide in gutem

Zustand und die Erektion des Mannes stark zu halten. Diese Einstellung zum Sex besticht durch gesunde Einfachheit. Sie haben nichts verkompliziert. Es war etwas, das sie um die 20 gern taten, und sie sahen nicht ein, warum sie es im späteren Leben nicht weiter so halten sollten. Machen Sie es wie dieses Paar. Es weiß, was es tut.

Treiben Sie Sport

Ich verstehe, dass gesundheitliche Probleme die Möglichkeiten zum Sport einschränken können. Doch wenn Sie Sport treiben können, dann tun Sie es bitte. Sport hält Sie nicht nur gesund und gutaussehend, er verstärkt auch die Durchblutung.

Sie wissen bereits, wie wichtig dies für unsere Genitalien und den Sexualtrieb ist, doch es ist auch wichtig für das Gehirn. Bewegung führt zu einer erhöhten Produktion von Dopamin, das für die kognitiven Funktionen wichtig ist. Sie kräftigt auch die Muskeln und verbessert Durchblutung und Stimmung. Wenn Sie außerhalb des Betts aktiv sind, bleiben Sie auch im Bett aktiv.

Wenn Sie Sport treiben, werden Sie schlanker und damit auch weniger anfällig für Krankheiten, die im Zusammenhang mit Übergewicht stehen. Ihr Herz wird gesünder (Herz-Kreislauf-Erkrankungen können sich auf seine Erektionen auswirken), Sie werden gelenkiger und fitter für Sex. Und Sie werden Ihren Körper positiver wahrnehmen.

Eine Studie der Universität von Kalifornien ergab, dass Männer, die viermal pro Woche eine Stunde Aerobic-Training machten, zunehmend häufiger Sex hatten und zum Höhepunkt kamen. Die Studienteilnehmer berichteten, dass ihre Körperwahrnehmung und ihr Selbstwertgefühl sich positiv verändert hatten. Das führte dazu, dass sie mehr Lust auf Sex hatten und den Sex mehr genossen. Es liegt doch auf der Hand: Wenn man den eigenen Körper hasst – warum sollte man dann wünschen, dass ihm jemand näherkommt? (Mehr zur Körperwahrnehmung in Kapitel 3.)

Leben Sie gesund

Essen Sie gesund, trinken Sie weniger Alkohol, hören Sie auf zu rauchen, und nehmen Sie ab (oder zu), wenn es nötig ist. In unserem Alter wissen wir alle, was gut für uns ist und was nicht. Machen Sie eine Bestandsaufnahme und verändern Sie etwas. Wenn Sie es noch nicht tun, fangen Sie jetzt an, Vitamin B12, Magnesium und ein gutes Multivitaminpräparat einzunehmen. Bauen Sie Stress ab. Gehen Sie zum Stretching, zum Yoga oder zu Pilates (das macht wirklich gelenkiger).

Tun Sie, was Sie glücklich macht

Ja, Ihr Verlangen nach Sex wird von Hormonen beeinflusst; doch auch Gefühle und Ihre innere Einstellung spielen eine Rolle. Wenn Sie vom Leben begeistert sind oder gerade jemanden getroffen haben, den Sie mögen, erhöht das die Libido. Probieren Sie Neues aus, fahren Sie im Urlaub mal woanders hin, treffen Sie sich mit Freunden, achten Sie auf sich. Je glücklicher Sie sind, desto offener sind Sie für Intimität.

Bereiten Sie sich körperlich auf Sex vor

Falls Sie chronische Schmerzen haben, nehmen Sie etwas dagegen, wenn Sie sich damit besser fühlen. Sind die Gelenke steif, machen Sie ein paar Dehnübungen. Baden oder duschen Sie vorher. Tun Sie, was auch immer Sie in den bestmöglichen Zustand versetzt, körperlich und seelisch.

Haben Sie Sex zu verschiedenen Zeiten

Experimentieren Sie mit unterschiedlichen Tageszeiten. Wenn Sie Medikamente einnehmen und Nebenwirkungen spüren: Wann fühlen Sie sich am besten? Planen Sie dementsprechend. Haben Sie Sex morgens, statt abends, wenn Sie müde sind. Beim Mann ist der Testosteronspiegel morgens am höchsten, und er bekommt leichter eine Erektion.

Nutzen Sie Sex als Einschlafhilfe

Sex sorgt dafür, dass man leichter einschläft, denn er kurbelt die Bildung des Kuschelhormons Oxytocin an und verringert die Produktion des Stresshormons Cortisol. Wenn Sie einen Orgasmus haben, setzt der Körper ein Hormon namens Prolaktin frei; es entspannt und macht müde. Sex erhöht bei Frauen den Östrogenspiegel, was tiefen REM-Schlaf fördert und auch bei Stress nützlich ist.

Schlafen Sie mehr

Eine neuere Studie (an Studentinnen) ergab, dass Frauen umso mehr an Sex interessiert waren, je länger sie in der vorhergehenden Nacht geschlafen hatten. Nur eine Stunde mehr Schlaf führte dazu, dass die Chancen auf Sex am nächsten Tag um 14 Prozent stiegen. Diese Studie stellte auch einen Zusammenhang zwischen mehr Schlaf und besserer Erregbarkeit her. Nun denken Sie, das hätte nichts mit Ihnen zu tun? Weil das noch junge Leute und Sie viel älter sind? Denken Sie noch mal nach. Eine andere Studie zeigte, dass bei Frauen in den Wechseljahren Schlafstörungen in direktem Zusammenhang mit sexuellen Problemen standen.

ÜBERDENKEN SIE DIE STELLUNG, IN DER SIE VERKEHR HABEN

Ein schmerzender Rücken, steife Gelenke, Knieprobleme, Arthritis, Hüftgelenkschmerzen – jede dieser Beschwerden kann Ihre bevorzugte Sex-Stellung unmöglich machen. Wie gut, dass Sie aus vielen anderen wählen können und dass es manches gibt, was Ihre Lieblingsstellung bequemer werden lässt: So können Sie Kissen zum Abpolstern unter diverse Körperteile legen oder Ihren Partner mehr arbeiten lassen, wenn er das besser kann. Sollte Ihr Budget es erlauben, können Sie »Sex-Möbel« anschaffen: Liebeskissen und andere Dinge, die für mehr Komfort beim Sex sorgen (siehe Seite 187).

Auf der Seite zu liegen, ist für die meisten Menschen bequem. Experimentieren Sie also mit seitlichen Stellungen wie der Löffelstellung: Sie liegen auf der Seite, er dringt von hinten ein und umarmt Sie. Ziehen Sie die Knie an, damit er in Sie eindringen kann, recken Sie ihm dann Ihren Po entgegen und schieben Sie das obere Knie weiter nach vorn.

Auch die X-Position ist komfortabel: Sie liegen mit den Köpfen auf entgegengesetzten Enden des Betts und formen mit Ihren Beinen ein X. Er ist in Ihnen, jeder hat ein Bein unter und ein Bein über einem Bein des anderen. Halten Sie sich bei den Händen. Diese Position ist auch gut für zwei Frauen, die so die Becken aneinander reiben können.

Erwägen Sie eine Hormonersatztherapie

Über die Wechseljahre und schmerzhaften Sex spreche ich ausführlich in Kapitel 4. Wenn Sie eine Hormonersatztherapie (HET) vertragen (sie ist nicht für jede Frau geeignet), kann die Veränderung einschneidend sein. HET hilft, Ihre Weichteile wieder gebrauchsfähig zu machen und Sie emotional zu stabilisieren.

Verwenden Sie Gleitmittel

Fangen Sie an, es für jegliche sexuelle Aktivität zu verwenden – Geschlechtsverkehr, Handjobs, Solo-Sex mit dem Vibrator. Es verändert Ihr Liebesleben, denn es ist die trockene Scheide, die Sex so unangenehm macht.

Verwenden Sie Sexspielzeug

Es ist die Lösung für viele Probleme. Es hilft, sexuell aktiv zu bleiben, wenn Sie Single sind, schafft Erektionsprobleme aus der Welt und erfüllt das Bedürfnis nach mehr Stimulation, wenn die Empfindlichkeit nachgelassen hat. (Mehr dazu in Kapitel 8.)

JETZT KOMMT ES AUF DAS VORSPIEL AN

Wenn Geschlechtsverkehr für Sie schwierig oder seine Erektion für Penetration nicht fest genug ist, werden die Praktiken, die Sie als »Vorspeise« angesehen haben – Oralsex und Handjobs – auf einmal zum Hauptgericht. Für Frauen könnte dies das Beste sein, was ihrem Sexualleben widerfährt. Wie ich bereits sagte: Geschlechtsverkehr ist eine der am wenigsten erfolgreichen Möglichkeiten, die Klitoris zu stimulieren – und das bringt ja die meisten Frauen zum Orgasmus.

Weil Sie beide also mehr auf Oralsex und manuelle Befriedigung angewiesen sind, spielt die richtige Technik eine große Rolle. Deshalb habe ich den folgenden Abschnitt in dieses Buch aufgenommen; er soll Ihnen beiden helfen, Ihre sexuelle Geschicklichkeit aufzufrischen. Außerdem finden Sie einige Vorschläge, wie Sie sich neuen Herausforderungen anpassen können.

SO GEHT GROSSARTIGER ORALSEX

Dies habe ich für die Person geschrieben, die ihn macht. Reichen Sie es also rüber mit der Bemerkung, ich hätte das gesagt.

EINE FRAU ORAL BEFRIEDIGEN

Wählen Sie eine bequeme Position. Sie sitzt, ihre Genitalien sind an der Stuhlkante; Sie knien vor ihr, mit Kissen unter den Knien. Sie könnte auch auf der Arbeitsfläche in der Küche sitzen, während Sie auf einem niedrigen Hocker vor ihr sitzen. Beides ist angenehmer für den Nacken, und Sie können sehen, was Sie tun. Wenn es von der Größe her passt, kann sie auch vor Ihnen stehen, und Sie knien auf Kissen vor ihr.

Sie ist gut in Form, Sie aber nicht (oder Sie haben Probleme mit den Knien)? Dann legen Sie sich rücklings aufs Bett; sie kniet sich rittlings über Ihr Gesicht und stützt sich an der Wand ab. Wenn Sie sich in der traditionellen Stellung befinden (sie rücklings auf dem Bett, Beine gespreizt, Sie dazwischen), geben Sie Kissen unter Ihre Ellenbogen und schieben ein Kissen unter ihr Gesäß, damit Sie besser rankommen. Versuchen Sie es auch mal mit ihr auf der Seite und Ihnen zwischen ihren Oberschenkeln; sie legt dabei ihr oberes Bein um Ihren Hals.

Entspannen Sie bewusst Zunge, Nacken und Gesichtsmuskulatur. Das erleichtert Ihnen die Sache und fühlt sich für sie besser an. Entspannen Sie Nacken und Kiefer.

Sorgen Sie für reichlich Feuchtigkeit in Ihrem Mund. Idealerweise hat sich viel Speichel dort angesammelt.

Beginnen Sie sanft, aber unter ihrer Führung. Manche Frauen mögen ein kaum wahrnehmbares Lecken, andere finden es kitzelig.

Gehen Sie nicht gleich auf die Klitoris los. Lecken Sie ihre Brüste, streicheln Sie sie, küssen Sie ihren Hals, streicheln Sie ihre Schenkel.

Wenn Sie dort angekommen sind, probieren Sie ausgedehntes Lecken mit der flachen Zunge, eine flatternde Hin-und-her-Bewegung, oder beschreiben Sie Zickzacks oder Kreise. Ziehen Sie ihren Venushügel (wo ihre Schamhaare sind) leicht nach oben und kreisen Sie mit entspannter Zunge um ihre Klitoris.

Machen Sie Rückmeldezeichen aus. Wenn Sie immer fragen, ob sie mag, was Sie tun, lenkt das viel zu sehr ab. Greifen Sie stattdessen als Zeichen für »Alles okay?« ihren Schenkel. Ist es das, antwortet sie, indem sie Ihren Arm greift. Ist es nicht okay, halten Sie einfach inne und lassen sich ein bisschen umdirigieren.

Seien Sie nicht beleidigt, wenn sie etwas Neues will. Es heißt ja nicht, dass es ihr früher nicht gefallen hat, sondern dass ihr Körper sich verändert und sie jetzt andere Bedürfnisse hat. Manche Frauen bekommen jahrelang Orgasmen, wenn der Partner immer das Gleiche immer auf dieselbe Weise tut, und dann wachen sie eines Morgens auf (üblicherweise nach einer Schwangerschaft oder wenn sie über 50 sind) und merken, dass es für sie nicht mehr funktioniert. Nehmen Sie das nicht persönlich.

Wenn die Zunge ermüdet, bewegen Sie nur noch den Kopf hin und her und auf und ab, statt die Zunge zu bewegen; oder sie halten die Zunge an sie, und ihre Partnerin rubbelt sich daran.

Greifen Sie ihr Gesäß, drücken Sie es, lassen Sie es kreisen. Das stimuliert indirekt den Analbereich und bringt die Extrastimulation, die sie jetzt möglicherweise braucht, um die sie sich aber nicht zu bitten traut. Viele Frauen mögen auch, wenn ein gut mit Gleitmittel versehener Finger beim Orgasmus (oder davor) anal eingeführt wird, aber fragen Sie immer erst, bevor Sie so etwas tun!

Ihr Mantra: langsam, sanft und konsistent. Wechseln Sie nicht andauernd die Technik. Lassen Sie nicht die Hände auf ihrem Körper herumwandern, während Sie an ihr beschäftigt sind.

Bleiben Sie bei der Sache. Wenn sie älter werden, brauchen beide Geschlechter länger, um erregt zu werden. Zeigen Sie ihr, dass Sie gern weitermachen, solange sie will, und dass es Ihnen genauso gut gefällt wie ihr.

Fragen Sie, bevor Sie Finger einführen. Sie möchte das vielleicht nicht, weil ihre Scheide gereizt oder empfindlich ist. Wenn sie es möchte, verwenden Sie reichlich Gleitmittel, gehen behutsam vor und beginnen mit einem oder zwei Fingern.

Legen Sie einen Vibrator in Reichweite. Der kann hilfreich sein, wenn Sie nicht mehr können oder sie Mühe hat, zum Orgasmus zu kommen.

Halten Sie ihn in die Nähe der Klitoris, während Sie weiterlecken, oder halten Sie ihn daran, während Sie sie küssen oder ihre Brüste liebkosen. Sie könnte wünschen, dass Sie ihn einführen (in dem Fall Gleitmittel verwenden), aber die meisten Frauen halten den Vibrator an den Klitoralbereich, um zum Höhepunkt zu kommen.

Zum Sex gehört nicht unbedingt ein Orgasmus. Oralsex fühlt sich mit oder ohne Orgasmus großartig an. Man muss dabei nicht jedes Mal zum Höhepunkt kommen.

EINEN MANN ORAL BEFRIEDIGEN

Finden Sie eine bequeme Position. Wenn Ihre Knie okay sind, ist es am einfachsten, wenn er sich im Stehen an eine Wand lehnt und Sie sich auf ein paar Kissen vor ihn knien. Oder er setzt sich auf die Bettkante, und Sie knien sich vor ihn.

Knien kommt nicht infrage? Versuchen Sie es so: Sie setzen sich auf die Bettkante (oder auf ein entsprechend hohes Möbelstück), und er stellt sich vor Sie. Setzen Sie Treppenstufen, Kissen oder andere Einrichtungsgegenstände ein, damit sein bestes Stück auf einer Höhe mit Ihrem Mund ist. Oder Sie fordern ihn auf, sich über Sie zu knien, während Sie mit dem Kopf auf einem Kissen auf dem Rücken liegen. Er stützt sich dann mit den Händen an der Wand hinter dem Bett ab. Auf keinen Fall sollen Sie so liegen, dass Sie die Hand verdrehen oder den Nacken überdehnen.

Die Lippen nicht über die Zähne ziehen. Es ist leichter und viel angenehmer, die Nacken- und Kiefermuskulatur zu entspannen und die Lippen nach außen zu stülpen.

Gebrauchen Sie auch die Hände, nicht nur den Mund. Das schützt vor Würgereiz und verhindert blöde Situationen, etwa dass sein Penis absinkt und Ihre Lippen ins Leere treffen – was für ihn entsetzlich wäre, wenn er ohnehin Erektionsprobleme hat. Sollte Ihr Würgereiz sehr stark sein, richten Sie seinen Penis an Ihren Gaumen oder innen an Ihre Wange.

Den Penis an der Wurzel halten – so bleibt das Blut in den Kammern und das Glied steifer – und dann die Lippen so über die Eichel stülpen, dass sie das Glied fest umschließen. Ziel ist ein leichtes Ansaugen, damit Druck da ist, ohne richtig zu saugen. Wenn Ihr Griff zu fest ist oder es schmerzt, das Glied länger zu halten, soll er es selbst halten.

Spielen Sie mit der Zunge am Frenulum (dem Bändchen dort, wo die Eichel auf den Schaft trifft), denn es ist hochempfindlich.

Nun fallen Sie in einen Rhythmus »Hand folgt Mund«. Beginnen Sie langsam und behutsam, steigern Sie es zu schnell und kräftig. Lassen Sie die Faust auf und ab gleiten, wobei Sie den Bewegungen Ihres Mundes folgen. Wenn sie zur Eichel kommt, schließt sich die Faust, auf dem Rückweg öffnet sie sich wieder. Wenn Sie das gut machen, wird er keinen Unterschied zwischen Ihrem Mund und Ihrer Hand bemerken. Die meisten älteren Männer haben es auch lieber, wenn die Hand benutzt wird, weil die Stimulation dann stärker ist. Sollte er das nicht mögen, greifen Sie nur die Wurzel und halten.

Halten Sie Blickkontakt, während Sie das machen. Das allein macht alles wunderbar sexy.

Jedes Mal wenn die Zunge die Eichel erreicht, umspielen Sie mit ihr das Frenulum. Drehen Sie die Hand, wenn Sie den Schaft aufwärts bis zur Eichel gleitet. Werden Sie langsamer, wenn Sie die Eichel erreichen – sie ist der empfindlichste Teil.

Benachbarte Bereiche nicht vergessen. Streicheln Sie seine Hoden und lecken Sie daran. Drücken Sie mit den Fingern fest den Damm (den unbehaarten Teil zwischen Anus und Hoden), um seinen inneren Penis zu stimulieren.

Zeigen Sie, dass Ihnen gefällt, was Sie tun. Stöhnen Sie, machen Sie Geräusche. Halten Sie inne und sehen Sie ihn lüstern an, machen Sie dann weiter.

Nicht hetzen. Erfahrungsgemäß brauchen Männer mit zunehmendem Alter immer länger bis zum Orgasmus. Wenn Sie die Sache beschleunigen möchten, erhöhen Sie das Tempo und greifen fester zu.

Stimulieren Sie ihn noch mehr. Er braucht jetzt möglicherweise mehr als orale Stimulation, um zum Höhepunkt zu kommen. Versuchen Sie, einen gut mit Gleitmittel versehenen Finger anal einzuführen, um seine Prostata zu stimulieren (wie das geht, steht auf Seite 162). Kneifen Sie seine Brustwarzen oder probieren Sie, mit der inneren Handkante (bilden Sie ein L) fest zwischen seinen Beinen auf den Damm zu drücken. Legen Sie die Hand auf seinen Unterleib und reiben Sie langsam, aber kräftig, um den Teil des Penis zu stimulieren, den Sie nicht sehen können.

Überlegen Sie, was Sie tun, wenn er kommt. Lassen Sie sein Glied im entscheidenden Moment nicht in der Gegend herumschlackern. Wenn Sie nicht gern schlucken, nehmen Sie einfach den Mund weg, machen mit der Hand weiter und lassen ihn woandershin ejakulieren (etwa auf Ihre Brüste).

HANDJOBS FÜR ERWACHSENE

Wie beim Oralsex funktioniert das, was früher zum Ziel geführt hat, jetzt vielleicht nicht mehr. Ihr Körper hat sich verändert, deswegen müssen ein paar Dinge anders werden. Sagen Sie das Ihrem Partner, und das Problem ist gelöst. (Falls Sie nicht so gut darin sind, über Sex zu reden: ab Seite 19 finden Sie einige Tipps.)

Verwenden Sie unbedingt reichlich hochwertiges Gleitmittel, und scheuen Sie sich nicht, innezuhalten und mehr zu nehmen. Wenn Sie mit einem Vibrator leichter kommen als mit Fingern, sollten Sie keine Angst haben, es Ihrem Partner zu sagen (er muss sich weniger Mühe geben!). Gleiches gilt, wenn Sie Probleme mit Fingern oder Händen (z. B. Arthritis) haben.

HANDJOB AN IHM

Wählen Sie die Stellung gut aus. Die Standardstellung für einen Handjob ist, im Bett neben dem Partner zu liegen. Das ist ungünstig – egal in welchem Alter. Probieren Sie stattdessen, sich hinter ihn zu stellen und ihn mit den Armen zu umfassen. Sie beide können sich für einen extra Kick dabei im Spiegel beobachten. Er kann sich auch hinstellen, und Sie sitzen vor ihm auf der Bettkante. Wenn Sie gut in Form sind, er aber nicht, können Sie sich rittlings mit Blick zu seinen Füßen auf seinen Bauch setzen.

Lassen Sie sich zeigen, wie er masturbiert, und ahmen Sie es so genau wie möglich nach. Achten Sie insbesondere darauf, wo er anfangs Hand und Finger platziert, und bitten Sie ihn, seine Hand auf Ihre zu legen, um herauszufinden, ob Sie genau getroffen haben. Er kann dann Druck oder Tempo seinen Wünschen anpassen.

Die Grundtechnik ist, mit lockerer Hand auf und ab zu pumpen. Oder Sie legen alle Finger auf eine Seite, den Daumen auf die andere und pumpen oder machen eine Schüttelbewegung.

Wenn Ihr Griff nicht so kräftig ist, probieren Sie, seinen Penis zwischen den Handflächen zu rollen wie eine Rolle Kuchenteig. Oder Sie falten die Hände, legen die Daumen aufeinander und lassen dabei Platz, damit er den Penis in die Mitte stecken kann. Nun senken Sie die Hände auf seinen Penis, schließen die Daumen und schieben die gefalteten Hände mit sanften Drehbewegungen auf und ab.

Mischen Sie: Lassen Sie zehn langsame, aber feste Bewegungen mit einem schnellen, festen Auf-und-ab-Pumpen abwechseln. Erweitern Sie das Ganze jedes Mal um ein Pumpen.

Nehmen Sie eine unechte Perlenkette, wickeln Sie diese um Ihre Hand oder seinen Penisschaft und schieben Sie sie auf und ab. Verwenden Sie eine Menge Gleitmittel und prüfen Sie zuvor, ob die Perlen glatt sind; falls nötig, feilen Sie raue Stellen mit einer Nagelfeile glatt. Diese Methode ist prima, wenn er stärkere Stimulation braucht.

Verwenden Sie einen Stroker, um das Erlebnis für ihn intensiver zu machen und Druck von sich selbst zu nehmen. Stroker sind eine Art Manschetten mit strukturierter Innenseite, die auf den Penis geschoben und auf und ab bewegt werden (mehr darüber auf Seite 184). Immer mit reichlich Gleitmittel benutzen.

Sorgen Sie für extra Stimulation, wie in der Anleitung zum Oralsex vorgeschlagen (ein eingeführter Finger, Kneifen der Brustwarzen).

Lassen Sie ihn übernehmen, wenn Sie es nicht schaffen, längere Zeit weiterzumachen. Sie sehen zu, wenn er es tut. Oder, wenn Sie ihm eine große Freude bereiten möchten, legen Sie sich hin und befriedigen sich selbst mit einem Sexspielzeug.

HANDJOB AN IHR

Wählen Sie die Stellung gut aus. Sie können die traditionelle Stellung probieren, bei der Sie neben ihr liegen, sofern das bei Ihnen klappt und Sie nicht das Gefühl haben, Ihre Hand zu verdrehen. Oder Sie bitten sie, sich mit gespreizten Beinen hinzusetzen, und setzen sich hinter sie, mit den Beinen rechts und links von ihr. Dann können sich beide Hände mit ihrer Klitoris beschäftigen, oder eine Hand mit ihren Brüsten und die andere unten. Oder Sie setzen sich in einen Sessel und nehmen sie auf den Schoß.

Fragen Sie, was sie möchte. Manche Frauen mögen eine feste, direktere Stimulation der Klitoris lieber, je älter sie werden. Bei anderen ist es umgekehrt, sie hätten es gern sanfter als früher. Um das herauszufinden, gibt es nur einen Weg ...

Verwenden Sie Gleitmittel in rauen Mengen. Halten Sie es in Reichweite, damit Sie nachnehmen können, falls Sie beginnt, sich trocken anzufühlen. Gleitmittel lässt sich auch mit etwas Speichel reaktivieren.

Zu Anfang halten Sie Ihre Finger still gegen ihre geschlossenen Schamlippen. Achten Sie darauf, wie sie sich selbst positioniert und sich an Ihnen reibt. Das zeigt Ihnen, wie viel Druck sie sich wünscht. Auch hier gilt …

Berühren Sie sie langsamer und sanfter, als Sie glauben, dass sie es möchte. »Zu grob« ist eine häufige Klage von Frauen aller Altersgruppen, in ihrem Alter ist es aber sehr wahrscheinlich ein Thema.

Die Grundtechnik ist, Zeige- und Ringfinger so zu positionieren, dass sie auf den äußeren Schamlippen ruhen. Dann reiben Sie sanft an der Klitoris auf und ab oder in Kreisen und halten dabei einen langsamen, gleichbleibenden Rhythmus. Setzen Sie den gesamten Finger oder die ganze Fingerkuppe – und nicht nur die Fingerspitze – ein und reiben oder streicheln Sie damit. Das fühlt sich weicher an und deckt einen größeren Bereich ab.

Beachten Sie ihre Körpersprache. Wenn Sie sich gegen Ihre Hand drängt, würde sie gern fester berührt, zieht sie sich zurück, werden Sie sanfter.

Schieben Sie keinen Finger in sie, es sei denn, sie hätte es gern. Insbesondere wenn ihr Geschlechtsverkehr wehtut. Konzentrieren Sie sich darauf, den äußeren Bereich und den Bereich der Klitoris zu stimulieren.

Beim Handjob gilt das Gleiche wie beim Oralsex: Streicheln Sie leicht, gleichmäßig und anhaltend. Wenn sie stärkere Stimulation braucht als früher, soll sie ihre Hand auf Ihre legen und Ihnen zeigen, wie viel Druck sie möchte.

Probieren Sie »Die Rolle« aus, wenn Ihre Partnerin sich starke, direkte Stimulation wünscht. Gehen Sie mit der Klitorisvorhaut wie mit der Vorhaut am Penis um, bewegen Sie sie auf und ab, statt die Klitoris direkt zu berühren. Verwenden Sie sie als Puffer, rollen Sie sie zwischen Daumen und Zeigefinger, um die Klitoris zu stimulieren.

KAPITEL 3

ICH FÜHLE MICH ABER NICHT MEHR SEXY

Sich sexy zu fühlen ist etwas völlig anderes, als sexy auszusehen oder Sex zu wollen – das sind völlig verschiedene Dinge. Sie könnten ein international gefeiertes Dessous-Model sein und sich trotzdem nicht sexuell attraktiv finden. (Googeln Sie das ruhig: Ich lüge nicht. Sie denken, Sie seien paranoid, was Ihren Körper angeht? Dann probieren Sie mal aus, wie es ist, wenn man jeden Zentimeter seines Körpers zur Schau zu stellen muss, um damit seinen Lebensunterhalt zu verdienen!) Ob man sich begehrenswert fühlt, hängt von der Einstellung, nicht vom Aussehen ab. Und diese Einstellung ist extrem wichtig, denn sie allein bestimmt, wie zufrieden Sie mit Ihrem Sexualleben sind.

Studie um Studie ergibt jahrein, jahraus das Gleiche: Wer sich sexuell attraktiv fühlt, hat vermutlich mehr Freude am Sex und mehr Orgasmen, ergreift beim Sex eher die Initiative und hat weniger Probleme damit, mit dem Partner über Sex zu reden. Eine bahnbrechende Auswertung von 57 Studien aus zwei Jahrzehnten zeigte, dass es einen deutlichen Zusammenhang zwischen Körperwahrnehmung und so gut wie allem gibt, was mit Sex zu tun hat: Erregung, Begehren, Orgasmus, Häufigkeit und Selbstwertgefühl. Man muss die Wissenschaft nicht bemühen, um das zu erklären: Wenn Sie sich für Ihren Körper schämen und ihn hässlich finden – warum sollten Sie dann wollen, dass ihn irgendjemand ansieht oder berührt?

Dreimal dürfen Sie raten, was fast immer hinter dieser Ablehnung des eigenen Körpers steckt … Genau, Gewichtszunahme.

Warum Frauen ihren Körper hassen

Wir Frauen sind ziemlich gut darin, uns für eine Menge Dinge zu kritisieren, aber ganz oben auf der Liste steht das Gewicht.

»Was würde passieren, wenn Sie sich mit Freundinnen träfen und sagen würden: ›Ich finde mich heute so wunderschön!‹?« Diese Frage stellte die Sexualpädagogin Emily Nagoski ihren Studentinnen. Die lachten und meinten, das würde doch keiner machen. »Aber wie oft trifft man sich am Abend mit Freundinnen und sagt: ›Ich fühle mich heute so fett‹?« Andauernd, war die einstimmige Antwort.

Man gesteht Frauen zu, dass sie sich selbst kritisieren, aber sich selbst loben dürfen sie nicht. Ein pausbäckiges Baby finden wir hinreißend, so Nagoski in *Komm, wie du willst: Das neue Frauen-Sex-Buch.* Jedes Pölsterchen, jede Speckfalte wird gefeiert. Dann kommt die Pubertät, und die Jugendliche verinnerlicht die Botschaften darüber, was liebenswert ist und was nicht. »Die Samen der Selbstkritik werden gesät und gehegt, Selbstvertrauen in Bezug auf den Körper vernachlässigt und bestraft«, sagt sie. Allerdings: Das beginnt nicht erst mit der Pubertät. In den USA macht sich schon die Hälfte der 3-jährigen Mädchen Sorgen, sie könnten »fett« sein, und sie haben klare Vorstellungen davon, wie Körper auszusehen haben.

Dann folgen Jahre, in denen wir in jeder Zeitschrift, in jeder Anzeige, in praktisch jeder Show und jedem Film mit Fotos von unwahrscheinlich schlanken, »perfekten« Frauen bombardiert werden. Die unsäglichen sozialen Medien mit ihren gefilterten, manipulierten Fotos lassen selbst unsere hässlichsten Freundinnen wie Supermodels aussehen. Der Jugend wird gehuldigt, und Altern ist das Allerschlimmste, was einem passieren kann (abgesehen vom Dickwerden). Welche Chance hat da eine durchschnittliche Frau, mit einer entspannten Einstellung zu ihrem Äußeren erwachsen zu werden?

Sicher, es gibt inzwischen die Body-Positivity-Bewegung, doch die steht ganz allein den zahllosen Botschaften gegenüber, die extrem eng gefasste Kriterien davon propagieren, wie eine »sexy« Frau auszusehen hat. Ist es ein Wunder, dass Generation um Generation von ansonsten klugen, erfolgreichen, gebildeten Frauen eine völlig gestörte und schon fast krankhafte Körperwahrnehmung haben?

In meinem ganzen Leben habe ich nur zwei Frauen getroffen, die sich um ihren Körper keinen Stress machen. Und wissen Sie was? Beide gehören zu den Auserwählten, die groß, schlank und langbeinig sind und, egal was sie essen, nie zunehmen. Wir anderen sorgten uns um Gewicht und Figur, als wir jung waren – und sind mit 50 (plus) immer noch damit beschäftigt.

Folgendes haben Frauen mir auf die Frage, wie sie mit über 50 ihren Körper finden, geantwortet:

»Ich hasse meinen Körper. Ich habe es geschafft, mir nach der Geburt meines Jüngsten eine Fettschürze zuzulegen, und seit den Wechseljahren scheine ich überall etwas schlaffer geworden zu sein. Das sieht nicht gut aus.«

»In der Schwangerschaft habe ich zugenommen und Dehnungsstreifen bekommen. Seitdem habe ich mich nicht mehr sexy gefühlt. Mein Mann hat mir nie auch nur angedeutet, dass er mich nicht mehr begehrenswert findet – das fand alles in meinem Kopf statt, und nun geht es nicht mehr weg.«

»Seit ich 25 war, habe ich jeden Tag mein Gewicht aufgeschrieben, und jetzt bin ich 57. An jedem Tag meines Lebens hing meine Laune davon ab, was die Waage anzeigte, obwohl das die ganze Zeit mit kleinen Schwankungen immer dasselbe war. Mein Verlangen nach Sex wird total davon bestimmt, wie ›fett‹ ich mich an dem Tag fühle. Sagt die Waage, ich sei dünn, mache ich mich toll zurecht und ziehe im Bett eine richtige Schau ab. Tut sie das nicht, will ich gar keinen Sex. Mein Mann findet das erbärmlich, und mir geht es genauso, aber ich weiß nicht, wie ich das abstellen kann.«

»Ich bin 62 und habe Freundinnen, die gegen Brustkrebs ankämpfen. Ich versuche mich dazu zu bringen, meinen Körper zu betrachten und zu denken: ›Du bist gesund und eine tolle Frau‹ und nicht ›Du siehst fett aus‹. Meist gelingt mir das aber nicht.«

Wenn Sie Ihr Aussehen hassen, hassen Sie auch Sex

Kennt jemand, der dies liest, einen Mann, der denkt: »Heute habe ich keinen Sex, weil mein Bierbauch gigantisch ist«? Und haben *Sie* jemals nach einem Blick in den Spiegel gedacht: »Meine Güte, ich sehe so fett und scheußlich aus«, und dann gemerkt, dass der Anflug von Lust auf Sex verschwindet? Ach.

Im Rahmen einer US-amerikanischen Umfrage mit dem Unheil verheißenden Namen *Dead Bedrooms* wurden 1000 Menschen zwischen 18 und 65 befragt, was sie davon abhält, Sex haben zu wollen. Beachtliche 46 Prozent sagten, es sei Gewichtszunahme. In Großbritannien fanden Wissenschaftler heraus, dass eine von zehn Frauen sich beim Sex schon immer unattraktiv fand, im Gegensatz zu drei Prozent der Männer. Ich lasse Michael Alvear, den Autor des Ratgebers *Not Tonight Dear, I Feel Fat: How to Stop Worrying About Your Body and Have Great Sex,* das erklären: »Schlechte Körperwahrnehmung kann Ihre Libido ersticken. Sie kann dazu führen, dass Sie Sex verweigern, selbst wenn Sie ihn wollen. Sie lenkt Ihre Aufmerksamkeit von angenehmen körperlichen Empfindungen hin zu vermeintlichen körperlichen Mängeln. Die Scham schränkt Ihre Fähigkeit ein, einzufordern, was Sie antörnt, oder sie macht sie ganz zunichte ... was dazu führt, dass Sie den Höhepunkt nur mit Mühe erreichen oder die Orgasmen weniger angenehm sind. Wenn Scham den Raum betritt, fliegt die Lust zum Fenster hinaus.«

Dieser ständige, ermüdende, zermürbende Kampf mit dem Körper – und dem Gesicht, wir dürfen nicht vergessen, dass auch das Altern Angst macht – quält die meisten Frauen ihr Leben lang.

Was für eine Menge vergeudeter, sinnloser, schlechter Energie! Es ist doch entsetzlich, dass wir dem menschlichen Körper, diesem unglaublich weisen, effizienten, großartigen Gebilde, mit Selbstverachtung und Abscheu begegnen. Klar, wenn Sie so übergewichtig sind, dass es für Sie ein Gesundheitsrisiko darstellt, sollten Sie natürlich Ernährung und Lebensweise überprüfen und verbessern. Doch die wenigsten von uns fallen in diese Kategorie.

Wir haben ein gesundes Gewicht, nur eben kein Model-Gewicht. Unsere Gesichter sind nicht hässlich, es sind nur eben keine Model-Gesichter. Und wenn Ihre Figur oder Ihr Gewicht sich verändert haben, weil Sie Kinder bekommen haben, ist das doch ein wunderbarer Grund! Schwangerschaft, Geburt und Elternsein sind brutal zu unseren Körpern – natürlich hinterlässt das Spuren.

Was wäre Ihnen lieber: Ihre Kinder? Oder Ihr Körper, wie er früher war? (Vielleicht antworten Sie jetzt lieber nicht, wenn es gerade 4 Uhr nachts ist und Sie noch auf sind, um darauf warten, dass Ihr Kind endlich nach Hause kommt.) Jede Frau sagt: meine Kinder.

Was wäre Ihnen lieber: Ein faltenloses Gesicht, weil Sie nicht mehr gelacht haben, seit Sie 20 waren, oder ein Gesicht, das zeigt, dass Sie sich großartig amüsiert haben? Jede sagt: Letzteres.

Was bringt es eigentlich, sich mit solchen Sachen herumzuquälen? Während ich diese Zeilen schreibe, werde ich richtig sauer. Ich hoffe, Sie werden es auch. Wenn Sie dieses Buch lesen, sind Sie vermutlich über 50. Ist es nicht höchste Zeit, dass wir mit diesem Blödsinn aufhören? Sind wir nicht inzwischen erwachsen genug? Dieses Kapitel soll Ihnen zeigen, wie das geht. Davon profitiert nicht nur Ihr Sexualleben, sondern Ihr ganzes Leben.

Sich begehrenswert zu fühlen, ist für Frauen wichtiger als ein Orgasmus

Studien haben gezeigt, dass die sexuelle Befriedigung und Leistungsfähigkeit von Frauen steigt, wenn sie wissen, dass ihr Partner sie attraktiv findet. Eine neuere Studie ergab zudem, dass das Gefühl, begehrenswert zu sein, Frauen mehr antörnt als alles andere. Die Forscher befragten 662 heterosexuelle Frauen in festen Beziehungen – sie wollten herausfinden, was dazu führen könnte, dass die Frauen größeres Verlangen nach ihrem Partner verspüren. Ergebnis: Das Gefühl, der Partner fände sie attraktiv und begehrenswert, war eindeutig der bestimmende Faktor.

»Es ist einfach so, dass eine Frau sich begehrenswert fühlen muss. Die meisten Frauen brauchen das wie die Luft zum Atmen«, sagt der US-amerikanische Sexualtherapeut Stephen Snyder. »Sich begehrenswert zu fühlen, ist für Frauen wichtiger als ein Orgasmus.«

Das bedeutet zweierlei. Erstens: Ihr Partner muss wissen, wie wichtig es ist, dass er Ihnen – regelmäßig – sagt, dass er Sie sexy und attraktiv findet. Nicht: »Du siehst hübsch aus, Schatz«, sondern: »Du siehst heiß aus!« Zweitens: Wenn er das sagt, müssen Sie ihm das glauben. Wenn Sie ihm nicht glauben, dass Sie sexy und attraktiv sind, kann er sagen, was er will; es würde nichts ändern.

Hören Sie also auf, Ihre schlimmste Kritikerin zu sein und seien Sie nett zu sich selbst. Sehen wir uns einmal an, wie Sie das schaffen können.

WAS BEI GESTÖRTER KÖRPERWAHRNEHMUNG NICHT HILFT: DIÄT

Diät und Sport helfen Ihrer Körperwahrnehmung nicht. Denn wie wir unseren Körper wahrnehmen, hat nichts damit zu tun, welche Kleidergröße wir tragen. Auch wer in Größe 34 passt, kann sich fett und unattraktiv fühlen.

Alvear zitiert eine Studie, die sich mit Models und Schauspielerinnen beschäftigte. Diese haben 10–20 Prozent weniger Körperfett als gesunde Frauen. Sie sind auch anfälliger für sexuelle Dysfunktion als »normale« Frauen, und ihre Libido ist schwächer. »Frauen haben eine sehr verzerrte, ungenaue Vorstellung davon, wie ihr Körper aussieht«, sagt Alvear. »Studien zeigen, dass sie Kleidergröße und Figur um 25 Prozent und mehr überschätzen.« Das kann ich nur bestätigen.

Das Kleid für meine erste Hochzeit wurde von einem Designer speziell für mich angefertigt. Ich wollte etwas ganz Einzigartiges. Sie können sich sicher meinen Zorn vorstellen, als ich zur Anprobe zum Atelier ging und im Schaufenster auf einer Puppe ein Kleid vorfand, das genauso war wie meins, nur zwei oder drei Größen kleiner. Ich stürmte in den Laden und wollte von dem Designer wissen, warum er mein Kleid auch für eine andere gemacht hatte. Der arme Kerl sah mich verblüfft an.

»Habe ich doch nicht«, sagte er. »Das ist Ihr Kleid. Ich habe es als Überraschung für Sie ins Fenster gestellt, damit Sie es bewundern können, bevor Sie hereinkommen.«

»Das ist nicht mein Kleid«, wütete ich. »Ich trage eine viel größere Größe!«

Erst nachdem er die Puppe aus dem Fenster genommen und ich das Kleid anprobiert hatte (es passte perfekt), glaubte ich ihm. Zu meiner Verteidigung muss ich sagen, dass eine Hochzeit selbst die gelassenste Person in den Wahnsinn treiben kann. Doch was ich heute, im Rückblick auf damals, erstaunlich finde: Selbst nachdem ich den »Beweis« gesehen hatte, hat sich meine Vorstellung von meinem Körper nicht verändert. Ich hatte eine Schaufensterpuppe mit exakt meinen Maßen gesehen und sie winzig gefunden, aber trotzdem nicht geglaubt, dass ich schlank war. Ganz schön blöd!

Die Tatsache, dass wir alle unsere Körpermaße um 25 Prozent überschätzen, bedeutet, dass wir alle solche Momente kennen. Um netter zu uns sein zu können, müssen wir zunächst lernen, unseren Augen zu trauen.

WER SAGT EIGENTLICH, »ALT« SEI UNATTRAKTIV?

Wir Frauen stressen uns nicht nur wegen unserer Figur – wir stressen uns wegen jedes Körperteils, der es wagt, Spuren des Älterwerdens zu zeigen.

Ich wohne in Central London und bin von Frauen um die 50 umgeben, die Botox, Filler, IPL (Pulslicht-Technologie), Vampire Facials (Gesichtsbehandlungen mit Eigenblut) und Laseranwendungen für normale Kosmetik halten. Das kostet Hunderte oder Tausende, aber viele denken, es sei ebenso »unerlässlich« wie gute Reinigungsmilch oder Feuchtigkeitscreme. Ich gebe auf der Stelle zu, dass ich nicht immun dagegen bin. Auch ich habe jahrelang Botox und Filler ausprobiert (meist ein Desaster, gelegentlich okay). Ich habe zudem die schlechte Angewohnheit entwickelt, beim Schreiben auf meine Hände zu schauen, die inzwischen adrig sind und Altersflecken aufweisen, und zu denken: »Boah, wie konnte das passieren?« (Antwort: Weil ich fast 60 Jahre auf diesem Planeten weile.) Ich finde diese Angewohnheit schrecklich, aber ich kann es trotzdem nicht lassen.

Wenn man ein Buch über Sex für »alte Leute« (wie eine junge Freundin es nannte) schreibt, kann man auf beachtliche Reaktionen der »Jugendlichen« gefasst sein. Naserümpfen, ein spontanes »Igitt« oder ein herablassendes »Ach wie süß«. Ich kann ihre Gedanken lesen: »Echt? Alte Leute treiben es noch? Glauben die wirklich, dass jemand sie noch bumsen will?«

Einer der Titelvorschläge für dieses Buch war: *F... mich, ich bin 50*. Wir mochten ihn alle wegen seiner Doppeldeutigkeit: Meine Güte, wie konnte ich so alt werden, und bitte sag mir, dass jemand weiterhin Sex mit mir haben will, obwohl ich schon so alt bin. Er brachte auf den Punkt, wie die meisten von uns sich fühlten – was ziemlich schrecklich ist, wenn man bedenkt, dass viele von uns 100 Jahre alt werden und erst die Hälfte des Lebens hinter sich haben.

Andererseits: Warum sollte jemand nicht mit uns schlafen wollen, nur weil wir über 50 sind? Es gibt viele evolutionäre Gründe dafür, dass ein jugendlicher Körper als sexuell begehrenswerter wahrgenommen wird als ein älterer. Klar ist: Je jünger die Frau, desto größer die Wahrscheinlichkeit, dass sie sich fortpflanzen kann. Doch wer hat entschieden, dass glatte Haut attraktiver ist als faltige, die die Geschichte eines in Fülle gelebten Lebens erzählt? Die Adern auf meinen Händen stehen für Erfahrung, dafür, dass meine Hände Tastaturen bearbeitet haben, damit Bücher entstehen, die (hoffentlich) hilfreich sind. Warum sind Altersflecken hässlich und Sommersprossen niedlich?

In der westlichen Welt machen wir Witze über das Älterwerden. Wer schon mal versucht hat, eine Geburtstagskarte für jemanden über 40 zu kaufen, weiß, dass auf einem Großteil der Karten abfällige Sprüche darüber stehen, dass die Körperfunktionen nicht mehr sind, was sie mal waren. Das Schlimmste, was man jemandem über 30 sagen kann, ist: »Es lässt dich älter aussehen.« Andere Kulturen sind freundlicher. In Korea und China respektiert man alte Menschen in hohem Maß. »Alter Mann« ist in Griechenland keine Beleidigung.

Wenn ich all das Geld, das ich fürs Haarefärben ausgegeben habe (ich wurde schon Anfang 20 grau) zusammennehme: Dafür hätte ich mir ein schönes Ferienhaus in Südfrankreich kaufen können. Wenn man dann noch die Summen addiert, die in Botox, Gesichtsbehandlungen, Gesichts- und Körperpflegeprodukte geflossen sind, damit ich weiterhin jung aussehe, hätte ich wohl auch noch das Haus daneben kaufen können.

Ich kenne die Antwort auf die Fragen oben nicht. Aber ich weiß, dass Frauen über 50 nicht nur ebenso sexy, sondern sogar sexyer sein können als jüngere Frauen. Helen Mirren, Isabelle Huppert, Halle Berry und Lena Olin habe ich sofort vor Augen. Aber auch Frauen, mit denen ich bekannt bin, die noch nie eine OP hatten oder »nachgeholfen« haben und die der Sexiness à la Kardashian, die vollständig von Operationen, Make-up und Instagram-Filtern abhängig ist, locker die Show stehlen können.

3 DINGE, DIE DAS SEXUELLE SELBSTWERT-GEFÜHL GARANTIERT STÄRKEN

Wenn es also nichts bringt, den Körper zu verändern – was hilft denn dann? Sie werden staunen. Ganz oben auf der Hitliste stehen ...

1. Sex haben

Nicht alle Frauen, die ich für dieses Buch befragt habe, hatten eine negative Körperwahrnehmung. Manche waren sehr positiv:

»Mein Körpergefühl ist tatsächlich besser als je zuvor. Mit 50 habe ich mit Yoga angefangen, und nun unterrichte ich es. Ich übe jeden Tag, bin gelenkig, kräftig und schlank. Ich fühle mich begehrenswert und sexy. (Auch wenn meine Brüste nach wie vor hängen!)«

»Ich bin 49, fühle mich aber nach wie vor schön; warum auch nicht? Mich gibt's nur einmal ☺.«

»Ich hatte eine Affäre, und das hat meine Körperwahrnehmung total verändert. Mein Mann hat immer bissige Bemerkungen darüber gemacht, wie fett ich geworden war. Der Grund für die Affäre war, dass dieser Mann jeden Teil von mir liebte. Ich wiege noch dasselbe, habe aber eine ganz andere Einstellung zu mir.«

»Ich war Swinger, das ist ein gutes Experimentierfeld für das Körpergefühl. Es hat mir gezeigt, dass ich für viele Männer attraktiv war, und ich konnte auch eine Menge normaler Menschen verschiedener Altersstufen sehen, die nackt und sexuell erregt waren. Das hat mir die Augen geöffnet, in einer virtuellen Welt voller schöner, manipulierter zweidimensionaler sexueller Abbildungen. Ich war ein schlanker, aber untersetzter athletischer Typ mit kleinem Busen. Jetzt, nach den Wechseljahren, fühle ich mich fraulicher und sexyer: Ich wiege mehr und meine Brüste sind durch die Hormontherapie voller geworden.«

Allen Frauen mit einer selbstkritischen Einstellung gegenüber ihrem Körper war etwas gemeinsam: Sie hatten keinen Sex, selbst dann nicht, wenn sie eine Beziehung hatten. Alle Frauen (auch die eben zitierten), die nett zu ihrem

Körper waren und glaubten, attraktiv zu sein, hatten nicht nur Sex, sie gaben auch an, guten, befriedigenden Sex zu haben. Sex zu haben verbessert die Körperwahrnehmung.

Erfreuliche sexuelle Erfahrungen sorgen dafür, dass wir uns mit unserem Körper wohler fühlen. Wenn mein Partner mir zeigt, dass er gern mit mir Liebe macht, kann mein Körper ja so schlimm nicht sein! Es ist eine Win-win-Situation: Je besser wir uns mit unserem Körper fühlen, desto besser ist der Sex. Was dazu führt, dass wir mehr Sex wollen, was wiederum eine bessere Körperwahrnehmung begünstigt.

Doch es gibt auch die Lose-lose-Situation: Forscher in Großbritannien haben untersucht, in welchen Stellungen Frauen mit negativer Körperwahrnehmung am häufigsten Sex hatten. Die bevorzugte Stellung war die Missionarsstellung (40 Prozent). Die Stellung, die Frauen am meisten an ihrem Körper zweifeln lässt, war: Frau oben.

Während nur 30 Prozent der Frauen regelmäßig einen Orgasmus durch Verkehr (ohne zusätzliche Stimulation der Klitoris) erleben, kommen viele von ihnen zum Höhepunkt, wenn sie oben sind und führen. Die Missionarsstellung ist eine der am wenigsten frauenfreundlichen Stellungen, denn sie erschwert zusätzliche Stimulation, und sein Penis ist nicht im richtigen Winkel zur vorderen Scheidenwand. Geringes Körperbewusstsein lässt Frauen eine Stellung wählen, in der sie mit ziemlicher Garantie keinen Orgasmus bekommen, und diejenige ignorieren, in der sie mit größter Wahrscheinlichkeit den Höhepunkt erreichen.

2. Toll im Bett sein

Frauen, die wissen, dass sie sexuell kompetent sind, sind beim Sex selten gehemmt – selbst wenn er außerhalb des Schlafzimmers stattfindet. »Sexuelle Kompetenz gibt Ihnen im Bett mehr Selbstvertrauen. Und Selbstvertrauen im Bett reduziert die Sorge um das Aussehen«, so Alvear.

Sie finden überall in diesem Buch Unmengen an praktischen Informationen über sexuelle Techniken. Lesen Sie nicht darüber hinweg.

3. Sport treiben

Es hört sich vielleicht seltsam an, wenn ich sage, dass Sie Sport treiben sollten, damit Sie wieder in Verbindung mit Ihrer sexuellen Seite kommen. Doch es ist genau so: Sport hilft dabei, das Verlangen nach Sex neu zu entfachen.

Dr. Cindy Meston von der Universität von Texas (Austin) entdeckte im Rahmen ihrer Forschung, dass Sport das sexuelle Verlangen sogar bei Frauen mit schwacher Libido deutlich erhöhen kann. Sie fand heraus, dass Frauen, die auf einem Standfahrrad trainiert hatten und anschließend erotische Bilder zu sehen bekamen, deutlich, manchmal sogar dramatisch höhere Erregungslevel hatten als Frauen, die davor nicht sportlich aktiv waren. Inzwischen deuten Studien darauf hin, dass bei Frauen, die Sport treiben, die Klitoris besser durchblutet ist als bei Frauen, die das nicht tun.

Sie wissen ja bereits, dass gute Durchblutung immer auch besseren Sex bedeutet. Sport ist für jeden gut. Also los. Wenn Sie Sportstudios nicht leiden können, machen Sie einen Spaziergang oder trainieren Sie zu Hause mit einem Video. Online findet man großartige Fitnesskurse für jeden Schwierigkeitsgrad. Wandern Sie, unternehmen Sie eine Fahrradtour, gehen Sie schwimmen, machen Sie Pilates, probieren Sie Training mit Gewichten aus (wirklich gut für ältere Frauen), besuchen Sie einen Selbstverteidigungskurs. Ihr Sexualleben wird es Ihnen danken.

ANDERE DINGE, DIE VIEL VERÄNDERN

Seien Sie ehrlich zu sich selbst. Sie können sich nur sexy fühlen, wenn Sie das wirklich wollen. Einige von Ihnen werden so tun, als wollten sie all meine Vorschläge ausprobieren – in der Hoffnung, dass es klappt. Wobei sie in Wahrheit nur zu beweisen versuchen, dass keiner meiner Vorschläge funktioniert. Das ist nichts als Zeitverschwendung.

Wenn Sie ernsthaft für immer auf Sex verzichten wollen, dann sollten Sie alles daran setzen, dass Ihr Leben (und das Ihres Partners, falls Sie einen haben) auch ohne Sex glücklich ist. (Mehr dazu in Kapitel 5).

Erwarten Sie Glut, nicht Feuer. Manche Menschen empfinden sexuelles Verlangen als großes, wütendes Feuer im Unterleib, doch für die meisten von uns ist es eher ein Glimmen als eine Flamme.

Wenn Sie auf das Feuer warten und glauben, alles andere sei keine echte Erregung, dann können Sie in einer Langzeitbeziehung vermutlich sehr, sehr lange warten. Die meisten von uns erleben hochintensive Erregung ganz am Anfang der Beziehung, wenn wir jung sind – und wenn wir etwas tun, das wir nicht tun sollten, beispielsweise fremdgehen. Nur sehr selten empfindet man andauernde, überwältigende Leidenschaft für jemanden, mit dem man schon lange zusammen und dem man treu ist. So sind wir Menschen nun einmal nicht programmiert.

Das Glimmen *ist* die Flamme. Akzeptieren Sie das und arbeiten Sie damit.

Ergreifen Sie beim Sex die Initiative. Die Person, die beim Sex die Initiative ergreift, wird häufiger als diejenige von beiden angesehen, die sexyer ist. Die Machtverhältnisse zu ändern – also von der Person, die abwartet, bis sie zum Sex aufgefordert wird, zu der Person zu werden, die Sex von jemand anderem verlangt – kann eine schlummernde Libido erfolgreich wachrütteln.

Übernehmen Sie die Verantwortung für Ihre Erregung. Die belgische Psychotherapeutin Esther Perel kennt sich aus und sagt klar und deutlich: Es ist nicht die Aufgabe unseres Partners, uns zu erregen, es ist unsere eigene. Das könnte heißen: fantasieren, um in Stimmung zu kommen, oder beim Sex Musik laufen lassen, die Sie in Zeiten zurückversetzt, als Sie jung und allzeit bereit waren; »vorglühen« mit dem Vibrator, bevor Sie unter die Decke schlüpfen (am besten behalten Sie ihn dabei in der Hand). Sie könnten auch Erotika lesen oder ansehen. Wobei ...

Vorsicht bei Sex-Triggern. Hier mal kurz was zur Pornografie. Ich schaue beim Masturbieren gern Pornos, sehe sie mir aber auch mit meinem Mann an – aus gutem Grund.

Es ist zwar nicht verkehrt, sie nur allein zu konsumieren, doch Trigger aufzubauen könnte zum Eigentor werden. Ich hatte vor Jahren mal mit meinem damaligen Freund ausgemacht, dass wir mit dem Rauchen aufhören. Er schaffte es, ich nicht. Für mich als starke Raucherin (heute finde ich Rauchen furchtbar, damals hätte ich Zigaretten gegessen, wenn man mich gelassen hätte) bedeutete das: Ich freute mich mehr auf Zeit ohne ihn als auf Zeit mit ihm. Seine Anwesenheit, die ich zuvor geliebt hatte, wurde nun damit assoziiert, dass ich keinen Spaß haben durfte. Sobald er ging, konnte der Spaß – Rauchen – beginnen. Wir trennten uns.

Seien Sie in diesem Sinne auch vorsichtig damit, den ganzen Spaß am Sex zu haben – beim Masturbieren unartig »schmutzige« Pornos schauen –, wenn Ihr Partner nicht da ist. Sonst wird es für Sie zum positiven Sex-Trigger, wenn er zur Arbeit geht oder ohne Sie ins Bett steigt: Sie können heimlich Solo-Sex haben. Sex mit ihm assoziieren Sie dann mit »muffig« oder »langweilig«, Solo-Sex hingegen ist interessant und aufregend. Wenn Sie Pornos mögen, erkunden Sie diese gemeinsam. So bereichern sie Ihre erotische Verbindung, statt sie auseinanderzubringen.

KONTROLLIEREN SIE, WAS SIE BEEINFLUSST

»Kein Mädchen kommt auf die Welt und hasst ihren Körper oder schämt sich ihrer Sexualität. Das mussten sie erst lernen«, sagt Nagoski. Aber man kann das wieder hinbekommen. Hier sind ein paar Ideen:

Steigen Sie aus sozialen Medien aus, wenn diese Sie unglücklich machen. Das tut eine Menge für Ihre Körperwahrnehmung. Ernsthaft: Wer findet sich selbst gut, nachdem er Instagram durchgesehen hat?

Hören Sie auf, Zeitschriften oder Websites anzusehen, die »perfekte« Frauen abbilden. Michael Alvear konnte unter Studien aus den letzten 20 Jahren keine einzige finden, die nicht zu dem Schluss kam, dass die Medien einen fatalen Einfluss auf das weibliche Selbstwertgefühl haben. »Eine Modezeitschrift zu lesen macht mit Ihrer Körperwahrnehmung das, was Rauchen mit der Lunge macht«, schreibt er. Und wenn Sie Pornos schauen, schauen Sie besser Amateurpornos. Dann sehen Sie echte Frauen mit echten Körpern.

Jemand im Bekanntenkreis macht sich über Ihren Körper lustig? Servieren Sie die Person ab. Seien Sie konsequent. Nach einem Treffen mit Freunden sollten Sie sich großartig fühlen – und nicht beschissen.

Wenn Ihr Partner Ihren Körper kritisiert, fahren Sie nicht gleich aus der Haut. Wenn Sie gehemmt sind, sind Sie auch empfindlich. Wenn Sie sicher sind, dass kränkende Worte fallen könnten, beenden Sie das Gespräch und sagen einfach: »Danke für deine Meinung.« Dann gehen Sie irgendwohin, wo Sie allein sein und aufschreiben können, was der Kommentar in Ihnen ausgelöst hat.

Denken Sie an die anderen Dinge, die Ihr Partner äußert und die Sie nicht gern hören. Wenn Sie sich beruhigt haben, sagen Sie ihm, dass Sie beide ernsthaft miteinander reden müssen. Sagen Sie: »Als du X gesagt hast, habe ich mich so und so gefühlt.« Lassen Sie das Thema erst fallen, wenn Sie das Gefühl haben, zu ihm durchgedrungen zu sein.

Sollte er danach rückfällig werden und sollten Sie ihm eine zweite Chance geben wollen, warnen Sie ihn. Noch einmal, und Sie gehen. Und das tun Sie dann auch. Wenn das wegen der Kinder oder aus finanziellen Gründen nicht möglich ist, holen Sie ein Familienmitglied oder jemanden aus dem Freundeskreis, dem Sie vertrauen und der Ihren Partner zur Einsicht bringen kann.

Trennen Sie sich von Sachen, die schlechte Gefühle auslösen. Etwa von zu klein gekauften Dessous, Jeans und Kleidern, die Schuldgefühle verursachen, weil Sie nie so viel abgenommen haben, dass Sie sie tragen können. Kaufen Sie Kleidung, die Ihnen passt und die bequem ist.

Haben Sie Mitgefühl mit sich. Was würden Sie einer guten Freundin sagen, die sich ständig abwertet? Sie würden sagen, dass sie damit aufhören soll, und ihr Komplimente machen. Gehen Sie mit sich genauso um. Seien Sie Ihre beste Freundin, nicht Ihre schärfste Kritikerin.

Schreiben Sie jedes Kompliment auf, das Ihnen für Ihr Aussehen gemacht wird – alles von »deine Augenbrauen sind toll« bis zu »in diesem Kleid siehst du fantastisch aus«. Führen Sie die Liste weiter und nehmen Sie sie zur Hand, wenn Sie sich unsicher fühlen.

WIE SIE DIE NEGATIVEN STIMMEN IN IHREM KOPF ABSTELLEN

Sie sind nicht verrückt: Wir alle hören Stimmen im Kopf. Man nennt sie Introjekte, und sie sind Ideen oder Sätze von Menschen, die für uns wichtig waren oder sind (Eltern, Lehrer, Expartner, Partner) und die wir verinnerlicht haben. Positive Introjekte – die Stimmen, die Nettes sagen – sprechen eher leise. Negative Introjekte – das Schlechte, das Menschen über uns gesagt haben und das nun widerhallt – sind laut, grob und bestehen darauf, angehört zu werden.

ERSTE HILFE, WENN SIE BEIM SEX SCHLECHT ÜBER IHREN KÖRPER DENKEN

Konzentrieren Sie sich auf das, was Sie fühlen. Beim Sex geht es um das, was im Inneren passiert, nicht um Äußerlichkeiten. Fokussieren Sie nach innen, nicht nach außen.

Sehen Sie Ihren Partner an, nicht Ihren Körper. Sehen Sie ihm in die Augen; das ist sexy. Sehen Sie seinen Körper an, nicht Ihren.

Reden Sie. Das muss kein Dirty Talk sein (außer Sie wollen das). Sagen Sie einfach »Das mag ich«, »Das fühlt sich super an«, »Mann, siehst du scharf aus«. Stöhnen Sie, machen Sie Komplimente. Wenn Sie reden, leben Sie den Moment und driften nicht vor lauter Sorge über Ihr Aussehen ab.

Werden Sie aktiv. Bewegen Sie sich. Übernehmen Sie die Führung. Machen Sie etwas an ihm, liegen Sie nicht einfach da. Je aktiver Sie beim Sex sind, desto weniger Zeit hat Ihr Gehirn, paranoid zu werden.

Fantasieren Sie. Wenn es nicht ausreicht, dass Sie Ihren Partner ansehen, schließen Sie die Augen und flüchten in eine Fantasie, in der Sie positiv dastehen. Verlieren Sie sich darin.

Eine negative Erziehung kann schlimme Introjekte schaffen. Ich habe eine Freundin, deren Mutter sie immer von Kopf bis Fuß mustert, um sie auf die Palme zu bringen. »Isst du schon wieder zu viel?«, sagt sie, und das, obwohl meine Freundin schon beinahe magersüchtig ist. Auch der Ex kann das, der meinte, Sie könnten hübsch sein, wenn Sie nur abnehmen würden, oder dieser wirklich gemeine Typ, der Ihnen ins Gesicht sagte, er könne mit Ihnen nie etwas anfangen, weil Sie so fett oder hässlich seien.

Für den Umgang mit Introjekten gibt es einen einfachen Trick: Schon zu wissen, was diese Stimmen sind – dass sie einen Namen haben und auch andere sie in ihrem Kopf haben – kann unglaublich beruhigend sein.

Was Sie außerdem tun können: sie identifizieren, wenn sie mit Ihnen reden. Hören Sie: »Deine Oberschenkel sind riesig!«, denken Sie: ›Ach, das ist doch Joan, die Schwester meiner Mutter. Diese blöde Kuh. Mein Körper geht niemanden etwas an außer mir.‹ Hören Sie: »Du bist im Bett eine echte Null, weil deine Brüste nicht groß genug sind« und erkennen Richard, Ihren Ex, der inzwischen Alkoholiker ist, denken Sie: ›Sinn für Realität hatte er. Noch nie.‹ Wenn Sie das geschafft haben und eine gute Vorstellung davon haben, woher diese Gedanken stammen, können Sie ihre Macht brechen. Weigern Sie sich einfach, sie zu beachten, wenn sie zu Ihnen sprechen.

Stellen Sie sich vor, Sie sitzen an einem Flussufer, und Ihre Gedanken treiben an Ihnen vorbei. Oh, da ist ein netter: Ein anderer Ex sagte, Sie seien die beste Liebhaberin, die er je hatte. Winken Sie diesem Gedanken fröhlich nach und lassen Sie ihn dann an sich vorbeiziehen. Lesen Sie Ihr Buch weiter oder blicken Sie einfach gen Himmel. Sollte Joan sich unheilverkündend nähern und schon mal den Blick auf Ihre Oberschenkel richten, denken Sie: ›Ach, Joan schon wieder‹, verdrehen die Augen und widmen sich wieder Ihrem Buch. Joan ist in ein, zwei Minuten außer Sichtweite. Um das zu beherrschen, sind Zeit und Übung erforderlich, aber ich schwöre: Es funktioniert.

WIE MAN (FAST) PERFEKTE BEDINGUNGEN FÜR SEX SCHAFFT

Nagoski spricht in *Komm, wie du willst: Das neue Frauen-Sex-Buch* viel über unser »duales Kontrollmodell von Hemmung und Erregung«. Einfach ausgedrückt bedeutet es, dass wir alle Bremsen und Gaspedale haben, wenn es um Sex geht (wenn Sie sich davon angesprochen fühlen und Genaueres wissen möchten, sollten Sie ihr Buch kaufen). Gaspedale sind Dinge, die machen, dass wir Verlangen nach Sex haben, Bremsen sind Dinge, die uns abtörnen. Zu Ihren Gaspedalen könnte gehören, dass Ihnen eher nach Sex zumute ist, wenn Sie Ihren Eisprung haben, Ihren Partner nackt sehen, an einem Ort sind, an dem Sie gern Sex hätten, oder fantasieren. Bremsen sind Dinge wie ungewollte Schwangerschaft, Angst vor Ansteckung mit sexuell übertragbaren Krankheiten, Stress, negative Körperwahrnehmung, Angst vor dem Orgasmus oder davor, sexuell nicht kompetent zu sein.

Um mehr Verlangen nach Sex zu bekommen, müssen Sie stärker aufs Gaspedal treten, also sich mehr Gründe für den Wunsch nach Sex einfallen lassen – das scheint logisch. Aber eigentlich ist es noch wichtiger, die Bremsen lösen zu können. Wenn Sie herausfinden können, warum Sie keinen Sex haben wollen, kommen Sie weiter, als wenn Sie Gründe für Sex erfinden, so Nagoski. Hier ist ihr Rat, wie Sie Ihr Verlangen nach Sex erhöhen können:

Finden Sie heraus, was Ihre Bremsen sind. Erstellen Sie eine Liste der Dinge, die Sie vom Sex abhalten.

Machen Sie einen Plan, wie Sie die Bremsen lösen. Wenn Sie wissen, dass Stress viel dazu beiträgt, dass Sie Sex meiden, überlegen Sie, wie Sie den Stress verringern können. Haben Sie Sorge, die Kinder könnten Sie hören, dann setzen Sie Babysitter, Freunde und Familie ein, damit Sie beide Zeit für sich allein haben, oder fahren Sie gelegentlich am Wochenende fort. Notieren Sie Ihre Ideen so detailreich und genau wie möglich.

Viele der Abtörner haben nichts mit Sex zu tun. Gehen Sie mit ihnen freundlich und sanft um und geben Sie ihnen, was sie brauchen, sagt Nagoski. Müde? Schlafen Sie mehr. Gestresst? Befreien Sie sich, indem Sie weinen, brüllen, laufen, das Problem lösen. Sind Sie Ihrer Partnerschaft nicht sicher? Lassen Sie Ihren Partner das wissen und lassen Sie sich, falls nötig, von einem guten Therapeuten helfen.

Rechnen Sie mit Problemen. Je mehr Hindernisse Sie gedanklich vorwegnehmen, desto geringer ist die Wahrscheinlichkeit, dass der ganze Plan schiefgeht. Schütteln Sie daher nichts aus dem Ärmel, so Nagoski, wenn Sie versuchen, Ihre Abtörner auszuschalten. Sehen Sie Probleme voraus und erstellen Sie einen Plan B.

Probieren Sie auch dies …

Gestalten Sie Ihr Schlafzimmer um. Sorgen Sie für warmes, gedämpftes Licht. Stellen Sie Duftkerzen in Gläsern auf den Boden. Es ist bewiesen, dass Kerzen die Stimmung verändern. Hochwertige Bettwäsche verspricht guten Schlaf, frische Luft gibt Ihnen Energie. Hängen Sie einen erotischen Druck an die Wand, stellen Sie sicher, dass das Bett für Sex stabil genug ist, und legen Sie auch eine Menge fester Kissen in Reichweite, die Sie unter Gesäße und andere Körperteile schieben können. Tablets und Smartphones sind ausgeschaltet, kein TV, keine Unordnung, keine Haufen schmutziger Wäsche.

Haben Sie Sex, bevor Sie Essen gehen, nicht danach. Wer mag schon seinen Körper zur Schau stellen, wenn der Bauch voll Essen ist?

Ziehen Sie sexy High Heels an. Es ist unmöglich, sich nicht verführerisch zu fühlen, wenn man nackt oder in tollen Dessous hohe Absätze trägt. Diese schwindelerregend hohen Dinger, von denen Sie wussten, dass Sie sie nie tragen würden, waren also doch kein hinausgeworfenes Geld!

KAPITEL 4

DIE HÖLLE, DIE MAN WECHSELJAHRE NENNT*

*Nun, für manche sind sie die Hölle.

Ich bin im Supermarkt, kaufe Lebensmittel ein, und eine kleine alte Dame steht vor mir, kann sich nicht entscheiden und bewegt sich im Schneckentempo vorwärts. Ich habe etwa fünf Minuten Zeit für einen Einkauf, der eigentlich eine Stunde bräuchte. Ich lächle geduldig, während sie ein Paket Mehl mustert, eine gefühlte Ewigkeit lang. Ihr Einkaufswagen steht mir im Weg … Endlich bewegt sie sich. Hält dann wieder inne.

Mein Zorn ist unmittelbar und heftig. Ich schaue auf ihre winzigen, wehrlosen Knöchel, die aus großen, klobigen Schuhen herausragen, wie alte Damen sie tragen, um festen Halt zu haben, und stelle mir vor, wie ich meinen Einkaufswagen von hinten so lange hineinramme, bis Blut spritzt. Ich bin kurz davor, es wirklich zu tun.

Willkommen in meinen Wechseljahren.

Ich bin eine nette Frau, die im Allgemeinen keine Einkaufswagen in die Knöchel kleiner alter Damen rammt. Doch während der Wechseljahre war ich ein zorniges, heißes, schäumendes Bündel Gereiztheit. Meine Freunde hatten Angst vor mir. Ich hatte Angst vor mir. Meine beste Freundin, selbst in der Menopause, ist durch die ganze Angelegenheit hindurchgesegelt, ohne die Stirn zu runzeln, die Stimme zu heben oder zu schwitzen. Sie bemerkte lediglich, dass ihre Periode unregelmäßig wurde und dann völlig aufhörte. Ich hasste sie. Ein Teil von mir tut es nach wie vor (okay, ein winziges Teilchen, aber immerhin).

Für viele Frauen sind die Wechseljahre die Hölle. Für andere sind sie wie ein etwas ungezogenes Kind, das einen am Rock zupft, wenn man gerade nicht gestört werden will. Jede erlebt sie anders, doch es gibt auch Gemeinsamkeiten.

Hier einige der Wechseljahresgeschichten, die Frauen mir erzählt haben:

»Ich war auf einer Bahnhofstoilette, als ich aus dem Nichts eine massive Panikattacke bekam. Ich rannte aus der Kabine und schob alle beiseite, damit ich ins Freie konnte. Ich war total verstört, klaustrophobisch, und ich hatte keine Ahnung, was mit mir los war. Später kam heraus, dass es ein Symptom der Wechseljahre war.«

»Ich habe von den Wechseljahren kaum etwas mitbekommen. Emotional vielleicht, ich war etwas launisch und schwitzte nachts ein bisschen. Aber ich glaube, bewusste Ernährung und wenig Alkohol haben geholfen. Und reichlich Wasser zu trinken.«

»Seitdem kann ich nicht mehr Aufzug oder U-Bahn fahren.«

»Ach ja, die gab es. Sie kamen und gingen ohne richtige Beschwerden, abgesehen von ein paar Monaten mit Hitzewallungen und Nachtschweiß. Das war's. Allerdings bin ich seit damals trockener als die Sahara und habe deshalb immer wieder Blasenentzündungen.«

»Ich dachte, ich sei noch mal davongekommen. Ich bin 60 und hatte überhaupt keine Wechseljahresbeschwerden. Hab mir direkt was drauf eingebildet! Dann fingen die Harnwegsinfekte an; die Gynäkologin warf einen Blick in meine Vagina und sagte: ›Oha! Da geht aber die Post ab.‹ Ich hatte schwere atrophische Kolpitis. Das ist eine Scheidenentzündung, die auf der Rückbildung der Vaginalschleimhaut und der dadurch größeren Anfälligkeit für Bakterien beruht. Weil ich äußerlich gar nichts spürte, hatte ich an mein Inneres gar nicht gedacht. Sie verschrieb sofort Hormone und Zäpfchen.«

»Ich habe mich bestimmt 18 Monate geweigert, Hormone zu nehmen. Doch irgendwann hatte ich das Gefühl, dass meine Freundinnen von meinem ewigen Fächern, Tropfen und Jammern bald die Nase voll haben würden. Ich lenkte ein und ging zum Arzt.«

»Meine Angststörung – die schon immer heftig war – wurde unerträglich. Ich nehme jetzt Psychopharmaka, weil ich Hormone nicht vertrage. Wenn ich sie absetze, ist das eine Katastrophe. Wie viel davon den Wechseljahren geschuldet ist und wie viel nicht, weiß ich eigentlich nicht.«

»Ich habe sie hinter mir und kaum was davon bemerkt. Dafür bin ich sehr dankbar.«

Das ist nur ein kleiner Einblick in das, was Frauen während der Wechseljahre erleben. Eine ziemliche Bandbreite, von ein paar Monaten mit Unannehmlichkeiten bis hin zu Jahren des Leidens. Unabhängig davon, wo Sie auf dieser Skala stehen, ist es sehr wahrscheinlich, dass Ihr Leben und Ihr Sexualleben in irgendeiner Weise beeinflusst werden. Dieses Kapitel sagt Ihnen alles, was Sie brauchen, um diese Zeit zu überstehen. Und Sie werden sie überstehen.

Sehen Sie es mal positiv: Keine lästige Regelblutung mehr. Freiheit! Frauen mit gesunder Libido und Interesse daran, dass es mit dem Sex weitergeht, haben nach wie vor starke, gesunde Orgasmen und ein glückliches Sexualleben bis sie 70, 80 (oder noch älter) sind. Sehen Sie die Wechseljahre als eine Unterbrechung und nicht als Ihr neues Leben an, dann sind Sie fein raus.

Ich spreche viel davon, wie unsere Einstellung und Kultur die Wahrnehmung der Wechseljahre beeinflussen. Doch lassen Sie uns zuerst die emotionalen und körperlichen Symptome betrachten, die auf Sie zukommen können – oder auch nicht.

Viel hängt von Gesundheit und Ernährung ab

Es ist nicht ungewöhnlich, dass Frauen bereits gesundheitliche Probleme haben, wenn die Wechseljahre starten. Wir sind sehr gut darin, uns zu verausgaben. Wir kümmern uns um Partner und Kinder und versuchen, für jeden alles zu sein und alles zu tun – oft auf Kosten unserer eigenen Gesundheit.

Wenn Sie bereits an Nährstoffmangel leiden, übergewichtig sind, sich schlecht ernähren und nicht ausreichend bewegen, wird dies in den Wechseljahren und um sie herum die Symptome verstärken. Es ist bei Frauen über 50 auch nicht ungewöhnlich, dass sie sich mit Selbstzweifeln und Depressionen herumschlagen.

Die Hormone – die überwiegend für die Nebenwirkungen der Wechseljahre verantwortlich sind – werden massiv davon beeinflusst, wie wir essen, schlafen und uns bewegen, und viele Studien weisen auf einen direkten Zusammenhang zwischen Wechseljahresbeschwerden, Ernährung und kulturellen Unterschieden hin. Eine anthropologische Studie mit 480 indischen Teilnehmerinnen ergab, dass die meisten nur über Veränderungen im Menstruationszyklus klagten. Andere Forscher fanden heraus, dass bei Japanerinnen selten Hitzewallungen auftreten. Dafür könnte der hohe Anteil an Soja in der durchschnittlichen japanischen Ernährung verantwortlich sein. Auf jeden Fall ist sicher, dass Ernährung und Lebensführung eine Rolle spielen.

HITZEWALLUNGEN UND TROCKENHEIT: DIE KÖRPERLICHEN SYMPTOME

Selbst wenn Sie kerngesund sind, ist das Ganze ein Glücksspiel. Meine Gynäkologin erzählte mir, man habe den Ärger entweder am Anfang oder am Ende des Menstruationszyklus. Entweder segelt man durch den frühen Teil mit nur wenig PMS und immer nur leichten Blutungen und wird dann von den Wechseljahren schwer getroffen. Oder man leidet am Anfang und bemerkt das Ende kaum. Ich fiel in die erste Kategorie.

Es klingt so harmlos. Die Wechseljahre sind da, wenn eine Frau ihre Periode zwölf Monate lang nicht mehr bekommen hat und nicht mehr schwanger werden kann. Die Eierstöcke produzieren weniger Hormone, was zu einem niedrigeren Hormonspiegel im Blut führt. Das ist ein natürlicher Teil des Alterns, der die meisten Frauen, üblicherweise zwischen 45 und 55, betrifft. Nur: Er fühlt sich nicht natürlich an.

Zu den häufigsten Symptomen gehören:

Hitzewallungen und Nachtschweiß. »Es war, als hätte mein Körperthermostat versagt. Ich hatte entsetzliche Wallungen, vielleicht 10–20 Mal am Tag. Ich konnte auch nicht so tun, als wäre nichts. Manchmal war es peinlich, aber ich musste mich daran gewöhnen, zu einem rotgesichtigen, verschwitzten, tobenden Häufchen Elend zu werden.«

Trockene und gereizte Scheide. Wenig oder kein Östrogen bedeutet verringerte Durchblutung. Die Scheidenwände werden dünner und weniger elastisch, die natürliche Befeuchtung hört auf.

Je trockener Sie sind, desto anfälliger sind Sie für Infektionen, insbesondere der Harnwege. Das bedeutet selbstverständlich auch, dass die Penetration schmerzhaft sein kann.

Verlust des sexuellen Interesses oder schwere Erregbarkeit. Zwei Jahre vor und nach den Wechseljahren schwankt der Östrogenspiegel und wird unberechenbar, die Produktion von Progesteron wird eingestellt, weil es keine Ovulationszyklen mehr gibt, und die Menge Testosteron, dessen Spiegel um die 20 am höchsten ist, halbiert sich – all das kann die sexuelle Begierde dämpfen. Die verringerte Durchblutung führt zu geringerer Empfindlichkeit, was auch zur Folge haben kann, dass es schwierig wird, den Höhepunkt zu erreichen.

Inkontinenz. Östrogen trägt dazu bei, dass Blase und Harnleiter ordnungsgemäß funktionieren. Bei Unterversorgung wird die Beckenbodenmuskulatur schlaff.

Schlafstörungen. Progesteron unterstützt das Ein- und Durchschlafen. Weil der Spiegel dieses Hormons sinkt, verändert sich der Schlafrhythmus. Nächtliches Schwitzen weckt uns auf, erhöhte innere Unruhe oder Angstzustände verhindern das Einschlafen.

Ja, das ist alles ziemlich deprimierend. Doch diese Symptome fühlen sich besonders schlimm an, weil wir uns wegen der Wechseljahre unattraktiv fühlen. In westlichen Kulturen wird uns beigebracht, das Ende unserer fruchtbaren Zeit mit gefühlsstarken, abwertenden Begriffen wie »steril«, »ausgetrocknet«, »alt«, »jenseits von Gut und Böse« zu verknüpfen. Dass das für unser sexuelles Selbstwertgefühl nicht gerade förderlich ist, liegt auf der Hand. Tatsächlich gibt es eindeutige Beweise dafür, dass geringes sexuelles Verlangen nach den Wechseljahren wenig mit Hormonen zu tun hat, dafür eine Menge mit unserer Einstellung zu den Veränderungen, die wir durchmachen.

Wissenschaftler testeten sechs hormonelle Faktoren, um herauszufinden, anhand welcher sich bei Frauen mit geringem Verlangen eine sexuelle Funktionsstörung voraussagen lässt. Und nun kommt es: Kein einziger Faktor kam dafür wirklich infrage. Stress, Selbstwert, Traumata, Zufriedenheit in der Beziehung und andere emotionale Faktoren haben weit mehr Einfluss auf das sexuelle Verlangen einer Frau als irgendein Hormon.

Dass die Hormonspiegel sinken, ist eine Tatsache; doch die Behauptung, dies bedeute das Ende eines glücklichen Sexuallebens, ist ein Märchen.

Benebeltes Gehirn, Schlaflosigkeit und das Gefühl, durchzudrehen: die emotionalen Symptome

Zunächst einmal: Die körperlichen Symptome, die Sie erleben, sind belastend. Schlafmangel treibt jeden in den Wahnsinn, und Hitzewallungen machen Sie fertig. Hier sind einige der eher häufigen emotionalen Symptome, die die Wechseljahre so ›vergnüglich‹ machen:

Benebeltes Gehirn. Sechs von zehn Frauen sind verwirrt oder vergesslich, speziell im ersten Jahr nach dem Ende der Menstruation.

Traurig sein, beim kleinsten Anlass weinen, Depressionen, Frust, Reizbarkeit – oder Wut bis hin zur Rage – sowie erhöhte Angst- und Stress-Level. »Ich dachte, ich würde verrückt. Ich konnte nichts mehr aushalten. Ich bin Freiberuflerin und erfolgreich, doch die Vorstellung, mich wegen eines Auftrags irgendwo vorzustellen zu müssen, war zu viel für mich. Ich habe etwa drei Monate lang das Haus kaum verlassen. Mein Arzt verordnete eine Hormonersatztherapie, und erst durch sie fand ich langsam wieder zu meinem alten Ich zurück.«

Stimmungsschwankungen. Niedrige Östrogen- und Progesteronspiegel beeinträchtigen die Produktion von Serotonin, einem Hormon, das die Stimmung reguliert. Dadurch werden Ihre Emotionen weniger vorhersehbar, extremer und sehr wahrscheinlich schnellen, unberechenbaren Schwankungen unterworfen. »Ich konnte wegen einer Klopapierwerbung mit Hundewelpen in Tränen ausbrechen und dann Sekunden später einen Wutanfall bekommen, weil meine Freundin die Milch nicht in den Kühlschrank gestellt hatte.«

»Mein Partner und meine Kinder würden wohl sagen, meine Stimmung sei etwas labil gewesen, doch ich würde sagen, dass sie mich ganz einfach zur Weißglut gebracht haben!«

BEHANDLUNGEN, MIT DENEN SIE DURCHHALTEN

Logisch: Die Behandlung, die Sie brauchen, hängt von Ihren Symptomen, Ihrem derzeitigen und vorherigen Gesundheitszustand und Risikofaktoren ab, aber das Folgende ist eine gute Richtlinie, an die Sie sich halten können, wenn Sie glauben, dass Sie etwas Hilfe gebrauchen könnten.

Erwägen Sie eine gynäkologische Untersuchung

Eine Untersuchung durch eine Frauenärztin bringt Ihnen Gewissheit, dass alles okay ist. Die Ärztin erklärt Ihnen, was Sie wissen sollten. Gewöhnen Sie sich an, sich regelmäßig untersuchen zu lassen; für Frauen in den Wechseljahren ist das sehr wichtig. Lassen Sie keine Vorsorgeuntersuchung aus.

Erwägen Sie, den Hormonstatus feststellen zu lassen

Er ist hilfreich und kann Klarheit darüber schaffen, was in Ihnen vorgeht und welche Behandlung Sie brauchen.

Erwägen Sie eine Hormonersatztherapie

Viele der früheren Argumente, die gegen eine Hormonersatztherapie (HET) sprachen, sind inzwischen widerlegt. Es gibt Frauen, die sich auf keinen Fall einer HET unterziehen dürfen – beispielsweise Frauen mit Brustkrebs oder Verdacht darauf, oder Frauen mit unbehandelten Thrombosen –, aber viele dürfen es. Und wirklich, die Wirkung ist frappierend.

Ich hatte schon eine Woche nach Beginn der HET das Gefühl, dass meine Welt wieder heiler wird. Meine Haut strahlte wieder, meine Stimmung wurde ausgeglichener, meine Wutausbrüche wurden Schall und Rauch. Alle meine Freundinnen, die eine HET machen, berichten von ähnlichen Resultaten: Alles wieder gut. Die HET sorgt dafür, dass die Genitalien in gutem Zustand bleiben, das Verlangen steigt und die Scheide wieder feucht wird – was Sex um einiges angenehmer macht!

Das gesundheitliche Risiko lässt sich verringern, wenn Sie die geringstmögliche Dosis über den kürzestmöglichen Zeitraum anwenden. Allerdings raten viele Gynäkologen dazu, eine niedrige Dosis so lang anzuwenden, wie Sie es mögen, um möglichst lang von den Vorteilen zu profitieren (vorausgesetzt, Sie gehören nicht zu einer Risikogruppe).

HET gibt es in unterschiedlichen Formen: Man kann Tabletten nehmen, doch wenn Sie ein Gel oder eine Creme (beides wird auf der Haut verrieben) verwenden, können Sie die Dosierung besser kontrollieren und an Ihre persönlichen Bedürfnisse anpassen. Eine lokale Östrogentherapie – Creme, Ring oder Tablette, die in die Scheide eingeführt wird – kann die Gesundheit, Elastizität und Feuchtigkeit des Gewebes verbessern. (Frauen ohne Gebärmutter benötigen nur Östrogen, um die Symptome anzugehen. Frauen, die noch eine haben, brauchen sowohl Östrogen als auch Progesteron, das die Gebärmutterschleimhaut schützt.)

Östrogenzäpfchen verwandelten meine gereizte, trockene Scheide wieder in etwas Menschliches. Wenn Sie sich emotional wieder »jung« fühlen und die Symptome in den Griff bekommen möchten, kann ich sie nur empfehlen.

Eine HET kann auch Schlaf, Gedächtnis und Libido positiv beeinflussen und dazu beitragen, dass Sie sich insgesamt besser fühlen. Bei verfrühten Wechseljahren hält die HET die Knochen gesund und wirkt sich häufig positiv auf den Blutdruck aus. Bei älteren Frauen kann sie Muskeln und Knochen stärken.

Studien belegen bei Frauen unter HET deutliche Verbesserungen bei Dyspareunie (schmerzhaftem Geschlechtsverkehr); bis zu 93 Prozent der Frauen berichteten über eine signifikante Verbesserung (zu denen gehöre ich). Zwischen 57 und 75 Prozent sagten, dass Sex wieder angenehmer wurde.

Wenn Sie sich HET für sich nicht vorstellen können oder zu einer Risikogruppe gehören: Es gibt natürliche Alternativen. Aber seien Sie gewarnt: Nur weil etwas »natürlich« oder »pflanzlich« ist, ist es nicht unbedingt sicher. Auch diese Produkte können Nebenwirkungen haben und sich mit anderen verschreibungspflichtigen oder frei verkäuflichen Medikamenten nicht vertragen. Bevor Sie so etwas anwenden, fragen Sie bitte Ihren Arzt.

Feuchtigkeitscremes für die Scheide sind unbedenklich und hilfreich, und manche Frauen meinen, Akupunktur könne bei der Behandlung der Symptome Wunder wirken.

Eine weitere Möglichkeit ist, bioidentische »natürliche« Hormone einzusetzen. Sie sind rein pflanzlich und ähneln menschlichen Hormonen. Ein Urteil darüber ist noch nicht gefallen. In London ist man verrückt danach. Praxen, die sie anbieten, sind überlaufen und teuer, und man hält bioidentische Hormone für sicherer als HET. Das Problem: Die Herstellung wird nicht überwacht, und es gibt keine belastbaren Forschungsergebnisse darüber, ob sie Wechseljahresbeschwerden lindern können und sicher sind.

Erwägen Sie eine Testosteronbehandlung

Wenn der Testosteronspiegel niedrig ist – das ist normal, wenn Frauen älter werden –, kann die sexuelle Begierde extrem abnehmen. Es handelt sich um ein wichtiges Hormon, deshalb wird von einer Behandlung damit nicht nur Ihr Sexualleben profitieren. Ein niedriger Testosteronspiegel wird mit

Gedächtnisstörungen, Herzerkrankungen, verringerter Knochendichte und Muskelkraft in Verbindung gebracht. Machen Sie einen Termin bei Ihrem Arzt und lassen Sie Ihren Testosteronspiegel bestimmen. Dann sehen Sie weiter. (Wie bei allem gibt es Risiken und Nebenwirkungen.) Sie bekommen vielleicht ein Gel verschrieben, das auf die Innenseite des Oberschenkels oder oben auf die Arme gerieben wird. Mit Resultaten kann in zwei Wochen bis einigen Monaten gerechnet werden, der Zeitpunkt ist ganz individuell. Ein anderes beliebtes Mittel ist eine Creme mit Estriol und Testosteron. (Produkte und Zulassungen ändern sich ständig, fragen Sie daher Ihren Arzt nach den neuesten, sichersten und wirksamsten Behandlungen.)

Jedoch muss ich Sie warnen: Die Anwendung kann Ihre Persönlichkeit verändern. Mein Testosteronspiegel war niedrig, also versuchte ich es mit einem Ergänzungspräparat. Mein Sexualtrieb war sehr ausgeprägt gewesen, nach den Wechseljahren aber deutlich zurückgegangen. (Ich meine: richtig zurückgegangen!) Nachdem ich das Ergänzungspräparat zwei Wochen genommen hatte, war er wieder da … und ich war nicht sicher, ob mir das gefiel. Nicht von der eigenen Libido gesteuert zu werden, hat etwas für sich: Da ist eine gewisse Ruhe. Das Leben ist friedlicher.

Wenig Testosteron bedeutet, dass man weniger ehrgeizig ist und auch weniger dazu neigt, mit dem Personal Trainer oder dem Kindermädchen abzuhauen. Als mein Testosteronspiegel wieder normal war, offenbarte sich wieder eine schlimme alte Seite von mir, von der ich mich sehr gern verabschiedet hatte: Ich war beim Indoorcycling-Kurs neben einem super fitten Typen Mitte 20 und so entschlossen, mit ihm mitzuhalten, dass ich mir fast einen Herzinfarkt eingehandelt hätte! Ich war ungeduldig (wieder), beim kleinsten Anlass gereizt (wieder) und stand ständig unter Strom (wieder).

Es wirkt, aber ist nichts für mich. Ich habe lieber eine schwache Libido und ein ruhigeres Leben, kenne aber eine Menge Frauen, denen die Wirkung gefallen hat.

Nehmen Sie Cranberry-Tabletten

Wenn Sie häufig Harnwegsinfekte haben, kann ich die Einnahme von hochkonzentrierten Cranberry-Tabletten in normaler Dosierung nur empfehlen. Es gibt keine Belege dafür, dass das Trinken von Cranberrysaft oder die Einnahme von hohen Dosen dieser Tabletten etwas hilft, wenn Sie bereits einen Harnwegsinfekt haben. Doch Forscher glauben, dass beides vorbeugen kann, indem es den Erregern erschwert, sich in den Harnwegen festzusetzen. Die Vaginalmuskeln nach dem Urinieren bewusst zu entspannen, ist ebenfalls hilfreich.

Anderes

Weil auch die Penetration Harnwegsinfekte begünstigen kann, kann es von enormem Nutzen sein, die Aufmerksamkeit vom Verkehr auf Vorspiel und Oralsex zu verlegen. (Darüber finden Sie im gesamten Buch ziemlich viel.)

Es gibt auch Medikamente, die Hitzewallungen und Nachtschweiß lindern können; Antidepressiva können helfen, wenn Sie ständig niedergeschlagen sind, und bei Angstzuständen können Angstlöser eingesetzt werden. Kognitive Verhaltenstherapie ist eine weitere Option.

Gynäkologen bieten Vaginal-Laserbehandlungen an, die bei Scheidentrockenheit und Harninkontinenz helfen sollen, doch die Methode ist zur Zeit noch nicht ausreichend wissenschaftlich belegt.

SIND DIE WECHSELJAHRE EINBILDUNG?

Wechseljahressymptome sind nicht universell und unterscheiden sich in den Kulturen. Es gibt sogar die Vermutung, dass der Kulturkreis, in dem wir leben, der entscheidende Faktor dafür ist, wie wir die Wechseljahre erfahren.

Die westliche Welt vergöttert die Jugend. Andere Kulturen respektieren das Alter. Wir betrachten die Wechseljahre als Ende, fast als Krankheit. Andere Kulturen sehen sie als Vorbereitung auf einen Neubeginn, eine Umgestaltung. Eine Zeit der Freiheit, des Respekts Frauen gegenüber. Manche Experten sind der Ansicht, diese Aura aus Scham und Stigma, die im Westen die Menopause umgibt, würde die Symptome verschlimmern. Wenn aber die Wechseljahre etwas wären, das wir eher feiern als fürchten sollten, würden sie uns dann weniger zu schaffen machen?

Die Antwort: selbstverständlich! Wenn eine Hitzewallung Sie in aller Öffentlichkeit ereilt und Ihnen das peinlich ist, fühlt sie sich logischerweise viel intensiver an. Wenn sie aber keine Bedeutung hat, tun Sie, was Sie tun, wenn Sie allein sind: Augen zu und durch. Kein Ding.

Das japanische Wort für Wechseljahre ist *konenki*, grob übersetzt »Jahre der Erneuerung« und »Energie«. In China werden die Alten als weise angesehen, und man fragt sie nach ihrer Meinung. Dass Chinesinnen und Japanerinnen Nachtschweiß und Hitzewallungen haben, ist eher unwahrscheinlich. Maya-Frauen vom Land freuen sich auf die Wechseljahre, weil sie dann als weise Frauen angesehen werden und einen bedeutenden Platz in der Gemeinschaft einnehmen. Die Anthropologin Marcha Flint fand im indischen Bundesstaat Rajasthan heraus, dass Frauen, die vor den Wechseljahren verschleiert waren und zurückgezogen lebten, danach »die Frauenquartiere verlassen und dorthin gehen durften, wo die Männer sich unterhielten und Selbstgebrautes tranken« und auch in der Öffentlichkeit Männer besuchen und mit ihnen scherzen durften.

Dr. Mary Jane Minkin, Professorin an der Yale Medical School, nahm sich die Ergebnisse von 8200 Männern und Frauen im Alter von 55–65 Jahren in Nordamerika und Europa vor, um herauszufinden, wie die Wechseljahre Sexualleben und Beziehungen beeinflussten. Stellen Sie sich vor: Wie häufig Frauen unter typischen Symptomen wie Scheidentrockenheit, Hitzewallungen und Gewichtszunahme litten, unterschied sich je nach Nationalität. »In Gesellschaften, in denen das Alter mehr geschätzt wird und die ältere Frau die klügere und bessere Frau ist, werden die Begleiterscheinungen der Wechseljahre als wesentlich weniger belastend empfunden«, so Minkin. »Wo älter nicht besser ist, setzten viele Frauen die Wechseljahre mit Alt-Sein gleich, und die Symptome können viel verheerender sein.«

»Wie stark die Beeinträchtigung ist, hängt auch davon ab, in welcher Lebenssituation die Wechseljahre eintreten«, sagt die britische Sexualtherapeutin Victoria Lehmann. »In dieser Zeit kann viel geschehen. Eltern sterben. Paare lassen sich scheiden. Man gibt seinen Beruf auf. Es gibt unerwartete Todesfälle. Manche Frauen bemerken nichts von den Symptomen der Wechseljahre, weil Sie mit so viel anderem fertig werden müssen.« Frauen in Drittweltländern können sich den Luxus nicht leisten, sich über die Symptome der Wechseljahre Gedanken zu machen. Wenn frisches Wasser zu holen bedeutet, dass man auf dem Weg zum Brunnen sein Leben riskiert, ist eine Hitzewallung das kleinste Problem.

Und dann sind da die Französinnen …

Die Französinnen und ihre Wechseljahre

Dass es viele Bücher darüber gibt, wie Französinnen dieses oder jenes machen, hat einen guten Grund. Französinnen gehen mit vielem anders um als der Rest der Welt.

Zunächst einmal hindert das Alter Französinnen nicht daran, sexy zu sein. Nehmen wir die Frau des derzeitigen französischen Präsidenten, Brigitte Macron. Mit Mitte 60 ist sie nicht nur 25 Jahre älter als ihr Ehemann, sie trägt auch nach wie vor spektakuläre Miniröcke und Lederhosen. Marie de Hennezel fasst die Haltung der Französinnen gegenüber dem Älterwerden auf gewohnt elegante Weise zusammen: »Das Herz altert nicht. Innerlich jung zu sein kann sexyer sein als die Jugend selbst.«

Das zweite, das Französinnen ausmacht: Sie sprechen nicht über die Wechseljahre, sie blenden sie aus. Sie haben es noch nicht ganz geschafft, die Naturgesetze zu ändern – auch ihre Periode hört tatsächlich auf *(mon dieu!)* –, doch die wenigsten würden über die Wechseljahre reden, nicht einmal mit den engsten Freundinnen.

Julie Parker, die mit einem Franzosen verheiratet ist und seit über 26 Jahren in Frankreich lebt, sagt, sie kenne alle intimen Einzelheiten aus dem Leben ihrer Freundinnen. »Doch als ich mich in der Hoffnung auf einen gemütlichen Plausch über die Wechseljahre niederließ, wurde ich mit gerunzelter Stirn, dem typischen französischen Schulterzucken und Antworten von ›erinnere mich nicht‹ bis ›habe ich kaum bemerkt‹ konfrontiert.« Nicht eine der etwa zehn Frauen die sie kontaktierte, war gewillt, mit ihr über die Wechseljahre zu sprechen, aber über deren Seitensprünge wusste Parker genau Bescheid.

Eine andere Engländerin berichtete von einer französischen Freundin, die wegen ihrer Wechseljahressymptome zum Arzt gegangen war. Er riet ihr, nicht mit ihrem Mann darüber zu sprechen. Ich bin zwar davon überzeugt, dass es in einer Beziehung nie gut ist, nicht über etwas zu reden. Aber vielleicht brauchen die Französinnen es nicht, weil ihre Symptome nicht so schlimm sind wie unsere.

Warum? Weil Sie sich trauen, sich vom Apotheker oder Arzt helfen zu lassen. Die Freundin einer Französin weiß möglicherweise nichts von deren trockener Scheide, doch ihr Apotheker mit ziemlicher Sicherheit. Französinnen sind gegenüber Hormonersatztherapie und bioidentischer Hormontherapie viel offener. Einer ihrer Tricks besteht darin, genau im richtigen Moment von der Antibabypille zur HET zu wechseln.

Die Pille wirkt ähnlich wie eine Hormonersatztherapie. Wer übergangslos erst die eine, dann die andere anwendet, hat meist keine starken oder überhaupt spürbaren Symptome. Andere Frauen nehmen die Pille einfach weiter, selbst wenn sie nicht mehr der Verhütung, sondern als HET dient. (Falls Sie an diesem Gedanken Gefallen finden: Fragen Sie Ihren Arzt, was für Sie das Beste ist.)

Apropos Verhütung, nur damit Sie es wissen: Bis zu einem Jahr nach Ihrer letzten Periode (wenn Sie über 50 sind) beziehungsweise bis zu zwei Jahre nach Ihrer letzten Periode (wenn Sie unter 50 sind) können Sie noch fruchtbar sein. Eine Spirale kann die Symptome der Wechseljahre verbergen, weil sie die Häufigkeit der Periode verringert oder die Menstruation ganz stoppt und Hormone wie Progesteron freisetzt.

Französinnen sind natürlich auch dafür bekannt, auf ihr Gewicht zu achten. Je höher Ihr BMI, desto schlimmer sind die Symptome der Wechseljahre, insbesondere Hitzewallungen und Gelenkschmerzen – sagt jedenfalls die Forschung.

Hilft es uns, das zu wissen?

Nützt es der durchschnittlichen westlichen Frau, die mit Symptomen kämpft, wenn man ihr erzählt, dass alles Kopfsache ist? Dass wir mit ein bisschen mehr französischer Nonchalance und Vertrauen in unsere sexuelle Anziehungskraft besser mit den Wechseljahren umgehen könnten? Dass wir leichter mit ihnen klarkämen, wenn wir in einer weniger von Jugend besessenen Kultur leben würden? Wahrscheinlich nicht. Ich war gesund, hatte Idealgewicht, fühlte mich noch sexy und hatte ein positives sexuelles Selbstwertgefühl, als ich mit 48 in die Wechseljahre kam. Das alles verhinderte nicht schreckliche Hitzewallungen, trockene Haut, trockene Scheide und schmerzhaften Sex. Es kann nicht sein, dass ich mir meine Wechseljahre nur eingebildet habe.

Eine plausiblere Theorie ist, dass die Welt aufgeteilt ist in Frauen, die viele Wechseljahressymptome erleiden, und solche, die nur wenige haben. Ernährung und Kultur spielen eine Rolle, genauso wie Lebensführung, Genetik, allgemeiner Gesundheitszustand, die persönliche Einstellung sowie der Wert, den wir uns selbst beimessen, und wie die Gesellschaft uns betrachtet. Es ist eine Kombination vieler Faktoren.

Die Französinnen machen nicht alles richtig. Ich glaube, wir sollten mehr über die Wechseljahre reden. Jedes Mal, wenn ich in diesem Kapitel »trockene Scheide« geschrieben habe, war es mir ein Vergnügen. Der Ausdruck muss für uns normal werden, sodass wir unseren Freundinnen sagen können: »Meine Scheide ist heute so trocken. Ich merke schon: Ich bekomme schon wieder so eine verflixte Blasenentzündung!«, genauso wie wir erzählen: »Ich bin total verschnupft. Ich glaube, ich kriege eine Erkältung.« Wenn Frauen aufhören, eine natürliche Körperfunktion peinlich zu finden, könnte es durchaus sein, dass der Rest der Gesellschaft nachzieht.

WENN SEX IN DEN WECHSELJAHREN SCHMERZHAFT IST

Ich bin eine von vielen Frauen, die Sex mit Schmerz assoziieren. (Inzwischen ist es besser, aber so wie früher wird es nie mehr sein.) Fast jede Frau hat irgendwann, in irgendeiner Lebensphase, Schmerzen beim Verkehr. Uns allen ist schon mal ein »Autsch!« entfahren, mit einem vorwurfsvollen Blick vorgebracht, wenn der Partner ein wenig zu tief stößt und dabei den Muttermund trifft. Das lässt sich leicht lösen, indem man die Stellung wechselt und er flacher stößt. Doch ständiger, andauernder Schmerz ist etwas völlig anderes. Beachten Sie ihn. Ignorieren Sie niemals, wenn Ihnen etwas wehtut.

Die (lange) Liste von Gründen, warum Penetration schmerzhaft sein kann

Dyspareunie ist der Fachausdruck für Schmerzen, die beim Geschlechtsakt auftreten. Es gibt viele Auslöser, und für die richtige Behandlung ist eine exakte Diagnose erforderlich.

Glauben Sie ja nicht, dass der Schmerz mit der Zeit einfach verschwindet. Das tut er nicht. Reden Sie sich nicht ein, Sie würden ihn sich einbilden. Das tun Sie nicht. Selbst wenn die Schmerzen nicht stark sind, bleiben sie Schmerzen. Was bedeutet, dass etwas, auf das Sie sich früher gefreut haben (Sex), zu etwas wird, was sie fürchten.

Diese Liste möglicher Ursachen ist nicht zur Selbstdiagnose gedacht – Ihr erster Schritt ist ein Termin beim Arzt –, doch sie kann Ihnen helfen, die Art von Schmerzen zu identifizieren, die Sie erleben, um sie Ihrem Arzt besser erklären zu können. Nicht vergessen: Dr. Google ist keine zuverlässige Quelle für die Lösung gesundheitlicher Probleme. Dafür sind Ärzte da.

Das Altern und die Wechseljahre bringen mit sich, dass die Auskleidung der Scheide dünner wird – aus all den Gründen, die Sie inzwischen sicher auswendig kennen. Falls Sie diese Absätze ausgelassen haben: Ein sinkender Hormonspiegel lässt die Scheidenwände dünner und trockener werden. Der Kanal wird enger, kürzer und weniger elastisch. Je trockener die Scheide ist, desto gereizter wird sie und desto empfänglicher sind Sie für Harnwegs- und andere Infekte.

Trockene Scheide. Davon war schon häufig die Rede. Ich nehme das Thema hier noch einmal auf, weil es für viele Frauen ein Riesenproblem ist. Eine Umfrage der Firma Durex ergab, dass 73 Prozent der Frauen in Großbritannien sich wegen einer trockenen Scheide beim Sex unwohl fühlen. Für eine andere Studie sprachen Forscher für Vagisil mit 2000 Frauen zwischen 40 und 61. Dabei fanden sie heraus, dass die Hauptursache für schmerzhaften oder unangenehmen Geschlechtsverkehr eine trockene Scheide ist. Sie schätzen, dass die Hälfte der Frauen über 40 dieses Symptom irgendwann im Leben haben – und dass es ihr Sexualleben erheblich beeinträchtigt. Von diesen Frauen gaben 52 Prozent an, dass sie glauben, ihr Partner sei wegen der trockenen Scheide enttäuscht von ihnen, und 33 Prozent sagten, ihr Partner sei aus dem Grund verärgert. 25 Prozent meinten, sie würden sich Ausreden einfallen lassen, damit sie keinen Sex haben müssen, und 24 Prozent sagten, sie hätten trotzdem Sex, würden dabei »im Stillen leiden« und nur hoffen, dass es besser würde.

Abgesehen davon, dass sehr viele der angegebenen Gründe nicht stimmen (warum glauben wir, es sei unser Fehler/etwas, für das wir uns schämen müssten/etwas, über das Männer sich ärgern dürfen?), ist eine trockene Scheide eindeutig ein Hauptgrund für Angst vor Sex.

Eine verkrampfte Scheidenmuskulatur kann auch Schmerzen verursachen. Manchmal sind die Muskeln verkrampft, weil Sie noch nicht vollständig erregt sind und mehr Vorspiel benötigen, manchmal, weil Sie ängstlich sind, wenn Sex in der Vergangenheit wehtat, manchmal, weil Sie zornig auf Ihren Partner sind und gar keinen Sex wollen. Bei anderen Frauen kann es an zurückliegenden Traumata liegen – etwa sexuellen Übergriffen oder Belästigungen. Beim **Vaginismus** handelt es sich um ein unbewusstes Verkrampfen des äußeren Drittels der Scheide, das eine Penetration schwierig oder unmöglich macht. Eine **Beckenbodendysfunktion** ist etwas anderes. Sie tritt auf, wenn die Muskeln, die Scheide, Blase und Mastdarm stützen, sich anspannen und nicht wieder lösen lassen.

Infektionen, zum Beispiel Pilzinfektionen oder sexuell übertragbare Infektionen (kurz STI), lassen die Scheide wund und trocken werden (mehr dazu auf Seite 265). **Bakterielle Vaginose** ist eine Infektion der Scheide, während der es zu dünnflüssigem, übelriechendem Ausfluss kommt, weil das normalerweise saure Scheidenmilieu gestört ist.

Unterleibsschmerzen werden von Verklebungen, **Endometriose** (außerhalb der Gebärmutter wuchernder Gebärmutterschleimhaut), **Myomen** und **Zysten** ausgelöst.

Chirurgische Eingriffe am Unterleib, etwa eine Hysterektomie (Entfernung der Gebärmutter), können gelegentlich Schmerzen beim Geschlechtsverkehr zur Folge haben, genauso wie einige **Krebstherapien.**

Vulvodynie bereitet brennende Schmerzen in Vulva und Scheide. Auch eine **provozierte Vestibulodynie** verursacht brennende Schmerzen, wenn der Eingang der Scheide berührt wird.

Interstitielle Zystitis ist eine chronische Erkrankung der Blase, bei der die Blasenwand entzündet ist. Sie führt zu extremem und häufigem Harndrang, Wasserlassen fühlt sich an, als würden Sie Rasierklingen pinkeln. (Oh ja, auch hier habe ich persönliche Erfahrungen.)

Wie man mit schmerzhaftem Sex umgeht

Sie müssen unbedingt medizinische Hilfe in Anspruch nehmen. Selbstmedikation kommt bei vaginalen oder Unterleibsschmerzen auf keinen Fall infrage.

Zum Arzt gehen. Der erste Schritt ist stets der Weg zum Arzt. Wenn Ihr Arzt einer von denen ist, denen diese Themen peinlich sind, gehen Sie zu einer Ärztin. Glauben Sie mir: Sie hat schon alles gesehen und gehört.

Lassen Sie sich nicht mit dem Rat abspeisen, ein gutes Gleitmittel sei alles, was Sie brauchen. Gleitmittel ist hilfreich, in vielen Fällen aber absolut wirkungslos. Ein guter Gynäkologe kann Ihr Leben verändern. Sollte der Arzt Ihrer Wahl keine Kassenzulassung haben, kann es sich lohnen, ihn aus eigener Tasche zu bezahlen.

Einen Sexualtherapeuten aufsuchen. Auch ein guter Sexualtherapeut kann nützlich sein. Medikamente oder andere Behandlungsmethoden können die körperlichen Probleme lösen, doch schmerzhafter Sex beeinträchtigt die gesamte Beziehung. Schmerz macht Ihnen Angst vor Sex, und Ihrem Partner gibt er das Gefühl, dass Sie ihn nicht mehr attraktiv finden. Manche Männer denken, Frauen erfinden Schmerzen, damit sie keinen Sex mehr haben müssen.

Vor der Penetration immer Gleitmittel anwenden. Haben Sie keines mehr, gibt es auch kein Eindringen. Gleitmittel sind essenziell, kein Luxus. Sie könnten ein Gleitmittel mit CBD ausprobieren, einem Stoff, der von Natur aus in Cannabis- und Hanfpflanzen vorkommt. Man wird nicht high davon, aber viele Frauen empfinden die Wirkung als angenehm anregend.

Feuchtigkeitscremes für die Scheide ausprobieren. Sie unterscheiden sich von Gleitmitteln; man wendet sie auch an, wenn man keinen Sex hat, damit alles feucht und angenehm bleibt. Noch ist nicht entschieden, ob sie wirklich effizient sind. (Ich persönlich würde zu Östrogen- oder Estradiolzäpfchen raten, wenn Sie eine Hormonersatztherapie nicht vertragen.) Wenn Sie eine Feuchtigkeitscreme anwenden möchten, sollte diese weder Parabene noch Aspartam enthalten. Führen Sie sie vor dem Zubettgehen ein.

Fragen Sie im Wesentlichen nach etwas, womit Ihre speziellen Beschwerden behandelt werden können. Die Namen der Medikamente und die Behandlungsmethoden ändern sich ständig, es ist also nicht sinnvoll, hier spezielle Medikamente zu nennen, doch normalerweise gibt es für fast alle Beschwerden eine Behandlung. Dabei kann es sich um eine Tablette, eine Creme oder um Vaginalzäpfchen handeln.

Manchmal allerdings schlägt die Behandlung nicht an. In diesem Fall könnte es die einzige Option sein, auf Verkehr ganz zu verzichten und Sex neu zu definieren. Das klingt extrem, ist es aber nicht. Viele ältere Paare genießen Sex ohne Penetration mehr, als den Sex, den sie früher hatten und bei dem sich alles um den Verkehr drehte.

EIN PAAR WEITERE IDEEN:

Versuchen Sie es mit einem Dilatator. Das ist ein röhrenförmiges Gerät, mit dem Sie die Scheide dehnen. Dilatatoren sind meist aus Plastik und in einem Set mit unterschiedlichen Größen erhältlich. Man beginnt mit dem kleinsten und steigert die Größe, wenn es angenehmer wird.

Botox hat sich bei Vaginismus als wirksam erwiesen, weil es die Muskeln lähmt. Ein Arzt berichtet von einer Erfolgsrate von 90 Prozent; doch Botox ist (noch) nicht einfach zu bekommen und teuer.

Verwenden Sie ein Kegel-Trainings-Set, um die Beckenmuskulatur zu stärken. Beginnen Sie mit der leichtesten Kugel und steigern Sie das Gewicht, sobald Sie können. Schieben Sie die Kugel hoch in die Scheide und machen Sie dann die üblichen Kegel-Übungen – An- und Entspannen der Beckenbodenmuskulatur. (Falls es Sie interessiert: In meiner Produktlinie gibt es ein Trainingsset, siehe S. 181.)

Lassen Sie sich beim Sex Zeit zum Entspannen. Geben Sie Gleitmittel auf die Eichel Ihres Partners und streicheln Sie mit ihr die Vulva, über die Klitoris und um den Scheideneingang, um sich auf die Penetration vorzubereiten. Keine Eile, lassen Sie sich Zeit. Auch ein Orgasmus, den Sie vor dem Eindringen haben, hilft, die Scheide zu entspannen.

Wählen Sie Stellungen, die kein tiefes Eindringen ermöglichen. Jede, bei der Sie führen, etwa wenn Sie oben sind, eignet sich besser, weil Männer in der Hitze des Augenblicks oft die Kontrolle verlieren. Alternativ könnten Sie Stellungen wählen, bei denen Sie beide recht flach liegen und Ihre eigenen Beine eng beieinander sind. Sex in Löffelstellung ist auch gut geeignet, ebenso Sex von hinten, wobei Sie beide auf dem Bauch liegen und er je ein Bein links und rechts von Ihren Beinen hat.

WIE SIE DEN KÖRPER VORBEREITEN, WENN SIE LÄNGER KEINEN SEX HATTEN

Ob Sie nun eine sexuelle Durststrecke beenden oder Single sind und gerade jemand Neues kennengelernt haben – Sex nach längerer Pause kann für Ihre Sexualorgane ein kleiner Schock sein. Nicht nur Sie sind nervös, sondern auch Ihre Scheide! Eine Frau, mit der ich sprach, erinnerte sich: »Ich hatte nach zwei Jahren mit sehr wenig Sex eine neue Beziehung angefangen. In der ersten Nacht, in der wir es trieben, ging es wild zu. Als wir aufstanden, konnten wir es nicht fassen – das Laken war voller Blut und ich total wund. Ich weiß nicht, warum ich geglaubt hatte, dass ich nach der ganzen Zeit ohne Sex okay sein könnte. Das Problem ließ sich aber leicht lösen, mit gutem Gleitgel, Zäpfchen – und Übung.«

Masturbieren. Um sich sexuell wieder in Fahrt zu bringen, sollten Sie sich als Erstes selbst befriedigen. Richtig oft. Laden Sie Ihren Vibrator auf oder kaufen Sie sich einen. Versuchen Sie, so viele Orgasmen nacheinander zu bekommen, wie Sie können. Wenn Sie nicht regelmäßig welche haben, geraten die Blutgefäße aus der Form und verhindern zukünftige Orgasmen. Um das zu vermeiden, sollten Sie für den Rest Ihres Lebens mindestens einen Orgasmus pro Woche haben. (Das ist wirklich keine Zumutung.)

Üben, die Scheidenmuskulatur zu entspannen. Nach den Wechseljahren kann der Beckenboden sich nicht mehr so leicht entspannen, es sei denn, Sie üben das. Ich spreche nicht allein von Kegel-Training (obwohl: Auch das sollten

Sie machen), sondern davon, dass Sie die Muskeln, die die Scheide umgeben, bewusst entspannen. Lassen Sie sich Zeit. Atmen Sie. Beim Kegel-Training konzentrieren Sie sich bitte nicht nur auf das Anspannen, sondern auch auf das Loslassen.

Täglich massieren. Massieren Sie täglich die innere und die äußere Vulva; das bereitet enorm gut auf Sex vor. Verwenden Sie Gleitmittel und drücken Sie die Finger richtig tief in die Haut – Sie massieren, was darunterliegt, machen Sie also feste, kreisförmige Bewegungen. Bearbeiten Sie den gesamten Bereich einschließlich Klitoris und Scheidenöffnung, etwa fünf Minuten lang. Dann beginnen Sie mit einer inneren Massage.

Einen schlanken Vibrator verwenden. Geben Sie zuerst Gleitmittel in die Scheide und führen Sie dann einen sehr schlanken Vibrator ein. Um den entspannen Sie sich, und dann stoßen Sie nicht, sondern bewegen ihn kreisförmig. Es geht darum, die Scheidenwände zu stimulieren, nicht darum, Sie zum Höhepunkt zu bringen. Sie können den Vibrator auch einfach nur einschalten und fünf Minuten in der Scheide lassen. Wenn Sie sich dazu in der Lage fühlen, führen Sie einen Finger neben dem Vibrator ein. Wenn nicht, wiederholen Sie das Ganze ein paar Tage. Jede Frau, die nicht regelmäßig Verkehr hat, kann von täglicher Genitalmassage profitieren.

Östrogen ins Spiel bringen. Wenn Ihre Scheide trocken ist, könnten Sie zum Arzt gehen und nach einem Östrogenring fragen. Auch er unterstützt Sie dabei, wieder fit für Sex zu werden, denn er verbessert Elastizität und Dicke der Scheidenwände.

Bereit für Geschlechtsverkehr sind Sie, wenn Sie bequem drei Finger einschieben können. Verwenden Sie beim Verkehr jede Menge Gleitmittel auf Silikonbasis, gönnen Sie sich ein langes Vorspiel und gehen Sie das Ganze langsam an.

ERSTE HILFE BEI SCHMERZHAFTEM SEX

1. **Lassen Sie Ihren Partner anders eindringen.**
Für Frauen kann das Sex wieder ermöglichen oder der Schlüssel zu angenehmerem Sex sein. Verabschieden Sie sich von dem tiefen, festen Stoßen, das Ihnen früher so gefallen hat, bei dem er sich ziemlich weit zurückzieht, bevor er wieder eindringt (sehen Sie, schon das Wort »eindringen« lässt Sie erschaudern!). Bringen Sie ihn stattdessen dazu, langsam einzudringen und nach jedem Zentimeter innezuhalten, damit Sie sich um ihn herum entspannen können. Sobald er ganz in Ihnen ist, lassen Sie Ihrer beider Becken dicht zusammen und reiben sie kreisförmig aneinander. Er kann seine Hände unter Ihre Pobacken schieben und Ihr Gesäß etwas zu sich anheben. Das Reiben sollte langsam und gleichmäßig sein.
Wenn er nicht bereit ist, auf das gewohnte Stoßen zu verzichten, ist es sehr wahrscheinlich, dass Sie irgendwann keinen Verkehr mehr haben werden. Einigen Sie sich auf einen sanfteren Stil, haben Sie eine gute Chance, weiterhin miteinander schlafen zu können. Sagen Sie ihm das, wenn er sich beschwert oder hartnäckig ist. (Ich wende mich hiermit nicht an zwei weibliche Partner; Frauen wissen, was schmerzhaftes Eindringen ist, deshalb wird es wohl kein Thema sein.)

2. **Verwenden Sie einen »Puffer«, damit er nicht mehr zu tief eindringt.**
Sie können sich Schaumstoffringe zulegen, die an der Wurzel des Penis sitzen, damit er beim Verkehr nicht so tief eindringen kann. Wenn er einen Puffer verwendet, kann er nach Herzenslust stoßen und muss sich keine Sorgen darüber machen, ob er zu tief ist. Und Sie können entspannen, weil Sie wissen, dass es nicht wehtut, wenn er sich nicht mehr bremsen kann.

Ohnut ist eine Marke: angenehm und dehnbar und dafür entwickelt, schmerzhaften Sex zu verhindern. Suchen Sie auch mal nach »Mini Stroker«, »Mini Head Stroker« oder »Blowjob Stroker«. Es sind im Prinzip normale Masturbations-Manschetten (engl. *stroker,* siehe Seite 184), aber nur halb so groß. (In einer meiner Produktlinien gibt es den Edge Good Head Mini Stroker, der gut funktioniert.)

SEX NACH OPERATION UND KRANKHEIT

Dies ist ein weites Thema, dem ich in einem Buch über Midlife-Sex im Allgemeinen nicht gerecht werden kann, weil es dazu eine Menge zu sagen gibt. Und komplex ist es auch: Es geht nicht einfach darum, die körperlichen Folgen einer Krankheit oder Therapie zu bewältigen, sondern auch darum, den Körper wieder als etwas wahrzunehmen, das einem Freude, nicht nur das Leben schenkt. Dazu kommt die Angst davor, dass der Körper abgelehnt wird, wenn er nicht mehr derselbe ist, besonders, wenn Sie Brustkrebs hatten.

Lesen Sie zuallererst Kapitel 3, in dem es um Körperwahrnehmung geht. Wenn Sie Krebs hatten, lege ich Ihnen *Woman Cancer Sex* von Anne Katz ans Herz (von ihr ist auch *Man Cancer Sex*). Das Schöne am Internet ist, dass man für jede Krankheit oder Operation ein Buch, eine Website und/oder eine Selbsthilfegruppe findet.

Hier einige allgemeine Ratschläge, wie Sie nach einer Krankheit oder Operation wieder zum sexuellen Wesen werden:

FINDEN SIE HERAUS, WIE IHRE BEHANDLUNG IHR SEXUALLEBEN BEEINFLUSSEN KANN

Das ist vielleicht leichter gesagt als getan, denn es gibt kaum einen Spezialisten oder Chirurgen, der von sich aus auf Sex zu sprechen kommt. Die meisten denken, Sie hätten jetzt sicher größere Sorgen und das Thema sei ganz unten auf Ihrer Agenda (zu dem Zeitpunkt wohl richtig). Andere wollen nicht in Ihre Intimsphäre eindringen. Wenn es dem Arzt offensichtlich unangenehm ist, mit Ihnen über Sex zu reden, lassen Sie sich einen Kollegen nennen, der damit kein Problem hat. Fragen Sie so lange, bis Sie Antworten bekommen.

Und das müssen Sie wissen: Wann ist es okay, wieder Sex zu haben? Was können Sie tun, um für Sex wieder in Form zu kommen? Wie beeinträchtigen Medikamente oder operative Eingriffe möglicherweise Ihre Sexualität?

Fast immer gehören Schmerzen beim Verkehr zu den unerwünschten Begleiterscheinungen, außerdem Probleme mit der Feuchtigkeit der Scheide und Schwierigkeiten, zum Orgasmus zu kommen; bei Männern Probleme mit der Erektion. Für Sie beide gilt, dass Sie sehr wahrscheinlich müder sind und weniger Energie haben als vorher, was weniger Verlangen zur Folge hat. Das heißt, Sie müssen über Sex nachdenken und das Genannte in Ihre Planungen einbeziehen. Machen Sie es zu einem Teil des Vergnügens, den Sex zu planen und sich auszumalen, was Sie erwartet.

Sprechen Sie mit Ihrem Partner ehrlich über Ihre Gefühle

Hoffentlich war er dabei, als Sie sich nach den Nebenwirkungen erkundigt hatten. Falls nicht, klären Sie ihn auf. Sprechen Sie offen darüber, was der Gedanke an Sex bei Ihnen auslöst – und lassen Sie ihn wissen, wenn Sie wieder bereit dafür sind. Viele Partner ergreifen nicht die Initiative, weil Sie fürchten, zu früh Druck zu machen, und weil sie besorgt sind, dass Sie keine Lust auf Körperlichkeit haben, denn Ihr Körper musste schon so viel durchmachen. Besprechen Sie alle Befürchtungen und lassen Sie sich von ihm beruhigen. Geben Sie ihm viel Feedback, wenn Sie wieder sexuell aktiv werden.

PRAKTISCHE LÖSUNGEN

Denken Sie nicht: Das ist das Ende. Wir werden keinen Sex mehr haben, weil ich X nicht mehr kann.
Denken Sie: Wie lösen wir das am besten? Wie umschiffen wir diese Klippe?

Wenn übermäßige Erschöpfung ein Problem ist, könnten Sie unangestrengten Sex praktizieren; Ihr Partner übernimmt, und Sie lehnen sich zurück und genießen. Wählen Sie die Tageszeit, zu der Sie sich üblicherweise am vitalsten fühlen.

Wenn Penetration wehtut, verzichten Sie darauf. Sex bedeutet nicht nur Verkehr. Oralsex ist nach wie vor angenehm, genauso wie Streicheln, Berühren und die externe Anwendung eines Vibrators an der Klitoris.

Wenn Ihre Scheide trocken ist, verwenden Sie Gleitmittel und sprechen mit Ihrem Arzt über einen Östrogenring oder ein Testosteronpflaster, das die Elastizität der Scheide wiederherstellt.

Wenn die Scheide zu eng ist, kann eine Dilatator-Therapie helfen. Dabei führt man zunächst sehr schlanke Dildos in die Scheide ein, verwendet immer dann die nächstgrößere Größe, wenn die vorangegangene angenehm geworden ist.

Wenn es bis zur Erregung länger dauert, widmen Sie dem Vorspiel mehr Zeit. Planen Sie den Sex so, dass Sie sich vorbereiten und im Voraus erregen können.

Sexspielzeug nimmt Ihnen beiden Arbeit ab: Setzen Sie es ein. Vibration kann auch dazu beitragen, dass Narbengewebe elastischer und die Durchblutung verbessert wird.

Erkunden Sie, was nun geht und was nicht. Was vorher klappte, klappt nun möglicherweise nicht. Probieren Sie das Sensualitätstraining (siehe Seite 215), eine sinnliche, entdeckende Weise, den Körper des anderen zu berühren.

Wenn Sie nervös sind, versuchen Sie, einen Solo-Orgasmus zu bekommen, bevor Sie mit Ihrem Partner zum Höhepunkt kommen.

Setzen Sie auf Sinnlichkeit statt auf Vollzug. Schlafen Sie nackt, massieren Sie einander, nehmen Sie gemeinsam ein Bad.

EIN GLÜCKLICHES ENDE

Dies ist ein ermutigender Bericht über Sex nach einer Erkrankung, mir anvertraut von einer 51-jährigen Frau, die eine ganze Reihe von Eingriffen hinter sich hatte (darunter Entfernung eines Eierstocks und eines Eierstocktumors):

»Als alles vorbei war, war ich schwer gezeichnet – seelisch und körperlich – und sah mit all den Klammern auf meinem Bauch aus wie Frankensteins Monster. Mein Mann und ich waren schon viele Jahre zusammen und hatten regelmäßig Sex, aber dann sechs Monate lang eben keinen mehr. Als ich wieder Sex haben konnte, fanden wir beide, dass wir ebenso gut noch mal von vorne anfangen könnten. Wir wollten die Sache positiv sehen, haben uns verabredet und hatten ein Date, als hätten wir nie zuvor Sex gehabt.

Wir fuhren am Wochenende weg mit der Vorstellung, dass wir es endlich wieder treiben könnten. Doch am ersten Abend geschah nichts, weil wir beide uns zu sehr unter Druck gesetzt fühlten. Stattdessen ging es am nächsten Tag zur Sache, mit wenig Tamtam, als wir aufwachten, so wie früher. Ich hatte furchtbare Angst, dass der Mann, der mich immer toll fand, das nun angesichts meines vernarbten, gezeichneten Körpers nicht mehr könnte. Aber es war großartig. Alles ist gut, sogar besser als jemals zuvor.«

KAPITEL 5

ICH LIEBE MEINEN PARTNER, WILL ABER KEINEN SEX MEHR MIT IHM

Mit mir verheiratet zu sein ist bestimmt nicht einfach. Wie oft brülle ich den Fernseher an: »Was läuft da falsch bei diesen Leuten? Wer schreibt solche Drehbücher? Merken die nicht, welchen Schaden sie anrichten? Als ob so was nach zehn Jahren Beziehung noch passiert! Ist doch kein Wunder, dass alle ihr Sexualleben grauenvoll finden, wenn sie das hier für das echte Leben halten!« Mein Mann sieht mich bei solchen Ausbrüchen immer skeptisch an, aber er versteht mich.

Ich werde stinksauer, wenn man in Filmen Paare zeigt, die zehn, 20 oder noch mehr Jahre zusammen sind … und aus heiterem Himmel von Lust überwältigt werden. Man sieht, wie sie spontanen, heißblütigen, animalischen Sex haben – an einem Sonntagmorgen –, einander in einem Anfall von Leidenschaft die Kleider vom Leib reißen, weil … Ja, warum eigentlich? Ist irgendetwas geschehen, das ihre Leidenschaft neu entfacht hat? Nein! Würde jemand im wirklichen Leben so etwas tun? Würde jemand, der in einer langjährigen *(langjährigen!)* Beziehung lebt, nach einem anstrengenden Arbeitstag nach Hause kommen und an nichts anderes denken, als daran, ihn oder sie an die Wand zu drücken und ihm oder ihr die Zunge in den Hals zu stecken, einfach so?

Die Serien und Filme, die wir ansehen, haben mit der Realität nichts zu tun. Der Sex, der da gezeigt wird, entspricht nicht der Norm (und ist nicht einmal die Ausnahme). Und es ist gefährlich, dass wir insgeheim glauben, er wäre es. Wahrscheinlich strubbeln sich die meisten Paare, die schon lange zusammen sind, zur Begrüßung liebevoll durchs Haar und geben sich einen Kuss auf die Wange, und das war's schon. Ein großer Teil der Menschen, die in Langzeitbeziehungen leben, lieben ihre Partner von Herzen, haben aber kein Interesse an Sex mit ihnen. Ohne zu wissen, warum.

Es ist rätselhaft (»Die einzige Person, der ich alles erzähle und mit der ich alles mache, ist die einzige Person, der ich nicht ehrlich sagen kann, wie es mir jetzt beim Sex geht.«) und verstörend (»Ich befürchte, dass alle supertollen Sex haben, nur wir nicht.«). Es gibt viele Gründe, warum die Liebe wächst, während es mit dem Sex zu Ende geht. Wenn Sie verstehen, warum das so ist, und – ganz entscheidend – wenn Sie es akzeptieren, dann bringt Sie das weiter. Ein guter Anfang: Korrigieren Sie Ihre Vorstellung davon, was bei jahrelangem monogamem Sex möglich ist.

Sie sind vermutlich nicht mit dem Falschen zusammen

Ignorieren Sie nicht nur diese absurden Szenen auf dem Bildschirm. Stellen Sie auch die unerwünschten Gedanken ab, die in Ihrem Kopf herumschwirren und flüstern: »Vielleicht ist das ja alles nur so, weil ich mit dem Falschen zusammen bin?« Das könnte sein. Aber wenn Sie das ausschließlich deswegen denken, weil Sie nicht mehr regelmäßig leidenschaftlichen Sex haben und bereits eine ganze Weile ein Paar sind, dann können Sie getrost davon ausgehen, dass das nichts mit dem Menschen zu tun hat, mit dem Sie zusammen sind.

Wie viele tolle, beständige Partnerschaften sind zerbrochen, weil die beiden füreinander keine Lust mehr empfanden? Die meisten Beteiligten erleben ein kurzzeitiges Hoch mit jemand Neuem, finden sich dann aber schnell in der gleichen Situation wie vorher wieder. Beziehungen durchlaufen drei Phasen: Lust und Verliebtsein, romantische Liebe und Zusammenhalt. Dass unsere Gehirne und Körper sich an dieses Modell halten, hat drei Gründe: In der dritten Phase ist man stabil und ruhig genug, um sich zu vermehren. (Das ist schließlich der Sinn von Sex.)

Genau in dieser dritten Phase wird Paaren klar, dass sie nicht ewig scharfen Sex haben werden. Wenn das zum ersten Mal im Leben geschieht, trennen sich die meisten rasch und finden jemand Neues, in der Überzeugung, dass sie eine schlechte Wahl getroffen haben. Bis man wieder an den Punkt kommt: »Nein! Das hier ist ganz anders, als ob es diesmal nicht passieren würde. Nicht uns beiden!« Aber es passiert doch. Immer und immer wieder. Und jedes Mal geraten wir in Panik und trennen uns, suchen Sex außerhalb der Beziehung oder stellen uns auf sexuelle Frustration ein.

Die unangenehme Wahrheit ist: Für jahrelangen leidenschaftlichen Sex sind wir nicht gemacht. Lust und Liebe sind schlechte Bettgenossen und keine guten Freunde. Sex- und Liebeshormone kämpfen in unseren Hirnen gegeneinander, statt sich zu verbrüdern. Dass wir unseren Partner nicht mehr begehren, ist in langjährigen Beziehungen eher »normal« als andauernde Lust auf Sex.

Ob dieses Problem typisch für Hetero-Paare ist? Nein. Schwule Männer, lesbische Frauen, Bisexuelle, Transmenschen ... es betrifft uns alle, unabhängig von unserer sexuellen Orientierung.

WARUM DAS VERLANGEN VERGEHT

»Mein Mann fühlt sich ungeliebt, weil ich keinen Sex mit ihm will«, sagte eine 62-jährige Frau. »Aber ich liebe ihn mehr denn je. Er muss sich nicht zurückgewiesen fühlen – ich bin einfach nicht mehr so schnell erregbar wie früher.« Fragen Sie jemanden unter 25, ob keine Lust auf Sex bedeutet, dass man den Partner nicht liebt, und die Antwort ist fast immer ja. Doch in Wahrheit stimmt das Gegenteil: Zu sehr zu lieben macht den Sex kaputt.

Laut dem *Journal of Marriage and Family,* einer soziologischen Zeitschrift, halten 74 Prozent der Ehepartner, denen Sex ständig verwehrt wird, die Beziehung aus Liebe aufrecht. Die wenigsten von uns gehen, wenn der Sex stirbt, selbst wenn einer von beiden sehr gern noch welchen hätte. Paare mit keinem oder wenig Sex beschreiben sich häufig als Seelenverwandte. Sie halten sich für eine Einheit. Und genau hier liegt das Problem.

Zu viel Vertrautheit und die Geschwister-Falle

Niemand möchte zwischen tollem Sex oder einer tollen Beziehung wählen, aber darauf läuft es letztlich hinaus. Wenn sie wählen müssen, ziehen sehr, sehr wenige Menschen den Sex der Liebe vor.

Was wir uns von der Liebe wünschen – Sicherheit, Gewohnheit, sich gut aufgehoben, angenommen und beschützt fühlen – ist das Gegenteil von dem, was Verlangen entfacht: Risiko, Trennung, Unsicherheit, Neuartigkeit, Angst und Eifersucht. Raten Sie mal, womit man besser leben kann.

In *Was Liebe braucht. Das Geheimnis des Begehrens in festen Beziehungen* schreibt Esther Perel, es sei ein großer Fehler, wenn wir »Sex haben« und »eins werden« verwechseln. Es fühle sich netter und sicherer an, Blümchensex zu haben, denn er berge keine Risiken. Wenn wir hingegen unseren Partner als sexuelles Wesen ansehen, müssen wir uns eingestehen, dass er auch für andere Menschen attraktiv ist, und »Eifersucht ist ein unangenehmes Gefühl. Und wenn uns unser Partner begehrt, bedeutet das für uns auch, dass wir uns anstrengen müssen«.

Den Paaren, die beste Freunde sind, die – wie Geschwister – alles übereinander wissen, alles miteinander machen, fällt es am schwersten, sich sexuell zueinander hingezogen zu fühlen. »Liebe und Verlangen schließen einander nicht aus«, sagt Perel. »Man kann beide haben – sie finden nur nicht immer gleichzeitig statt.«

Das ist der Knackpunkt: Man muss Sex und Liebe voneinander trennen, dann schafft man es vielleicht gerade so, beide am Leben zu halten. Eine weitere Möglichkeit ist, sich klarzumachen, dass Frauen und Männer unterschiedlich erregt werden. Achtung: Dieser Teil ist wichtig.

Die weibliche Erregung ist anders

Dr. Rosemary Basson hat als Erste die Theorie entwickelt, dass Frauen und Männer unterschiedlich erregt werden. Männer beginnen mit keinem oder wenig Verlangen und bewegen sich dann aufwärts zum Orgasmus. Bei Frauen kann das Verlangen nach Sex *nach* der Erregung eintreten. Genau: danach. Basson hatte Klientinnen, die nicht warteten, bis sie Lust auf Sex bekamen, sondern die sich durch Sex in Stimmung brachten. Sobald ihre Körper angetörnt waren, folgte der Kopf (solange die Frau willens war, erregt zu werden). Das nennt man responsives Verlangen, und es ist ganz anders als das spontane Verlangen.

Die meisten Menschen glauben, Verlangen passiert einfach. Man sieht jemanden, der sexy ist, denkt »ich will Sex«, und schon ist man erregt. Dieses »Sex wollen, Sex suchen«-Modell von spontanem Verlangen ist am wahrscheinlichsten, wenn Sie erst am Anfang einer Beziehung stehen, jung sind und Ihre Libido stark ist – oder wenn Sie ein Mann sind.

Die Sexualtherapeutin Emily Nagoski schätzt, dass etwa zwei Drittel der Männer, aber nur etwa 15 Prozent der Frauen spontanes Verlangen empfinden. 30 Prozent der Frauen erleben responsives Verlangen – sie möchten Sex nur, wenn bereits etwas Erotisches geschieht. Der Rest, etwa die Hälfte aller Frauen, erlebt eine Kombination aus beidem.

Wenn Sie also merken, dass Sie Sex erst wollen, wenn es bereits zur Sache geht, ist nichts verkehrt daran. Ihr Körper funktioniert nun einmal so; es ist eine normale, gesunde Art, erregt zu werden. »Es bedeutet lediglich, dass Ihr Körper mehr gute Gründe braucht als ›Das ist aber eine sehr attraktive Person da drüben‹, um Sex zu wollen«, so Nagoski. Doch die Gesellschaft hält spontanes Verlangen für »echt« und responsives für gemacht – »falsch« und »verkrampft«. So ein Quatsch! Es ist schlicht eine andere Art, für Sex in Stimmung zu kommen, und je eher wir alle uns das klarmachen, desto glücklicher wird unser Sexualleben sein. Für eine Menge Frauen ist es schon ein bedeutender Durchbruch, dies zu wissen.

Erregung ist komplex, besonders für Frauen und speziell, wenn wir älter werden. Bevor sie eintritt, muss einiges richtig zusammenkommen. »Warum muss man eigentlich sexuell aktiv sein, wenn man Mann und Kinder hat?«, fragte mich eine Freundin, die fast 50 ist. »Warum kann ich es mir nicht in meiner Kleidung und in meinem Leben gemütlich machen? Warum soll ich sexy aussehen oder Sex haben? Wo ist die biologische Erklärung dafür? Warum sollte ich mich sexy fühlen? Wozu sollte das gut sein?«

Gute Fragen.

MÖCHTEN SIE SEXUELL AKTIV SEIN?

Wenn Sie dieses Kapitel lesen, sind Sie vielleicht gerade so weit, dass Sie auf Sex problemlos verzichten könnten oder mit ein-, zweimal im Jahr zufrieden sind. Meine nächste Frage an Sie ist: Sind Sie offen für den Wunsch, wieder Sex zu haben? Oder sind Sie beide recht glücklich damit, keinen Sex zu haben, und haben kein echtes Verlangen mehr danach?

Nicht jedes Paar möchte leidenschaftlichen Sex. Meiner Erfahrung nach würde ich sagen, dass etwa die Hälfte aller älteren Paare, die glücklich miteinander sind, es ruhiger angehen lassen – sie tauschen heißen Sex gegen Freundschaft und Kameradschaft. Sie möchten lieber die Nähe einer Beziehung als die Distanz, die Erotik erfordert. (Sehr viel mehr über Ehen ohne Sex finden Sie in Kapitel 9.)

Es gibt keine richtige Entscheidung, wenn Sie vor der Wahl stehen, ob Sie weiterhin Sex haben oder lieber damit aufhören wollen. Richtig ist, was für Sie beide funktioniert. Vielleicht bewirkt dieses Buch, dass Sie sich erlauben, sich *nicht* zum Sex oder zu einer Art Sex, die Sie nicht interessiert, drängen zu lassen. Aber – und Sie wussten, dass das jetzt kommt, oder? – wenn da auch nur ein Funken von Interesse ist: Was haben Sie zu verlieren, wenn Sie sich, solange Sie lesen, alle Türen offen halten und eine Entscheidung erst treffen, wenn das Buch zu Ende ist? Wenn nichts Sie überzeugt, den Status quo zu ändern, okay. Wenn nicht, was haben Sie verloren?

Befriedigen Sie sich noch selbst und fühlen sich dabei erregt? Flackert Begehren auf, wenn Sie über andere Menschen als Ihren Partner fantasieren? Wenn die Antwort auf diese Fragen ja ist, gibt es keinen körperlichen Grund für mangelndes Verlangen.

Die Sexualtherapeutin Victoria Lehmann rät Menschen, die erwägen, sich vom Sex endgültig zu verabschieden: »Es lohnt sich immer, gemeinsam ein letztes Mal die Herausforderung anzunehmen. Sie müssen, bevor Sie sexuelle Intimität für immer aufgeben, die Hand aufs Herz legen und sagen können: ›Ich habe getan, was ich konnte.‹ Sie könnten sie mehr vermissen, als Sie denken.« Wenn Sie sicher sind, dass das nicht so ist, könnten Sie sich gleich das Kapitel über Ehen ohne Sex und wie man sie lebendig hält ansehen (ab Seite 191), doch es wäre mir lieber, Sie würden mir einen Gefallen tun und hier weiterlesen.

EIN ANDERER BLICK AUF SEX

Lassen Sie uns kurz einige der wichtigsten Tatsachen über das Begehren rekapitulieren. Sie sind für das Thema dieses Kapitels enorm wichtig, und ich möchte verhindern, dass Sie sie nicht mitbekommen, weil Sie alles überblättert und mit diesem Kapitel angefangen haben. Lesen Sie diese Punkte nicht einfach durch. Nehmen Sie sich Zeit, sie zu verstehen und zu erkennen, wie sie sich von Ihrer Einstellung zum Sex unterscheiden.

Lust auf Sex ist nicht der einzige Grund dafür, Sex zu haben. Den Partner glücklich machen, sich einander nah fühlen, von den vielen gesundheitlichen Vorteilen profitieren – das sind nur ein paar gute Gründe dafür, Sex zu haben. Wir müssen uns von der Vorstellung verabschieden, Lust sei der einzige Grund.

Begehren wird mehr von Gefühlen und Einstellung beeinflusst als vom Älterwerden. Wir betrachten unsere Libido vom medizinischen Standpunkt aus und glauben, dass sie mit zunehmendem Alter geringer werden muss.

Tatsächlich kann ein niedriger Testosteronspiegel sie beeinträchtigen, auch andere Hormone spielen eine Rolle, doch unsere Gefühle und unsere innere Einstellungen haben den größten Einfluss.

Begehren hat nicht allein mit Genitalien zu tun. In *Love Worth Making: How to Have Ridiculously Great Sex in a Long-Lasting Relationship* definiert Stephen Snyder »echte Erregung« als das Maß, in dem Sie im Sex aufgehen, wie gebannt Sie sind, wenn Sie aufhören, an alles andere zu denken, das in Ihrem Kopf herumgeistert, und sich rein auf Sex konzentrieren.

Sex muss nicht intensiv sein. Einfacher Sex wird unterschätzt – Menschen legen viel zu viel Wert darauf, ungestümen, wilden, überwältigenden Sex zu haben.

»Ich finde es interessant«, sagt Victoria Lehmann, »dass es den meisten Frauen nichts ausmacht, wenn Sex mit zunehmendem Alter nicht mehr überwältigend ist. Sie finden das okay. Es sind die Männer, die es nicht ertragen können, dass ihre Frauen nicht mehr das ganze Haus zusammenschreien. Aber schlichter Sex ist etwas Gutes. Wahnsinns-Sex hatte seinen Platz in Ihrem Leben, und dieser hat ihn auch.«

Wenn wir altern, sinkt der Hormonspiegel. Ein hoher Hormonspiegel bedeutet intensive Orgasmen. Ein niedrigerer Hormonspiegel könnte dazu führen, dass die Orgasmen sich weniger mächtig anfühlen. Sie sind sanfter. Angenehm, aber nicht überwältigend. So ist es nun einmal. Entspannen Sie sich, und genießen Sie den Unterschied.

UND WAS IST DANN DIE LÖSUNG?

Okay, Sie haben verstanden. Es ist schwierig, sich länger als einige Jahre, geschweige denn Jahrzehnte, zu jemandem sexuell hingezogen zu fühlen. Wir alle müssen uns von alten Ansichten trennen. »Nun erzählen Sie doch endlich, wie man das in Ordnung bringt!«

Ich wünschte, ich könnte sagen »Wissen Sie was? Ich habe da eine ganz einfache Lösung.« Dabei habe ich wirklich versucht, eine zu finden. Wie man die

Lust aufrechterhält, ist wohl das wichtigste Sex-Thema, mit dem Therapeuten, Forscher und Paare sich abmühen. Ich habe gut 30 Jahre damit verbracht, eine Antwort zu finden. Es gibt ständig neue Forschungsergebnisse, doch ich bin zu dem Schluss gekommen: Eine Patentlösung gibt es nicht. Nur viele kleine Dinge, die Sie tun können und die gemeinsam eine gewaltige Veränderung herbeiführen. Dinge wie:

Sehen Sie Ihren Partner mit den Augen anderer

Paare haben oft den besten Sex ihres Lebens, nachdem ein Partner dahinter gekommen ist, dass der oder die andere ihn schamlos betrogen hat. Das hat damit zu tun, dass Sie den Partner oder die Partnerin mit den Augen der Person sehen, die ihnen ihn oder sie weggenommen hat. »Warum habe ich nicht gemerkt, wie attraktiv er ist? Wie schön sie ist?« Wenn jemand anderes etwas haben will, das Sie haben, wollen Sie es natürlich umso mehr.

Ich bin berüchtigt dafür, dass ich Kleidungsstücke weggebe und mir anschließend wünsche, ich hätte es nicht getan – weil meine Freundinnen darin hinreißend aussehen. Ich habe Freundinnen, die nach der Scheidung ihren Ex mit einer neuen Partnerin sahen, total glücklich und richtig fein gemacht, und dachten »Warum war er nicht so, als er mit mir zusammen war?« (Antwort: Vermutlich war er es anfangs.)

Wir haben alle ein unterbewusstes Bild von unserem Partner, das wir im Kopf mit uns herumtragen. Es basiert darauf, wie wir ihn am häufigsten sehen. Leider ist dies überwiegend in schlampigen Klamotten, im Halbschlaf vor dem Fernseher, sinnfrei auf dem Smartphone herumwischend, ab und zu furzend, und dabei werden die Fingernägel sauber gemacht – Sie wissen, wovon ich rede. Der Rest der Welt sieht Ihren Partner anders: geschniegelt und gebügelt, geschäftsmäßig gekleidet, jederzeit einsatzfähig. Ihm zeigt er seine beste Seite.

Menschen sind dann am attraktivsten, wenn sie tun, was sie lieben. Das kann der Beruf sein, Sport oder die Beschäftigung mit einem Hobby, in dem man voll aufgeht.

Gewöhnen Sie sich an, Ihren Partner im besten Licht zu sehen. Das heißt: Erheben Sie sich vom Sofa und verlassen Sie das Haus. Treffen Sie sich nicht daheim, um dann auszugehen. Verabreden Sie sich außerhalb – im Restaurant, im Park, in einer Bar oder wo auch immer. Ich weiß noch, wie ich nach dreijähriger Beziehung mit meinem heutigen Ehemann Miles im Restaurant verabredet war. Mir fiel ein attraktiver Mann auf, der hereinkam ... und dann merkte ich, dass es Miles war. Ich beobachtete, wie er sich seinen Weg zwischen den Tischen hindurchbahnte, die eine oder andere Frau sah auf, blickte ihm nach. Mein erster Gedanke war: »Der gehört mir. Habe ich gut gemacht!« Mein zweiter: »Mist. Er ist zu attraktiv. Was, wenn ich nicht hier wäre und eine dieser Frauen ihn anmachen würde?«

Eifersucht und Unsicherheit. Oh je. Wer will das schon? Niemand. Aber beides ist notwendig. Wenn ich in Sachen Sex gerade eine Phase von »Lass mich in Ruhe!« durchmache, denke ich an eine attraktive Single-Frau, die ich auf einer Party getroffen hatte und die meinen Partner (etwas zu) interessiert ansah. »Sollten Sie mal mit ihm durch sein«, sagte sie, »schicken Sie ihn dann zu mir?« Ich erinnere mich an sie und denke: »*Sie* würde nicht wollen, dass man sie in Ruhe lässt.«

Sich weiterhin zueinander hingezogen zu fühlen, setzt voraus, dass Sie die andere Seite des Partners sehen, die Person, die er ist, wenn er nicht bei Ihnen ist. Und, ja, das sollte Sie ein wenig verunsichern. Wenn Leute sagen: »Mein Partner würde mich nie betrügen«, denke ich, das ist der Todesstoß. Erstens ist es dumm, das ernsthaft zu glauben (wie könnten wir jemals vorhersagen, wohin das Leben uns oder unseren Partner führt?). Zweitens: Wenn das wahr wäre – warum sollte man sich noch Mühe geben, für ihn interessant zu bleiben? Man setzt sich da auf ein sehr hohes Ross (»Ich bin so großartig, warum sollte er sich woanders umsehen?«) und beleidigt seinen Partner. Meinen Sie wirklich, niemand würde ihn anmachen, weil ihn außer Ihnen niemand will?

Blicken Sie hinter die Fassade

Wo ich mich gerade über das Aussehen ausgelassen habe – die sexyste Person im Raum ist oft nicht diejenige, die körperlich am attraktivsten ist. Was macht es also, wenn Ihr Partner nicht blendend aussieht? Attraktivität setzt sich aus vielen Dingen zusammen, und körperliche Eigenschaften sind nur ein Teil davon.

Kürzlich war ich auf einer Hochzeit. Unter den Gästen war eine wunderschöne Frau, die heftig mit einem eher uninteressant aussehenden Typ flirtete, der neben ihr saß. Ihr Mann saß neben mir und hatte ganz am Anfang einen selbstgefälligen Kommentar abgegeben wie: Er müsse sich da keine Sorgen machen. Der Typ nähme ihm die Frau nicht weg, von wegen! Daher war ich absolut entzückt, als ich zusehen konnte, wie sie von verbindlicher Freundlichkeit in gewagten Flirt-Modus wechselte. Mister Unterdurchschnittlich verwandelte sich im Laufe des Dinners. Anfangs war er einfach ein untersetzter Typ, etwas dicklich, grauhaarig, unauffällig. Doch seine Intelligenz, sein Humor, die Art, wie er sie ansah und ihr seine gesamte Aufmerksamkeit schenkte, führten bei ihr zu einem kompletten Sinneswandel.

Später schaffte ich es, mit ihr zu plaudern – ich wollte unbedingt herausfinden, ob ich die Situation richtig eingeschätzt hatte. Ich köderte sie mit einer Bemerkung darüber, wie schlimm das sei, auf Hochzeiten so oft neben Langweiler gesetzt zu werden. Sie sah mich an und sagte: »Mein Typ war nicht langweilig, er war großartig. Klug, witzig, interessant. Wäre ich nicht verheiratet, wäre ich ohne zu zögern mit ihm durchgebrannt.«

Verbringen Sie Zeit getrennt voneinander

Nachdem ich (hoffentlich) Zweifel in Ihnen geweckt habe, ob Sie Ihren Partner allein, ohne auf ihn aufzupassen, in die Welt hinauslassen können, tun Sie genau das! Ermutigen Sie ihn, allein auszugehen, und machen Sie das auch. Gestehen Sie sich ein, dass Sie nicht unzertrennlich sind.

Unbehagen seinen Plänen gegenüber ist gut für den Sex. Getrennt voneinander etwas zu unternehmen sorgt für Gesprächsstoff, und der ist eine Wohltat für die Beziehung. Holen Sie sich Ihre Individualität zurück! Hören Sie auf, ständig nur als Paar aufzutreten. Lassen Sie Ihren Partner nicht alles für Sie entscheiden – vom Fernsehprogramm bis zum Programm im Bett – und umgekehrt. Schaffen Sie Unterschiede.

Sehen Sie so gut wie möglich aus

Je zufriedener Sie mit Ihrem Aussehen sind, desto wahrscheinlicher ist es, dass Sie sich auch nackt zeigen mögen. Jeder ist es seinem Partner schuldig, auf sich selbst zu achten. Wenn Ihr Partner sich fit und gesund hält und sich mit seinem Aussehen Mühe gibt, ist es nicht fair, wenn Sie sich komplett gehen lassen.

Das heißt: sich bewegen, gesund essen, nicht mehr rauchen, auf Partys nicht mehr beschwipster sein als andere. Ihr Partner tut das gar nicht? Besser wäre, er täte es (mehr dazu später). Schlafen Sie genug, tun Sie etwas zur Stressbewältigung, lächeln Sie.

Wissen Sie, dieses »Liebe ja, Lust nein« betrifft ja beide. Woher wollen Sie wissen, dass Ihr Partner nicht das Gleiche fühlt? Sehr viele Menschen sind extrem gut darin, Interesse an Sex vorzugaukeln, der sie kaltlässt. Was Sie empfinden, könnte dasselbe sein, was er empfindet. Die äußere Erscheinung spielt eine Rolle – tun Sie nicht so, als sei sie unwichtig.

Definieren Sie »sexy« neu

In diesem Zusammenhang: Manche Frauen, besonders Frauen über 50, reagieren negativ auf den Begriff »sexy«. Sie finden es scheußlich, dass sie einem Klischee entsprechen sollen. Aber das müssen Sie gar nicht – es geht darum, den eigenen Weg zu finden.

»Was sexuelle Attraktivität angeht, setze ich mehr auf Natürlichkeit als auf Make-up und Kleidung«, sagte eine 56-jährige Freundin. »Ich glaube, mit 50 plus kann man sexy sein, wenn man sich um seinen Körper kümmert, Sport treibt, Yoga macht, sich gut ernährt. Dann strahlt die Haut von selbst, man braucht kein dickes Make-up und muss sich auch nicht in enge Jeans zwängen.«

Hören Sie auf, langweilig zu sein

Wir haben mehr Schwung bei allem, was wir tun, wenn das Leben uns begeistert. Unternehmen Sie Neues, damit Sie interessiert und interessant bleiben. Lesen Sie Bücher, die Diskussionen auslösen. Hören Sie sich Podcasts an. Hören Sie zeitgenössische Musik statt der alten Lieblingsmelodien. Belegen Sie im

Fitnessstudio einen anderen Kurs. Neuerungen in jedem Bereich des Lebens wirken sich aus, machen uns lebendig und geben uns Energie. Wenn Sie nur per Autopilot durchs Leben laufen, sind Leben und Sex stumpfsinnig.

Auf eigene Gefahr …

Natürlich gibt es noch einen anderen, extremeren Weg, der ziemlich sicher dazu führt, dass Sie beide sexuell in Hab-Acht-Stellung gehen: Sex in Gegenwart anderer Menschen.

Eine gelangweilte 52-Jährige schrieb mir von ihrer Erfahrung mit ihrem Mann auf einer Sexparty: »Ich hatte von einer Sexparty gehört, die sich an Frauen richtet. Bisexualität fand ich immer spannend, hatte aber in der Richtung nie etwas versucht und auch nie darüber gesprochen. Aber eines Abends redeten mein Mann und ich so offen über Sex wie niemals zuvor, und da kapierte ich: Er war genauso zu Tode gelangweilt wie ich. Ich lachte und schlug vor, in einen Sexclub zu gehen, um unser Interesse wieder zu wecken. Das war eigentlich ein Scherz; wir sind beide sehr eifersüchtig, und ich konnte mir nicht vorstellen, dass er jemals auf so einen Vorschlag eingehen könnte. Ich war auch gar nicht sicher, ob ich das mit ihm machen wollte. Meine Fantasien darüber hatten nur mit mir zu tun. Mein Mann kam in ihnen nicht vor.«

Zwei Wochen später erzählte er ihr, er hätte »etwas Interessantes« gefunden. Ein »Event«, der in einer Stunde beginnen sollte, wo jeder Dessous tragen sollte und Sex in der Öffentlichkeit erlaubt war. »Ich war schockiert, dachte aber, warum nicht? Es musste ja etwas geschehen. Ich merkte, wie ich langsam zu einer Affäre tendierte, und die wollte ich nicht. Unsere Vereinbarung war: Wir würden zusehen, aber nicht anfassen. Doch ich fühlte mich dort so sicher, und wir waren beide so aufgeregt über das, was wir da taten, dass ich ihn fragte, was er davon halten würde, wenn ich es mit einer Frau tun würde. Er stimmte zu. Es passierte, er beobachtete. Dann gingen wir nach Hause und hatten den besten Sex meines Lebens.«

Das war vor fünf Jahren. Das Paar ist seitdem nie wieder in einem Sexclub gewesen. »Danach stellte sich Eifersucht ein. Eine Weile war das gar nicht schön, deshalb beschlossen wir, dass es nicht gut für uns wäre, noch mal hinzugehen. Aber der Sex, den wir in den Jahren danach hatten, war unglaublich. Wir hatten an dem Abend so viele stimulierende Dinge gesehen – darüber zu reden und zu fantasieren hat uns eine Ewigkeit in Gang gehalten.«

Das kann Ihr Ding sein oder auch nicht. Ich denke, die meisten von Ihnen werden klar »nicht« sagen. Es könnte Ihre Partnerschaft irreparabel beschädigen, wenn Sie diesen Weg einschlagen. Ich persönlich verstehe sehr gut, warum so etwas funktionieren kann. Würde ich es mit meinem Mann ausprobieren? Nein. Ich würde es hassen zuzusehen, wie er von anderen Leuten angetörnt wird (Pornos sind etwas anderes), und er sagt dasselbe. Ich habe das Ganze nur mal für die in den Raum gestellt, die mutig sind und sich versucht fühlen (mehr dazu in Kapitel 9).

Probieren Sie diese Übung: Denken Sie nicht »Muss ich?«, sondern »Warum nicht?«

Diese Übung kann Ihre Einstellung zum Sex ändern. Doch bevor Sie sie in Angriff nehmen, müssen Sie Ihrem Partner erzählen, was Sie vorhaben. Sie klappt nur, wenn Sie mit ihm zuvor Folgendes vereinbart haben: Sie erklären sich bereit, Sex zu haben, in der Hoffnung, dass Sie erregt werden. Doch Sie können abbrechen, wenn Sie entscheiden, dass Sie es doch nicht wollen.

Wenn Sie nicht mehr wollen, können Sie die Begegnung als das genießen, was sie ist (ein erotischer Moment), ihm zum Höhepunkt verhelfen (wenn er will und Sie zu einem Handjob oder Oralsex bereit sind; oder Sie lassen ihn sich vor Ihren Augen selbst befriedigen), oder lassen Sie ihn sich zurückziehen (er geht ins Bad, um dort zu masturbieren).

Das Entscheidende ist hier: Sie wissen, dass Sie abbrechen können. Sie sind daher eher bereit, Sex zu haben, selbst wenn Sie körperlich nicht motiviert sind. So funktioniert es:

SCHRITT 1: BEANTWORTEN SIE DIE FRAGE: WENN SIE KEINE WAHL HÄTTEN UND SEX HABEN MÜSSTEN, WO UND WIE WÜRDE ER STATTFINDEN?

Am Wochenende? Eher morgens als nachts vor dem Einschlafen? Mit ein paar Drinks zum Vorglühen? Im Anschluss an ein gutes Gespräch, nach dem Sie sich emotional verbunden fühlen? Nachdem Sie Musik gehört haben, die Sie in die

Zeiten zurückversetzt, als Sex das Wichtigste in Ihrem Leben war? Finden Sie heraus, welches die richtigen Bedingungen sind und wann Sie sie möglicherweise schaffen können, um so zu versuchen, in Stimmung zu kommen.

SCHRITT 2: NENNEN SIE DREI GUTE GRÜNDE, SEX ZU HABEN, OBWOHL SIE KEINE LUST DARAUF HABEN

Viele von Ihnen werden eher Anreize zum Vermeiden nennen statt positiver Dinge. Das macht nichts. Verurteilen Sie sich nicht dafür.

»Mehr angetörnt werden kann ich nicht. Also bringe ich es lieber gleich hinter mich.«

»Wenn ich es jetzt tue, ist es vorbei, und ich kann den Rest des Wochenendes entspannen.«

»Mein Partner will es unbedingt, und ich möchte ihm eine Freude machen.«

SCHRITT 3: TÖRNEN SIE SICH SELBST AN

Wenn Ihr Partner nicht zu Hause wäre und Sie sich jetzt gleich selbst befriedigen wollten, was würden Sie tun? Zum Vibrator greifen und fantasieren? Erotika lesen? Pornos ansehen? Die Finger einsetzen und einige tolle Sexszenen nachspielen, die Sie im Kopf haben?

Wenn Sie allein sind, legen Sie los – bringen Sie sich aber nicht zum Orgasmus. Wenn nicht, gehen Sie ins Bad und tun dort, was möglich ist.

Wenn Sie das tun, starten Sie den Sex warm, nicht kalt. Es ist absolut in Ordnung, wenn ein Teil von Ihnen weiterhin denkt, »Mist. Muss ich wirklich? Kann ich nicht einfach schlafen/fernsehen/mein Buch lesen?« Nehmen Sie den Gedanken wahr und lassen Sie ihn dann davonziehen. Machen Sie weiter.

SCHRITT 4: ERGREIFEN SIE DIE INITIATIVE ODER LASSEN SIE SICH AUF SEX EIN

Tun Sie dies mit Enthusiasmus und der Bereitschaft, erregt zu werden. Wenn Sie eine bestimmte Dauer festlegen wollen, tun Sie es: Hier handelt es sich um Sex zu Ihren Bedingungen. Machen Sie ein Spiel daraus, wenn Sie dann weniger befangen sind. Das Entscheidende ist, dass Sie aus Ihrem Kopf und in Ihren Körper kommen. Jetzt konzentrieren Sie sich auf das, was Sie körperlich empfinden. Seien Sie einfach im Moment.

MEIN PARTNER HAT SICH TOTAL GEHEN LASSEN

Kann es sein, dass es gar nichts mit dem »Geschwister-Effekt« zu tun hat, wenn Sie nicht auf Ihren Partner stehen, sondern mit zu vielen Currys, Bierchen und Zigaretten seinerseits? Kann es sein, dass Sie Ihren Partner ansehen und denken: »Mist, er sieht überhaupt nicht mehr aus wie der Mann, den ich geheiratet habe?«

Der US-amerikanische Sex-Autor Jack Morin *(The Erotic Mind,* dt. *Erotische Intelligenz),* sagt, es gebe zwei Aspekte, wenn Sie sich weiterhin zu Ihrem Partner hingezogen fühlen sollen: Er muss bewahren, was Ihnen zu Beginn so gefallen hat – die muskelbepackte Brust, den Sinn für Humor, die Größe. Doch im Lauf der Beziehung müssen Sie auch andere attraktive Eigenschaften an ihm entdecken: Er geht toll mit den Kindern um, bezirzt Ihre schwierige Mutter usw. Beide Aspekte sind wichtig.

Es ist nicht immer möglich, all das beizubehalten, was wir anfangs attraktiv fanden. Wenn Sie sich mit 20 kennengelernt haben, sieht die muskelbepackte Brust mit 70 nicht mehr genauso aus. Aber es sind nicht nur die körperlichen Dinge, die beim Älterwerden verloren gehen. Der witzige Partner, der alles positiv sah, kann verbittert und kritisch werden, wenn das Leben nicht so verlaufen ist, wie er es erwartet hatte.

Zudem gewöhnen Menschen sich mit der Zeit vieles an, was uns körperlich abstößt: starkes Rauchen, mangelnde Körperpflege, bequeme, aber hässliche, absolut unvorteilhafte Kleidung ... die Liste ist nicht vollständig. Doch der bei Weitem stärkste Abtörner für alle Geschlechter ist ein Partner, der massiv an Gewicht zugelegt hat. (Ich meine, wirklich zugelegt, nicht vermeintlich zugelegt; darüber spreche ich in dem Kapitel über Körperwahrnehmung ab Seite 49.)

Liebe verzeiht, doch blind ist sie nicht

Was machen Sie also, wenn Sie Ihren Partner ansehen und denken: »Ich kann nicht, wenn er so aussieht?« Dann werfen Sie zunächst einmal einen ehrlichen Blick auf sich selbst. Halten Sie sich noch an die Vereinbarung und bemühen sich, so gut wie möglich auszusehen? Wenn ja, müssen Sie keine Schuldgefühle haben, falls Sie zornig sind. Wenn Ihr Partner zugenommen hat, weil er träge ist und zu viel isst, und wenn er das ganz normal findet, dann haben Sie alles Recht der Welt, stinksauer zu sein. Denn es gibt einen unausgesprochenen Eid, den man schwört, wenn man beschließt, das Leben miteinander zu verbringen: Ich schwöre, dass ich weiterhin alles dafür tue, so attraktiv wie möglich auszusehen.

Vielleicht lieben Sie Ihren Partner weiterhin, auch wenn er eine Tonne zugelegt hat, aber das wird sicher nicht dazu führen, dass Sie sich mit ihm ausziehen wollen. Liebe reagiert auf (emotionale) Intelligenz. Sex hingegen ist körperlich. Er wird stark davon beeinflusst, was wir sehen. Es ist eine Beleidigung, wenn Ihr Partner sich wirklich gehen lässt; denn das bedeutet, dass er Sie als selbstverständlich hinnimmt.

Ist es dann okay, wenn Sie ihn darauf hinweisen? Ihm alles ins Gesicht sagen? Äh – nein.

Wenn die Veränderung dramatisch ist und er überhaupt nicht mehr wie früher aussieht, sondern jetzt kahl, dick und in den mittleren Jahren ist, weiß er das. Werfen Sie ihm nun vor, er würde Sie hängen lassen, denn so, wie er aussieht, könne keine Frau mehr an ihm Interesse haben, dann trägt das nur dazu bei, dass er sich noch schlechter fühlt. Sollte es sich um eine Partnerin handeln, ist der Schaden dreimal so groß. Insbesondere eine Gewichtszunahme beeinträchtigt die Körperwahrnehmung und das Selbstwertgefühl eines Menschen enorm. Helfen Sie ihm, verletzen Sie ihn nicht.

Gibt es einen Grund für die Gewichtszunahme – außer Trägheit? Ist er gestresst und arbeitet so viel, dass er sich von Fast Food ernährt und keine Zeit für Sport hat? Ist er deprimiert und braucht Essen als Trost? Menschen essen, weil sie sich mies fühlen, und dann fühlen sie sich mies, weil sie übergewichtig sind; ein wenig hilfreicher Teufelskreis.

Wie man das Problem angeht

Der Trick: Richten Sie Ihr Augenmerk auf die Gesundheit, nicht auf sein Aussehen. Sagen Sie ihm zunächst, dass Sie ihn lieben und sich Sorgen machen, weil er zugenommen hat/zu viel raucht oder trinkt/sich zu wenig bewegt oder sich nicht gut genug ernährt. Danach bieten Sie an, ihm dabei zu helfen, seine Lebensweise zum Positiven zu verändern.

Gehen Sie zusammen spazieren und leben Sie gemeinsam gesünder. Wenn er seine Süchte allein nicht überwinden kann, sorgen Sie dafür, dass er Hilfe bekommt. Wenn seine Art, sich zu kleiden, Sie abstößt, gehen Sie mit ihm shoppen oder kaufen Sie ihm etwas, das Sie gern an ihm sehen würden. Überhäufen Sie ihn mit Komplimenten, wenn er es trägt. Der Trick hier: Belohnen Sie positives Verhalten, statt an negativem herumzukritisieren.

Das haben Sie alles versucht, aber ohne Erfolg? Mira Kirshenbaum ist die Autorin des Buchs *Too Good to Leave, Too Bad to Stay* (dt. *Soll ich bleiben, soll ich gehen? Ein Beziehungs-Check*), das Menschen sachkundig durch den Entscheidungsprozess führt, ob sie mit dem aktuellen Partner zusammenbleiben oder sich von ihm trennen sollten. Kirshenbaum geht davon aus, dass Menschen in einer Beziehung mit einer Person, die sie körperlich nicht anziehender finden als jemand anderen, durchaus sehr glücklich sein können. Solange die Chemie weiterhin stimmt – also etwas Besonderes zwischen Ihnen beiden vorhanden ist –, lohnt es sich zu bleiben.

Ein absolutes Warnsignal ist es, wenn Sie Ihren Partner nicht berühren mögen. Ich meine nicht sexuell berühren, ich meine überhaupt nicht berühren. Wenn sie an einem Punkt angekommen sind, dass Sie allein den Gedanken an eine Berührung abstoßend finden, sei es von Ihnen oder von ihm, ist es auf jeden Fall Zeit zu gehen.

WENN SIE NOCH SEX HABEN

Einige Frauen, die keinen Sex mehr mit ihrem Partner haben wollen, lassen es einfach bleiben. (Viel hierzu finden Sie in dem Kapitel über sexlose Beziehungen ab Seite 191.) Andere haben trotzdem weiterhin Sex. Wenn Sie in letztere Kategorie fallen, finden Sie hier nun einige Ratschläge, wie Ihr Sex besser wird.

Reden Sie miteinander ehrlich darüber, was noch geht und was nicht. Sorgen Sie dafür, dass Sie miteinander die Art von Sex haben, die für Sie die richtige ist. Unsere Körper verändern sich, wenn wir älter werden. Ich brauche länger bis zum Orgasmus, sogar mit Vibrator, und ich brauche diese seltsame Kombination von erst sanften, dann kräftigen, dann superstarken, dann sanften Vibrationen. Die Hälfte der Zeit weiß ich nicht, welche Stimulation mich zum Orgasmus bringen wird – wie um alles in der Welt soll dann mein Partner es wissen, wenn ich es ihm nicht sage?

Die Techniken, die früher richtig waren, sind es im späteren Leben manchmal nicht mehr. Sagen Sie: »Stimmt, damals mochte ich Geschlechtsverkehr, aber inzwischen gefällt mir Oralsex besser. Mein Körper hat sich verändert.« Er könnte sagen: »Ich wollte nie, dass du mich anfasst; ich hatte Angst, zu früh zu kommen. Jetzt ist das Gegenteil der Fall.«

Seien Sie keine Sexroboter mehr. Es geht hier möglicherweise mehr um sexuellen Stillstand – den Sex zu lassen, weil er zu langweiliger Routine geworden ist – als darum, mit wem Sie Sex haben. Wir alle haben einen erprobten Weg zum Orgasmus, den der Partner kennt. Großartig! Wenn er ihn aber *jedes Mal* einschlägt, ist dieser ausgetretene Weg irgendwann so aufregend wie das alltägliche Pendeln zur Arbeit: Sie bemerken gar nichts mehr, weil Sie alles schon zigmal gesehen haben.

Entwickeln Sie Fantasien, egal, wer darin vorkommt. Nach Ihrem Partner sind Sie nicht verrückt, wohl aber nach Ihrem Chef? Ihr Partner kann keine Gedanken lesen. Lassen Sie Ihrer Fantasie freien Lauf, mit wem sie möchte. Ja, selbst mit dieser Person. Letztlich profitiert Ihr Partner davon. Wenn diese Fantasie dazu führt, dass Sie Sex mit ihm mehr genießen, verbindet Ihr Gehirn guten Sex mit Ihrem Partner, und Sie sind in Zukunft offener dafür.

Seien Sie sensibel. Sie sind nicht der einzige Mensch, dem das Altern nicht ganz geheuer ist. Selbst wenn Sie Nein sagen wollen: Betrachten Sie das Selbstwertgefühl Ihres Partners als Grund dafür, ja zu sagen. Wenn er nicht mehr so gut wie früher performt und Sie weisen ihn ab, ist es sehr wahrscheinlich, dass er seine Performance für den Grund hält. (In Kapitel 7 geht es darum, wie erschütternd Potenzstörungen für Männer wirklich sind.)

Sie lieben ihn, nicht wahr? Ich wiederhole: Es gibt außer Verlangen eine Menge anderer Motive für Sex.

Verhandeln Sie nicht. Einmal Sex auf Ihre und beim nächsten Mal auf seine Art zu haben, scheint eine gute Lösung zu sein, ist es aber nicht. Sie beide fühlen sich gekränkt, wenn Sie nicht an der Reihe sind, und fürchten diese Male. Bringen Sie stattdessen immer von beiden etwas ein. Noch besser: Finden Sie etwas Neues, das Ihnen beiden gleichermaßen gefällt.

Betrachten Sie Sex nicht mehr als etwas, das Sie mit Ihrem Partner tun. Trennen Sie es. Schieben Sie es in eine eigene Schublade: Sex. Dann denken Sie an etwas, das Sie sexuell gern ausprobieren würden. Noch einmal: Denken Sie nicht an Dinge, die Sie mit Ihrem Partner ausprobieren möchten. Das ist eine Sackgasse. Erfinden Sie etwas, das Sie gern mit jemandem tun würden, den Sie heimlich begehren und über den Sie fantasieren. Oder erfinden Sie eine fiktive Person.

Wenn Sie es im richtigen Leben tun, schließen Sie die Augen – schauen sie die Person, die Sie für nicht begehrenswert halten, nicht an –, gehen Sie ganz in der Fantasie auf, dass Sie es mit jemand anderem tun. Konzentrieren Sie Ihre Aufmerksamkeit auf das, was Sie tun, auf die Gefühle. Analysieren Sie nicht – erleben Sie es mit dem Körper, nicht mit dem Kopf.

Weil es etwas ist, das Sie noch nie zuvor probiert haben, bleibt es wahrscheinlich länger interessant für Sie, und Sie werden heißer als sonst. Das hat einen Dominoeffekt: Ihr Partner wird angetörnt, indem er zusieht, wie Sie angetörnt werden. Sie fühlen sich mehr von ihm begehrt, können ihn als sexuelles Wesen wahrnehmen – und nicht als den guten alten Geoff, der den Müll rausbringt.

Sie fühlen sich vielleicht schrecklich schuldig, weil Sie Ihren Partner mit Ihrer Fantasie über eine andere Person, ein anderes Szenario, »täuschen«. Das ist gut! Sich unbehaglich zu fühlen – so, als würde man etwas »Verbotenes« tun –, ist das, was Sex erotisch macht. Nehmen Sie es an, wehren Sie sich nicht dagegen. Dies ist genau das, was wir schaffen wollen. Untreue im Kopf ist etwas völlig anderes als Untreue im richtigen Leben – es liegen Welten dazwischen.

Bringen Sie Stimulation von außen ins Spiel. Sehen Sie zusammen einen Sexfilm oder einen Porno, probieren Sie Sexspielzeug aus. Beides braucht null Aufwand, ist aber eine äußerst effektive Art, Verlangen in eine Langzeitbeziehung zu bringen, wenn man es satt hat, immer das gleiche Szenario zu erleben.

Seien Sie nicht selbstgefällig. Ich wette mein nächstes Honorar, dass Sie relativ wenig Mühe darauf verwenden, Ihr Sexualleben frisch zu halten. Was würde geschehen, wenn Sie nichts tun würden, um Ihre Wohnung in Schuss zu halten? Die Farbe würde abblättern und die Fugen bröckeln, die Tür da hinge schief in den Scharnieren, die Teppiche wären schäbig und abgenutzt. Das fiele den meisten von uns im Traum nicht ein. Warum erwarten wir also, dass unser Sexualleben ohne Verbesserungen oder Auffrischungen lebendig und spannend bleibt?

Seien Sie beim Sex egoistisch. Wer ist besser: Der Liebhaber, der sich ganz darauf konzentriert, sie sexuell glücklich zu machen, oder der Liebhaber, der durch den Sex mit Ihnen so erregt wird, dass er an Ihrem Körper Freude findet, der Sie benutzt, um sein eigenes Verlangen zu stillen?

Das ist eine interessante Frage. Jeder, der einen Sexratgeber gelesen hat, hat die folgende Botschaft verinnerlicht: Der Schlüssel zu befriedigendem Sex ist, dem Partner zu erklären, was man selbst braucht. Das stimmt nach wie vor – das ist auf eine gesunde Art egoistisch.

Natürlich ist es wichtig zu wissen, was der Partner mag und was nicht. Aber das Wissen allein ist nicht genug. Sie brauchen einen Funken, eine Emotion, Verlangen, um den Motor zu starten. »Berühren Sie Ihren Partner nicht zu seinem, sondern zu Ihrem Vorteil«, sagt Snyder. »Dann muss er sich keine Gedanken darüber machen, ob Sie bei der Sache sind und ob es zu lange dauert. Das klassische Beispiel: Ein Mann schläft mit einer Frau. Wenn er das macht, damit sie eine gute Zeit hat, steht sie unter Druck und denkt: ›Wie lange noch, bis es ihm langweilig wird?‹ Tut er es aber, weil es ihn antörnt, kann sie entspannen und es so genießen, wie sie mag.«

Selbstbewusstsein ist sexy. Wir alle wünschen uns einen souveränen Liebhaber, der sich zu nehmen traut, was er will. Zögerliche Liebhaber, die nur darauf aus sind, uns zu gefallen, und die Angst haben, etwas zu tun, weil wir das nicht wollen oder mögen könnten, machen uns nervös. Und zornig. »Verdammt noch mal, warum kann er im Bett nichts tun, ohne mich vorher um Erlaubnis zu bitten?« tobte eine Klientin, deren Mann stolz darauf war, ein rücksichtsvoller Liebhaber zu sein, während der Therapie.

»Besorg es mir richtig« – diesen Satz hat bestimmt eine Frau erfunden, die es nicht erwarten konnte, dass ihr Partner ihr die Kleider vom Leib reißt und sie dann bäuchlings aufs Bett wirft. Paare, die extrem gut miteinander auskommen, haben Probleme damit. Wir sind so daran gewöhnt, die Gefühle unseres Partners zu berücksichtigen, dass es fast unanständig wäre, es nicht zu tun. Aber dies hier ist Sex, nicht Liebe. Noch einmal: Trennen Sie die beiden.

Liebe gedeiht mit Achtsamkeit und Rücksichtnahme. Sex ist primitiv, bei ihm dreht sich alles um die Bedürfnisse, die Ihr Körper hat und Ihnen mitteilt. Wenn der Sex zwischen Ihnen beiden sich anfühlt wie Sex zwischen Geschwistern, liegt es daran, dass Sie das, was in Ihrer Beziehung funktioniert, mit ins Bett nehmen. Damit kastrieren Sie das Verlangen. Ändern Sie das. Tun Sie das Unvorstellbare. Seien Sie egoistisch. Hören Sie auf, an das Vergnügen Ihres Partners zu denken, denken Sie an Ihr eigenes. Nehmen Sie, statt zu geben. Pfeifen Sie drauf, wenn Sie einen Orgasmus haben und er nicht. Kümmern Sie sich erst um ihn, wenn Sie sich verausgabt haben. Das ist eine völlig andere Art, Sex miteinander zu haben. Probieren Sie es aus. Sie werden erstaunt sein, wie viel Erfolg Sie damit haben können.

DIESER TIPP KÖNNTE SEX FÜR SIE VERÄNDERN

Hier geht es um Rollenspiele – aber nicht so, wie Sie vielleicht denken. Nein, lassen Sie diesen Absatz nicht aus, nur weil Rollenspiele nicht so Ihr Ding sind.

Bei Rollenspiel kommt mir als Erstes die entsetzliche Peinlichkeit in den Sinn, ein vorgegebenes Szenario nachzuspielen – etwa einen schrottigen Pornofilm. Entweder fallen Sie dabei tot um, weil Sie sich gedemütigt fühlen, oder Sie nehmen es nicht ernst und lachen übereinander. Doch hier geht es nicht darum, als französisches Dienstmädchen den Herrn des Hauses zu verführen (igitt). Es geht vielmehr darum, dass Sie oder Ihr Partner sich in jemand anderen verwandeln und in dieser Rolle Sex haben.

Die berühmte belgische Therapeutin Esther Perel setzte diese Technik in einem ihrer brillanten Podcasts *Where Should We Begin?* ein. Sie therapierte ein Ehepaar. Beide Partner waren in tiefreligiösen Haushalten aufgewachsen und hatten mit dem Sex bis nach der Hochzeit gewartet, um sich dann in völlig unterschiedliche Richtungen zu entwickeln. Der Mann blieb vorsichtig und schüchtern. Sie hingegen war vom Sex begeistert und wollte unbedingt ihre »unanständige« Seite erkunden, jetzt, wo sie es endlich durfte. Es ist nicht verwunderlich, dass er sich eingeschüchtert und sie sich zurückgewiesen und frustriert fühlte. »Ich überfordere ihn«, seufzte sie.

Esthers Lösung: Statt des nervösen Ehemanns brachte sie Jean Claude – eine erfundene Person, die ein erfahrener Liebhaber war – dazu, mit seiner Frau zu schlafen. »Was würde Jean Claude jetzt denken? Wie würde Jean Claude sie jetzt berühren?« – solche Anstöße gab Esther die ganze Therapiesitzung hindurch. Jean Claude war selbstbewusst, mutig, nahm sich, was er wollte, ohne vorher zu fragen. Der Ehemann liebte es, diesen Mann zu spielen, seine Frau liebte es, mit ihm Sex zu haben.

Rollenspiele haben eine enorme Kraft. Sie zwingen Sie, Ihren Partner als jemand anderen zu sehen. Sie geben Menschen die Erlaubnis, sich anders zu verhalten, jemand anders zu sein als sie selbst und ihre »schlimme« Seite auszuleben. Wenn Ihr Sexualleben darunter leidet, dass sich die Beziehung zu vertraut anfühlt, könnte dies eine Wende einleiten.

Fragen Sie Ihren Partner, wen er im Bett gern spielen würde. Überlegen Sie, wer Sie sein möchten. Denken Sie darüber nach, als wen Sie ihn gern hätten und umgekehrt. Sie müssen nicht an denselben Rollen festhalten – es sei denn, Sie wollen es.

KAPITEL 6

FRAUEN HABEN KEINE SCHWACHE LIBIDO, WIR SIND GELANGWEILT!

Es gibt drei Mythen über Frauen und Sex, die die Mehrheit der Menschen für wahr hält. Der erste Mythos ist, Männer hätten einen stärkeren Sexualtrieb als Frauen. Der zweite, Monogamie fiele Männern schwerer als Frauen, und der dritte, Männer seien von Routine-Sex schneller gelangweilt als Frauen. All diese Aussagen sind falsch.

Neuere Studien weisen darauf hin, dass das weibliche Verlangen ganz anders ist, als wir bisher dachten. Es will keine Sicherheit, sondern Risiko. Es will keine Romantik, es will Lust. Und es ist primitiv. Viel, viel primitiver, als die Gesellschaft glaubt.

Frauen sagen zu Sex häufiger nein als Männer, doch das liegt nicht daran, dass unsere Libido schwach ist, sondern daran, dass man uns nicht gestattet, unsere »schmutzige« Seite zu erkunden, wie Männer es dürfen. Es zeigt sich, dass wir alle – ließe man einmal die kulturellen Zwänge beiseite – es treiben würden wie die Kaninchen. Unter einer Bedingung: Der Sex muss erotisch und er muss aufregend sein. Nun, wie viele Paare in Langzeitbeziehungen können dies guten Gewissens von sich behaupten?

Diese massive Veränderung der Sichtweise verdanken wir einer neuen Generation von Sexualwissenschaftlern, die überholte Vorstellungen überprüft – und widerlegt – haben. Und einer anderen Frau, die keinerlei Ausbildung in Sachen Sex absolviert hat. Ihr Name ist E. L. James.

Das Phänomen *Fifty-Shades of Grey*

Sie wollen einen Beweis dafür, dass Frauen sich schärferen Sex wünschen? Dann denken Sie daran, wie viele Frauen mittleren Alters *Fifty Shades of Grey* geradezu verschlungen haben. Das Interesse war wild und zwanghaft. Verpackt in den romantischen Plot »Reicher Mann verführt unschuldiges Mädchen« ist Sex in dieser Trilogie politisch unkorrekt, brutal und riskant.

E. L. James hat weltweit mehr als 125 Millionen Exemplare verkauft (bisher – es werden täglich mehr). Bücher mit BDSM-Szenarien hat es schon immer gegeben. Diese Serie wurde deswegen von allen gelesen, weil alle anderen sie auch gelesen haben. Man hätte sich ausgeschlossen gefühlt, wenn man sich diesen Spaß nicht gegönnt hätte – und es freut mich, dass Frauen es getan haben.

Man kann es lieben oder hassen, es für den größten Mist halten, der je geschrieben wurde, oder für das Beste, das man je gelesen hat – Erika James' literarisches Können und persönlicher Geschmack sind unwichtig –, *Fifty Shades* hat dafür gesorgt, dass Frauen wieder über Sex reden. Und sie beschweren sich nicht über Partner, die mehr Sex wollen als sie – sondern über Partner, die sexuell nicht aktiv genug sind.

Fifty Shades bringt die Frau in die Position der Bittstellerin und brachte dadurch den Sex aus der Schublade »Muss das wirklich noch sein?« in eine mit dem Schildchen: »Aber hallo!« Eine 60-jährige Frau erzählte mir: »Ich las das erste Buch und konnte es buchstäblich nicht aus der Hand legen. Mein Mann schlief neben mir, es war 2 Uhr nachts, und ich musterte ihn und überlegte, ob ich ihn wecken sollte, damit er Sex mit mir hat. Ich hatte beim Sex jahrelang nicht die Initiative ergriffen und empfand ihn als Pflichtübung, doch auf einmal sehnte ich mich danach, meinen Mann in mir zu spüren. So stark hat das Buch auf mich gewirkt.«

Christian Grey, der (traumatisierte, aber gut aussehende) Held wurde die Fantasie einer jeden Frau, nicht nur, weil er heiß und reich ist, sondern weil er sich ohne zu fragen nimmt, was er will. »Ich würde es toll finden, wenn mein Partner mich aufs Bett werfen und mich einfach nehmen würde«, bekomme ich ständig zu hören.

»Er ist einfach zu ... nett. Er fragt mich, ob dies oder jenes okay sei. Das ist so unsexy, dass ich schreien könnte«, beklagte sich eine 57-Jährige, deren Mann es immer allen recht machen will.

Der US-amerikanische Sexualtherapeut Stephen Snyder bestätigt, dass »nur wenige heterosexuelle Frauen es genießen, im Bett immer die Oberhand zu behalten«. Doch hier geht es nicht darum, wieder das Heimchen am Herd zu sein, während der »Herr des Hauses« rausgeht und das Geld verdient.

Die Therapeutin Esther Perel sagt: »Die meisten von uns werden nachts von genau den Dingen angetörnt, gegen die wir tagsüber demonstrieren.« Wir Frauen haben hart dafür gekämpft, dass Männer uns respektieren – mit weitgehendem Erfolg –, und das ist (selbstverständlich) eine gute Sache. Aber unserem Sexualleben hat das überhaupt keinen Gefallen getan.

Wie die Mythen letztlich erstarben

Forschung zur menschlichen Sexualität war traditionell Männersache. Die Wissenschaftsgeschichte kennt nur relativ wenige Sexualwissenschaftlerinnen, doch kaum waren sie da, hatten sie sich auch schon hervorgetan.

Wahrscheinlich haben Sie schon von Virginia Johnson (von Masters und Johnson) gehört. Rosemary Basson, die ein alternatives Modell des weiblichen Verlangens erstellte (von dem ich bereits sprach), sorgte für Aufsehen, genauso wie Shere Hite, die die berüchtigten *Hite Reporte* schrieb (der erste erschien 1976/77). Hite behauptete, es sei keine Störung, wenn man beim Geschlechtsverkehr nicht zum Orgasmus komme.

In jüngerer Vergangenheit stellte Esther Perel in *Was Liebe braucht. Das Geheimnis des Begehrens in festen Beziehungen* infrage, dass Monogamie ein natürlicher Zustand sei. Auch männliche Wissenschaftler haben sich mit der weiblichen Sexualität beschäftigt. Jack Morin, der Autor von *The Erotic Mind* (dt. *Erotische Intelligenz*), tritt vehement dafür ein, dass beide Geschlechter Lust genauso brauchen wie Liebe. Und in *Die versteckte Lust der Frauen: Ein Forschungsbericht* widerlegt Daniel Bergner anhand von intensiver Recherche und Interviews mit anerkannten Verhaltens- und Sexualforschern, Psychologen und gewöhnlichen Frauen den Mythos, Männer wollten herumstreunen, während Frauen Innigkeit und Zuverlässigkeit brauchten. Das Buch der US-amerikanischen Anthropologin und Kulturkritikerin *Wednesday Martin, Untrue* (dt. *Untrue: Warum fast alles, was wir über weibliche Untreue zu wissen glauben, unwahr ist)*, legt nahe, dass unsere Biologie uns Vergnügen suchen lässt, denn: »Frauen haben das einzige allein auf Vergnügen ausgerichtete Organ im menschlichen Repertoire« – die Klitoris.

Monogamie ist für Frauen härter als für Männer

Je länger eine Beziehung dauert, desto stärker lässt das sexuelle Verlangen der Frau nach. Eine deutsche Studie ergab, dass am Anfang einer Beziehung zwar 60 Prozent der Frauen gern häufig Sex haben, in den folgenden vier Jahren die Zahl aber unter 50 Prozent und nach 20 Jahren auf etwa 20 Prozent sinkt. Die Libido der Männer bleibt im Allgemeinen über die Dauer der Beziehung stabil.

Es stimmt, so Martin, dass Frauen in Langzeitbeziehungen das Interesse am Sex verlieren. Das liegt aber nicht daran, dass ihr Verlangen nach Sex geringer ist als das von Männern, sondern daran, dass Frauen von einem Partner schneller gelangweilt sind. Man hat uns glauben lassen, dass wir Sex nicht mehr mögen – dabei brauchen wir einfach nur Abwechslung. Viele Männer sind zufrieden damit, immer und immer wieder auf dieselbe Art Sex zu haben – es sind die Frauen, auf die das nicht zutrifft. Frauen sehnen sich danach, auf erotischere Weise auf Touren gebracht zu werden, und sie haben am meisten davon, wenn sie Pornos, Fantasien und die mächtige primitive Seite der Sexualität erkunden.

Wenn Monogamie für Männer schon öde ist, so ist sie für Frauen noch weniger inspirierend und stimulierend. »Ich hatte immer zwei oder drei Partner zugleich. Keiner wusste von den anderen, und das gefiel mir sehr«, erzählte mir eine Frau um die 50. »Dieser Nervenkitzel, wenn man mehrere Partner hat – die Geheimnistuerei, das Gefühl von Macht, weil drei Männer mich gleichzeitig begehren, die Tatsache, dass Frauen sich eigentlich nicht so benehmen sollten – das war wie ein Rausch. An dieses Gefühl ist seitdem nichts auch nur annähernd herangekommen. Nun bin ich verheiratet und habe versprochen, monogam zu leben. Aber unser Sex ist nichts Besonderes, und er ist nicht so erfinderisch. Wie soll ich – nach meiner früheren Erfahrung – mit demselben Mann von jetzt bis zu meinem Tod befriedigt sein?«

Langeweile ist ein großes Thema

Der US-amerikanische Sexualtherapeut Ian Kerner befragte 341 Personen in festen Beziehungen. Die Hälfte gab an, entweder gelangweilt oder kurz davor zu sein. In den ersten drei Jahren einer Beziehung und sogar schon im ersten Jahr gaben Frauen doppelt so häufig wie Männer an, gelangweilt zu sein.

In einer Studie zum Thema sexuelle Abenteuerlust fand Kerner heraus, dass Frauen sehr viel eher bereit waren, sich auf verschiedene sexuelle Aktivitäten einzulassen, »was darauf hindeutet, dass Frauen möglicherweise sexuell viel offener sind, als die Gesellschaft sich vorstellen kann«. Frauen waren auch viel eher als Männer zu Verbalsex bereit und dazu, ihre Fantasien auszusprechen, berichtet Kerner.

Frauen bremsen die Leidenschaft also nicht aus, sagt Martin, sondern sie sind der Schlüssel zu einem spannenderen lebenslangen Sexualleben. Wir müssen nur den Mund aufmachen. Und genau da liegt das Problem.

Warum sagen Frauen ihrem Partner nicht, dass sie sich interessanteren Sex wünschen?

Vor allem fürchten sie, dass sie verurteilt, für »nuttig« oder »schamlos« gehalten werden. Ich schreibe jetzt seit mehr als 35 Jahren über Sex und wurde in dieser Zeit von Hunderten von Frauen gefragt, wie man dem Partner spannenderen Sex vorschlagen kann, ohne von ihm verurteilt zu werden. Männer werden als diejenigen dargestellt, die zu allem bereit sind, und Frauen als diejenigen, die nein sagen, aber das stimmt überhaupt nicht.

Ein weiterer Grund für Frauen, ihre Langeweile nicht zuzugeben: Wir fürchten, dass unser Partner Schwierigkeiten hat zu akzeptieren, dass wir sexuell aktiver sind als er. »Frauen halten den Mund, und das Sexualleben des Paars geht weiter – behäbig, vorhersehbar, langweilig«, sagt François Renaud, Sexualwissenschaftler und Psychotherapeut aus Kanada. »Manchmal sage ich einem Paar, ich hätte den Eindruck, die beiden würden ineinander masturbieren.« Frauen sagen oft: ›Genau.‹« Lange Zeit nahm man an, Frauen wäre Sex nicht so wichtig wie Männern, doch in Wirklichkeit wurde unsere Sexualität unterdrückt. *Slutshaming,* die massive Kritik an Frauen, die nicht den akzeptierten Verhaltensnormen entsprechen, sei ein gutes Beispiel dafür, so Renaud.

Wenn Sex Sie langweilt, stehen die Chancen gut, dass dies nicht an einer schwachen Libido liegt, sondern an der Art von Sex, die Sie haben. Wenn wir uns vom Partner abwenden, tun wir das nicht, weil wir keine sexuellen Abenteuer wollen – wir wollen nur keinen Sex nach Schema F. Käme etwas Erregendes und Vulgäres aufs Tapet, wir würden sofort über unseren Partner herfallen.

Dies gilt für alle Altersgruppen, nicht nur für Frauen über 50. Aber wenn man bedenkt, dass wir länger Sex hatten als jemand um die 30 oder 40, haben wir stumpfen, monotonen Sex umso mehr satt. Für ältere Frauen ist das eine wichtige Erkenntnis, denn wir sind eher bereit, etwas zu unternehmen. Uns kümmert weniger, was die Leute denken, und wir haben den Mut, uns dieser dunkleren Seite unserer Sexualität zu nähern. Versuchen wir es doch einmal.

MIDLIFE-WANDERLUST

Der Verlust der Libido ist für ältere Frauen kein unausweichliches Schicksal. »Es gibt viele Gründe, warum Frauen in der Mitte des Lebens einen Anstieg der Libido erleben können«, sagt Krystal Woodbridge, Psychotherapeutin in England.

Die 49-jährige Karin Jones bestätigt das in einem Interview mit *The Times*. »Eine irgendwie vertraute, aber lange vergessene Empfindung kam über mich: Lust. Es war, als wäre ich in einen Nebel aus Begehren eingetreten.« Jones war damals auf einer Wanderung. Einen konkreten Auslöser gab es nicht, aber sie war »plötzlich entsetzlich geil«. Und das für viele Jahre.

Es gibt nur wenig Material dazu, wie viele Frauen, lange nach der Geburt ihrer Kinder, einen spontanen plötzlichen Anstieg des sexuellen Verlangens erleben. (Wissenschaftler haben die Tendenz, sich dem zu widmen, was schiefgeht, nicht dem, was gut läuft.) Aber es ist nichts Unbekanntes. »Die sexuelle Reaktion einer Frau wird stark von Gedanken stimuliert, und wenn sich in diesem Alter ihr Leben verändert, verändern sich auch ihre Gedanken«, sagt Woodbridge.

Viele der Frauen, die ich interviewt habe, können das nachvollziehen. Eine, nach dreißigjähriger Ehe mit 48 geschieden, hatte ein Jahr später ihren ersten Orgasmus. »Mein Mann hatte zwar die Affäre, aber im Bett war er eine Null«, sagte sie. »In sexueller Hinsicht war ich naiv, und ich hatte nie einen Orgasmus. Doch dann landete ich in einer Beziehung mit einem sexuell äußerst aktiven Mann, der mir, als ich 49 war, zu meinem ersten Orgasmus verhalf. Wir machten Sachen, die meiner Tochter die Haare zu Berge stehen ließen. (Ich bestand darauf, ihr davon zu erzählen – sie wusste nicht, ob sie beeindruckt oder entsetzt sein sollte.) Wir aßen Speisen von unseren Körpern, benutzten alle möglichen Spielzeuge an allen möglichen Körperstellen und taten eine Menge Dinge, die ich lieber für mich behalte. Ich war begeistert ... Alle meine Freundinnen schienen mit dem Sex aufzuhören, aber ich hatte den besten Sex meines Lebens.«

Das Empty-Nest-Syndrom kann Angst machen, aber für viele Paare bedeutet es Freiheit und Zeit. Mehr Zeit für sich selbst, für Freunde, Sport und Kreativität. Gesteigertes Selbstbewusstsein wirkt sich positiv auf die sexuelle Selbstwahrnehmung und das Verlangen nach Sex aus. Wie Woodbridge berichtet: »Menschen, die hungrig nach allen Aspekten des Lebens sind, haben oft ein starkes sexuelles Verlangen. Wenn Sie motiviert und energiegeladen sind und eine positive Einstellung haben, stehen die Chancen gut, dass Ihre Libido mitzieht, egal wie alt Sie sind.«

WIE SIE DEN KNOTEN LÖSEN

Es ist deprimierende Realität, dass wir oft den geilsten Sex mit jemandem haben, der uns nicht viel bedeutet. Wenn es Ihnen total egal ist, was Ihr Partner von Ihnen hält, haben Sie auch keine Angst, Ihre weniger »weibliche« Seite zu zeigen. Wenn Sie ihn nicht lieben, befürchten Sie nicht, ihn zu beleidigen oder zu verletzen, wenn Sie kritisieren, dass er beim Sex etwas tut oder nicht tut. Wenn keine Gefühle im Spiel sind, wird der Sex egoistisch. Sie beide sind nur darauf erpicht, einen Orgasmus zu bekommen, egal wie, und haben ihn deshalb auch.

Viel zu viele Paare glauben, Sex in der Ehe oder in einer festen Beziehung müsse liebevoll und zärtlich sein. Die Partner schämen sich für den »bösen« oder »schmutzigen« Sex, den sie als Single so gern hatten (oder gern gehabt hätten). Doch woher wissen Sie, dass Ihr Partner nicht genauso denkt?

Die Angst vor Verurteilung zu überwinden und das einzufordern, was Sie wirklich brauchen, ist unerlässlich für ein glückliches Sexualleben. Besonders für Frauen. Sie müssen nicht alles mögen, was Sie beide sagen, und auch nicht Spaß an jedem sexuellen Experiment haben. Doch Sie sollten beide ein Gefühl von sexueller Freiheit haben und die Gewissheit, jederzeit Ihre Meinung sagen zu können, ohne niedergemacht zu werden.

Wagen Sie, sich mitzuteilen

Dieses Kapitel werden Sie ansprechend finden oder nicht. Entweder überfliegen Sie es und denken »Hmmm. Interessant. Aber nicht wirklich was für mich.« Oder Sie lesen es in einem Zug durch und denken »Gott sei Dank! Ich bin also doch nicht pervers ... und wann kann ich davon mal was ausprobieren?«

Wenn Ersteres auf Sie zutrifft und Sie glücklich mit dem sind, was Sie haben, großartig! Aber wenn Sie ein bisschen Leben in die Bude bringen wollen, nur Mut. Sie werden sich wundern, wie sehr Ihr Partner dafür zu haben ist.
Einige Hinweise, bevor Sie loslegen:

Ab Seite 19 finden Sie viele Tipps, wie man über Sex redet. Lesen Sie diese zuerst, falls Sie es noch nicht getan haben.

Überlegen Sie genau, was das Gespräch bringen soll. Endet es mit »Genau das sollten wir gleich an diesem Wochenende tun«, oder eher mit »So toll ich es finde, dass du mich außerhalb des Betts respektierst, aber ich hätte gern, dass du im Bett etwas dominanter bist«?

Dass Sie von etwas angetörnt werden, muss nicht heißen, dass es Ihrem Partner genauso geht. Es liegt auf der Hand – hoffe ich jedenfalls –, dass es nicht cool ist, den Partner mit Zwang oder Täuschung dazu zu bewegen, etwas zu tun, was er nicht wirklich will.

Seien Sie positiv und selbstbewusst, wenn Sie Ihre Vorschläge vorbringen, und seien Sie eher lässig als dramatisch. Sind Sie total nervös und ängstlich, fürchtet er, dass es sich um etwas Unnormales handeln muss.

Stellen Sie klar, was Sie wollen. Ist es eine einmalige Sache oder etwas, das immer zu Ihrem Sexualleben dazugehören soll? Die meisten Menschen schaffen es, ab und zu etwas »Unanständiges« zu tun, aber nur wenige wollen es jedes Mal tun. Der Trick: sich angewöhnen, interessante Sachen auszuprobieren, ohne dass sie für tollen Sex unverzichtbar werden.

Hier sind einige Vorschläge, was Sie ausprobieren könnten. Was dem einen pervers vorkommt, hält der andere für normal, also fange ich artig an und arbeite mich langsam hoch zu Sachen wie Dreier, swingen, gleichgeschlechtlichem Sex und Polyamorie. Gehen Sie so weit, wie es sich für Sie beide richtig anfühlt (aber verlassen Sie ein wenig Ihre jeweilige Komfortzone – das ist schließlich der Sinn der Sache).

Ein kleiner Kick

FANTASIEN

Ihre Vorstellungskraft ist der stärkste Antrieb für sexuelles Verlangen. Nutzen Sie diese, und Sie aktivieren das von Natur aus in Ihnen vorhandene Aphrodisiakum.

Fantasien halten den Sex spritzig, wenn Ihr Sexualleben (oder Ihr Partner) vorübergehend aus der Form geraten ist. Sie können dafür sorgen, dass Sex mit jemandem, mit dem wir Hunderte von Malen geschlafen haben, nicht nur ganz nett, sondern spannend scheint. Und besser noch: Fantasieren ist einer der schnellsten Wege zur sexuellen Erregung. Es ist eine Art von Vorspiel, auf die wir im Nu zugreifen können, überall und jederzeit, weil wir sie in unserem Geist stets bei uns haben.

Menschen haben enorme Schuldgefühle, wenn Sie über jemand anderen als den Partner fantasieren. Vergessen Sie's. Verliebt zu sein heißt doch nicht, dass man andere nicht attraktiv findet. Eine reiche Fantasie macht alle glücklich. Sie werden sich wundern, wie effektiv Fantasie sexuellen Drang befriedigen kann. Sehen Sie sie als eine Art Vibrator für den Geist.

Sollten sie sich wegen Ihrer Fantasien Gedanken machen? Nein. Das Schöne an Fantasien ist ja, dass Sie die Freiheit haben, von etwas erregt zu werden, ohne sich danach schuldig fühlen zu müssen. Kaum jemand hat romantische, »brave« Fantasien.

Sollten Sie Ihrem Partner davon erzählen? Ich glaube, das hängt stark davon ab, was für Persönlichkeiten Sie sind und warum Sie das erzählen wollen. Ich finde es absolut in Ordnung, wenn mein Mann über was auch immer fantasiert, habe aber keinerlei Interesse daran, zu hören oder herauszufinden, wer in seinen Fantasien mitspielt. Andere Paare sagen, der allerheißeste Sex sei, wenn einer dem anderen detailliert seine schweinischste, dreckigste Fantasie in allen Einzelheiten erzählt und sie diese dabei ausleben.

Sollten Sie sie ausleben? Wirklichkeit und Fantasie sind wie Tag und Nacht: völlig unterschiedlich. Bedenken Sie zunächst die Nebenwirkungen und negativen Konsequenzen und dann die Vorteile. So ist es eher wahrscheinlich, dass das Ganze ein positives, freudiges Erlebnis wird. Verharmlosen Sie aber die Tücken nicht. Im Allgemeinen besteht ein Risiko, wenn noch andere Menschen involviert sind. Sind nur Sie beide dabei, ist es weniger riskant, aber Ausnahmen bestätigen bekanntermaßen die Regel.

SEX IM FREIEN

Bringen Sie frischen Wind in Ihre Beziehung – im wahrsten Sinn des Wortes. Sex im Freien ist eine wunderbare Möglichkeit, aus stinknormalem Sex ohne viel Fantasie etwas schrecklich Riskantes zu machen. Wenn eine Hand an Ihrem Bein hinaufwandert, während Sie im Bett liegen, mag das angenehm sein. Aber das Gleiche in der Nähe anderer Menschen – das ist verwegen. Die Befürchtung, zufällig erwischt zu werden, verschafft einem herrliche Adrenalinstöße, und damit wird der zahmste Geschlechtsakt gefährlich und aufregend.

Aber Vorsicht, Sex im Freien ist in Deutschland zwar nicht grundsätzlich verboten, mit Strafen kann aber rechnen, wer sich dabei beobachten lässt (oder sehr geräuschvollen Sex hat) und damit öffentliches Ärgernis erregt. Seien Sie also vernünftig, verschaffen Sie sich einen Überblick über die Situation, behalten Sie möglichst viel Kleidung an und verstecken Sie sich: Picknickdecke, Sarong, ein strategisch platzierter Sonnenschirm oder eine (große) Badetasche, Zelt, Baum, Auto – sie alle können eine Vielzahl von Sünden verbergen.

Ziehen Sie sich passend an: Tragen Sie einen weiten Rock und nichts darunter, machen Sie ein Codewort aus für den Fall, dass jemand kommt (außer Ihnen beiden), und planen Sie Ihre Flucht sowie das, was Sie sagen, wenn Sie entdeckt werden. Lassen Sie die Aktion bleiben, wenn entdeckt zu werden für Sie sehr demütigend oder ein Albtraum wäre. Am riskantesten ist der komplette Geschlechtsakt. Ist Ihnen das zu gewagt, bleiben Sie beim anregenden

Vorspiel und vollenden den Akt zu Hause. Einige risikoärmere Orte sind: Ihr Garten, ein Balkon, ein Auto (mit verhängten Scheiben oder auf einem einsamen Parkplatz), eine Dachterrasse, ein Boot, ein Hotelbalkon, ein Swimmingpool, ein wenig genutztes Treppenhaus, öffentliche Toiletten mit abschließbaren Kabinen an wenig frequentierten Orten.

TEMPERATURSPIELE

In Großbritannien stehen 41 Prozent der Männer und Frauen auf Temperaturspiele. Das Prinzip bei diesen Spielen: Man spürt etwas intensiver, wenn es sich stark von etwas anderem unterscheidet.

Wer schon einmal aus der heißen Sauna in ein eiskaltes Tauchbecken gestiegen ist, hat die Effekte von Temperaturspielen erlebt (wenn auch nicht in sexuellem Sinn). Es gibt sie schon ewig (erinnern Sie sich an den Film aus den 80er-Jahren, *Neuneinhalb Wochen*, in dem Mickey Rourke mit einem Eiswürfel an Kim Basingers warmem Körper hinabfährt?), doch bei Frauen werden sie immer beliebter.

Warum? Weil ein Temperaturspiel erotisch, aber einfach ist – und Brustwarzen bevorzugte Ziele sind. Die steigenden Verkaufszahlen bei Sexspielzeug aus Glas – insbesondere Dildos – sind ein weiterer Grund. Glasspielzeug ist hübscher als andere Varianten und gefällt daher eher Frauen. Außerdem ist Glas das ideale Material zum Erhitzen oder Kühlen, bevor es an erogenen Zonen eingesetzt wird. Beim Temperaturspiel geht es auch um Macht: Eine Person bedient die andere, die meist eine Augenbinde trägt – so ist der Überraschungseffekt größer.

ELEKTROSTIMULATION

Würden Sie elektrischen Strom durch Ihren Körper fließen lassen, wenn sich das gut anfühlen oder Ihren Beckenboden straffen würde? Viele Frauen tun genau das, indem sie mit elektrischem Sexspielzeug experimentieren. Einer der führenden Verkäufer in den USA sagte, die Verkaufszahlen für elektrisches Sexspielzeug seien in der ersten Hälfte von 2017 um 100 Prozent gestiegen.

Beim Elektrosex werden Genitalien und erogene Zonen mit einer sicheren Menge elektrischer Energie stimuliert (der menschliche Körper besteht überwiegend aus Wasser, ist also ein guter Leiter). Das Spielzeug oder ein Leitpad wird irgendwo am Körper platziert (zum Beispiel an den Genitalien), sodass elektrische Energie durch die Nervenzellen fließen kann. Das macht extrem berührungsempfindlich und schafft Empfindungen, die von einem Kribbeln oder Kitzeln bis zu einem starken pulsierenden Gefühl reichen, das die Muskeln kontrahieren lässt.

Warum Sie das tun sollten? Weil es sich gut anfühlt, etwas Neues ist, das Sie mit Ihrem Partner ausprobieren können – und weil es auf wunderbare Weise mit geringstem Aufwand (und größtem Genuss, wenn man der wachsenden Zahl von Fans glauben kann) die Beckenbodenmuskulatur strafft.

GRAS RAUCHEN

Wenn Gras Ihr Ding ist, haben Sie vermutlich besseren Sex als wir anderen. Eine Studie aus dem Jahr 2018 ergab, dass Männer und Frauen, die täglich Marihuana konsumierten, in den vier Wochen vor der Befragung 20 Prozent mehr Sex hatten als jene, die sich der Droge enthielten. (Wie es um ihre Lungen bestellt ist, ist eine andere Sache.) »Die sexuelle Befriedigung wurde größer, der Orgasmus stärker, das Verlangen größer … und Schmerzen wurden gelindert«, sagt Dr. Becky K. Lynn, die diese Studie leitete. Lynn ist auf die Behandlung sexueller Beschwerden von Frauen, z. B. schwache Libido, Schmerzen beim Sex und Orgasmusprobleme, spezialisiert.

Von den 373 Frauen, die sie in ihrer Praxis befragte, konsumierten 127 Marihuana. (Ihnen kommt das viel vor? Das ist es auch. Missouri, wo die Studie durchgeführt wurde, legalisierte vor einiger Zeit den Konsum von Marihuana zu medizinischen Zwecken.) Von den 127 Frauen gaben 68,5 Prozent an, Sex sei viel angenehmer, 60,6 Prozent berichteten von verstärktem Sexualtrieb und 52,8 Prozent von mehr befriedigenden Orgasmen.

Wissenschaftler sind nicht sicher, warum es funktioniert, doch es ist bekannt, dass Marihuana Stress und Angstzustände lindern kann. Das Zeitgefühl wird verlangsamt. Das zwingt Sie, ganz im Moment aufzugehen, und verlängert den Genuss. Außerdem löst es sexuelle Hemmungen und schärft die Sinne, was dazu führt, dass der Sex stimulierender ist.

Darf's noch etwas mehr sein?

FESSEL- UND MACHTSPIELCHEN

Wenn wir die ersten Erfahrungen mit Sex machen, lassen sich viele von uns auch fesseln – und den meisten gefällt es. Je älter wir werden oder je länger wir in einer Beziehung sind, desto seltener tun wir es. Schließlich ist dafür etwas mehr Aufwand erforderlich als einfach nur das Licht auszumachen und die Missionarsstellung einzunehmen.

Doch für Bondage, Fesselspiele, lohnt sich ein wenig Mühe: Gefesselt zu sein ist so reizvoll, weil es die Spannung steigert. Man kann es nicht kontrollieren, wenn einen jemand berührt, neckt oder penetriert, und ist »gezwungen« nachzugeben (und vermeidet das Schuldgefühl, das sich einstellt, wenn man nur daliegt und nimmt). Wenn Sie in der Machtposition sind, bringt es einen enormen Kick, jemanden vollständig in seiner sexuellen Gewalt zu haben. Ernsthaft: Was könnte einem daran nicht gefallen?

Hier sind einige Tipps, falls Sie Interesse haben:

Wenn jemand nicht sicher ist, wie er sich mit Fesseln fühlt, halten Sie seine Handgelenke beim Sex über seinem Kopf zusammen oder fordern ihn auf, die Hände auf dem Rücken zu halten. Wenn er wirklich sehr ängstlich ist, fesseln Sie ihn mit Toilettenpapier; das verschafft das Gefühl, Geisel zu sein, ohne jegliche Bedrohung.

Verwendet man alltägliche Gegenstände – Socken, Schals oder Strümpfe –, wirkt die Sache weniger bedrohlich als beim Einsatz von echt aussehenden Handschellen. Wenn Ihnen das erste Mal gefällt, sollten Sie sich ein Soft Bondage Kit anschaffen. Meist werden die Manschetten mit Klettband geschlossen und lassen sich schnell wieder abnehmen. (Es gibt eins in meiner Produktlinie.)

Machen Sie keine Knoten, die sich zuziehen, wenn die Person sich bewegt, und stellen Sie sicher, dass die Fessel wirklich bequem ist. Schieben Sie dazu einen Finger zwischen die Fessel und sein Hand- oder Fußgelenk, bevor Sie den Knoten festziehen. Legen Sie eine Schere in Reichweite für den Fall, dass er (oder Sie) plötzlich Panik bekommt.

Was tut man, wenn er gefesselt ist? Alles – vor allem, ihn auf die Folter spannen: Für ihn strippen. Sich vor ihm befriedigen. Ihm einen Zungenkuss geben und den sofort wieder beenden. Ihn oral befriedigen und kurz vor seinem Orgasmus damit aufhören. Sich auf ihm niederlassen und nach ein paar Stößen wieder zurückziehen. Ihn mit Sexspielzeug bis kurz vor den Höhepunkt bringen.

Eine zusätzliche Augenbinde lässt sich aus so ziemlich allem herstellen.

Brustwarzenklammern sind etwas für Leute, die mögen, dass man beim Sex ihre Brustwarzen kneift.

SPANKING

Sind Sie ein *Fifty Shades of Grey*-Fan? Dann muss ich Ihnen dazu nichts sagen. Für alle anderen: Ein gut positionierter, gut getimter Klaps auf den Po fühlt sich gut an, weil es eine Verbindung zwischen Vergnügen und Schmerz gibt. Schmerz ist eine der stärksten Empfindungen, die man haben kann – und er nimmt auch nicht ab, wenn man sich daran gewöhnt.

Manche Menschen halten es für entwürdigend, den Partner zu schlagen. Das ist es definitiv, wenn man nicht darum gebeten hat und der andere aus heiterem Himmel zuschlägt. Aber zu wollen, dass er es tut, ist etwas völlig anderes. Der Reiz liegt darin, dass Sie dem Partner Macht über sich verleihen oder Sie die Macht innehaben. Die sexuelle Magie setzt ein, wenn Sie die Rollen tauschen: Die in der Beziehung dominantere Person wird unterwürfig und umgekehrt.

Wie fängt man an? Nun ...

Warten Sie, bis er erregt ist. Je größer seine Erregung ist, desto wahrscheinlicher lässt er sich auf einen Versuch ein und ist für erotische Schmerzen empfänglich.

Beginnen Sie an der Pobacke, die Ihnen am nächsten ist. Fahren Sie mit dem Finger sanft über sein Gesäß, kitzeln Sie es. Dann legen Sie eine Hand auf eine Pobacke und die andere auf seine Genitalien. (Sie können die Hand dort lassen oder sie immer mal wieder wegziehen, wenn Sie nicht so gut zwei Dinge gleichzeitig tun können oder es Sie ablenkt.)

Das Handgelenk locker lassen und die Hand etwas hohl machen. Die Finger aneinanderlegen und ihm in einer etwas aufwärts gerichteten Bewegung einen Klaps geben. Das fühlt sich besser an als eine abwärts gerichtete Bewegung.

Sanft beginnen. Der erste Klaps sollte eher eine Liebkosung als ein Schlag sein. Nachdem Sie ihn ausgeteilt haben, massieren Sie den Bereich einige Sekunden lang und streicheln seine Genitalien.

Timen Sie die Schläge so, dass sie nicht mehr als drei bis fünf Sekunden auseinanderliegen. Schlagen Sie auf beide Pobacken, zielen Sie dabei auf den unteren, fleischigeren Teil und erhöhen Sie die Heftigkeit. Variieren Sie Stärke, Häufigkeit und Ort der Schläge.

Halten Sie die Hand nach einem Klaps etwa eine Sekunde auf seiner Haut. Reiben, streicheln oder lecken Sie den Bereich eine weitere Sekunde, bevor Sie wieder zuschlagen.

Kühlen Sie die Haut nach einem Klaps mit einem Eiswürfel. Dann lecken oder reiben Sie seine Haut, damit er den Kontrast zwischen heiß und kalt erlebt.

Aufs Ganze gehen

Ich bin viel zu eifersüchtig, um mit meinem Mann so weit zu gehen, aber ich verstehe den Reiz der folgenden Aktivitäten. Wenn Sie Single sind und Ihnen eine oder alle der Ideen gefallen – was spricht dagegen, sie auszuprobieren? (Vorausgesetzt natürlich, Sie praktizieren geschützten Sex; mehr dazu ab Seite 265.) Wenn Sie in einer Beziehung sind, in der es mehr um Sex als um Liebe geht und Eifersucht kein Thema ist, warum nicht?

Doch wenn Sie in einer glücklichen, monogamen Beziehung sind und darüber nachdenken, andere warme (heiße) Körper in Ihr Bett einzuladen, dann sollte Ihnen bewusst sein, dass Sie damit Ihre Beziehung aufs Spiel setzen. Diese Aktivitäten erfordern, bevor Sie sie ausprobieren, das volle Einverständnis von Ihnen beiden. Wenn nur einer scharf darauf ist und der andere nicht, lassen Sie es! Sie müssen die Angelegenheit ausdiskutieren, darüber schlafen, wieder darüber reden und dürfen keinesfalls übereilte Entscheidungen treffen, wenn Sie beide einen Schwips haben.

SEXCLUBS

Killing Kittens, Eureka Club, The Skirt Club – in meiner Heimatstadt London und auch in den meisten anderen Großstädten gibt es Sexclubs für jeden Geschmack. Raten Sie mal, wer besonders häufig dort hingeht? Richtig – Frauen.

Menschen blicken mehr und mehr über das traditionelle monogame Beziehungsmodell hinaus. Mit Ihrem Partner eine Sexparty oder einen Sexclub zu besuchen ist ein (relativ) sicherer erster Schritt, um herauszufinden, wie Sie reagieren, wenn Sie einander mit anderen beobachten. Es ist auch ein sicherer Ort, aus bisexueller Neugier eine Begegnung mit einer Frau zu genießen (sofern Ihnen der Sinn danach steht).

Dreier, Sexpartys und andere Arten von Gruppensex gab es schon immer. Allerdings standen Sie nicht jedem offen, geschweige denn Herrn und Frau Mustermann (übrigens auch nicht Frau und Frau Mustermann). Das Internet hat das alles geändert. Geben Sie »Sexclub« und Ihren Wohnort ein, und wenn Sie in der Nähe einer Großstadt leben, stehen die Chancen gut, dass Sie fündig werden. Von Spitzenklasse mit strengen Aufnahmekriterien bis zu sympathischen, lässigen Treffen ist alles dabei. Die meisten haben ein Thema. Überlegen Sie erst, was Ihnen gefallen könnte, und dann sehen Sie weiter. In vielen Clubs darf man herumschlendern und zuschauen, statt selbst mitzumachen, erkundigen Sie sich aber bitte im Voraus.

FRAUEN MIT FRAUEN

Der Sozialpsychologe Dr. Justin Lehmiller interviewte für sein Buch *Tell Me What You Want* 4175 Personen. Das ist die bisher größte Umfrage zu sexuellen Fantasien in den USA.

Lehmiller fand heraus, dass heterosexuelle Frauen für eine Partnerin oder einen gleichgeschlechtlichen Dreier offener sind. »Das war das erste der vielen Ergebnisse meiner Studie, das darauf hinwies, dass Frauen bezüglich des Geschlechts ihrer Partner erotisch flexibler sind als Männer«, schrieb er. 95 Prozent der Frauen, die sich als ausschließlich heterosexuell bezeichneten, berichteten von Fantasien über Sex mit Frauen.

Einer US-Studie mit 24.000 Studenten zufolge hatte eine von vier Frauen schon sexuellen Kontakt mit anderen Frauen, bezeichnet sich aber nicht als lesbisch oder bisexuell. Es wird immer selbstverständlicher – zur Freude der meisten Männer.

Falls Sie Ihrem Partner sagen würden, dass Sie einmal eine gleichgeschlechtliche Erfahrung haben möchten, würde er sofort annehmen, dass er zusehen darf, und während Sie ihm eine tolle Show bieten, glaubt er, dass er Sie beide zum Schluss »richtig befriedigen« soll. Träumt weiter, Jungs. In Wahrheit wird er, wenn er zuschauen darf, von den beiden Frauen während des Akts vergessen – denn die haben oft besseren Sex miteinander als jemals mit einem Mann.

Eine andere Möglichkeit, eine Fantasie über gleichgeschlechtlichen Sex auszuleben, ist der gemeinsame Weg in einen Sexclub, der sich an Frauen richtet, oder in einen Strip- oder Lapdance-Club.

EIN DREIER

Für eine Studie befragten die US-amerikanische Sexualberaterin Debby Herbenick und ihre Kollegen eine für die Staaten repräsentative Gruppe von mehr als 2000 amerikanischen Erwachsenen über 18 Jahren, um Verbreitung und Bevorzugung unterschiedlicher Sexualpraktiken herauszufinden. Ergebnis: Eine von zehn Frauen und einer von fünf Männern hatten einen Dreier.

Ich wiederhole: Wenn Sie Single sind, nicht der eifersüchtige Typ oder in einer Beziehung mit jemandem, den Sie mögen, aber nicht lieben, kann ein Dreier ein äußerst erotisches Erlebnis sein. Für eine Menge verliebter Paare kann er sich jedoch als die schlechteste Idee aller Zeiten erweisen.

Es liegt auf der Hand, dass Partner, die einander lieben, ein ungutes Gefühl haben, wenn sie ihre Partner mit jemand anderem sehen. Auch wenn Sie es sich bereits häufig und detailliert vorgestellt haben – welche Gefühle aufkommen, wenn man zusieht, wie der Partner von jemandem geküsst/angefasst/geknutscht/geleckt/penetriert wird, ist etwas, auf das man sich kaum vorbereiten kann.

Fantasie und Wirklichkeit passen oft nicht zusammen. Im Kopf läuft alles sehr viel glatter als im Schlafzimmer. Die meisten von uns sehen sich in der nehmenden Rolle, wenn wir uns einen Dreier vorstellen, und sind ein bisschen pikiert, wenn wir feststellen müssen, dass das nicht unbedingt der Fall sein muss. Männer fühlen sich bei einem Dreier mit zwei Frauen oft so sehr unter Druck, dass sie keine Erektion bekommen. Sein sexuelles Selbstvertrauen liegt in Scherben (was zum Teufel erzählt er seinen Kumpels?), und die Folgen können schlimm sein.

Männer sind häufig schlechter dran. Lesbierinnen gelten konstant als die Gruppe, die mit ihrem Sexualleben am zufriedensten ist. Zuzusehen, wie die Ehefrau mit einer Frau mehr – und intensivere – Orgasmen hat, als jemals mit ihm, ist für einen Mann ein weiterer Nagel im Sarg des sexuellen Selbstvertrauens.

Eifersucht ist ohnehin ein enormes Problem – Sie sind zu dritt im Bett, nicht zu zweit oder zu viert, also wird sich eine Person ausgeschlossen fühlen; vergessen Sie das nicht. Mag er oder sie die neue Person lieber als Sie? Hat er oder sie mit ihr oder ihm mehr Spaß als mit Ihnen? Ist dieser Mensch besser im Bett?

Paare, die eine gute Vereinbarung treffen konnten, sagen, dem Partner beim Sex mit jemand anderem zuzusehen, hätte sie sexuell erregt. Mit einem begehrenswerten Partner zusammen zu sein mache, dass sie sich begehrenswerter fühlen, und außerdem sei es lehrreich, die Sextechniken anderer Leute zu beobachten. »Wir wollten mit anderen Leuten schlafen, und das voreinander zu tun, schien uns ehrlicher«, sagte eine Frau.

Wie kommt man daran? Es gibt Apps, mit denen Paare und Singles »aufgeschlossene Leute« finden können. Ein Sexclub ist natürlich die nächstliegende Option. Oder Sie als Paar engagieren eine Sexarbeiterin. Swingerclubs gibt es überall, sie sind eine weitere Alternative. Die schlechteste Idee für einen ersten Dreier: sich betrinken und es dann mit Freunden treiben. Jedenfalls wenn Ihnen die Freundschaft am Herzen liegt.

Auf sichere Weise können Sie sich Genuss ohne Reue holen, wenn Sie stattdessen mit Vibratoren, Dildos und einer Augenbinde Rollenspiele machen oder gemeinsam Pornos zum Thema ansehen.

SWINGEN

Wo wir gerade dabei sind, uns von sexuellen Stereotypen zu verabschieden: Das Klischee, dass der Mann die Frau zum Swingen zwingt, kann in die Tonne. Lehmiller fand im Rahmen seiner Studie über sexuelle Fantasien heraus, dass 79 Prozent der Männer und 62 Prozent der Frauen von einer offenen Beziehung geträumt haben, in der die Partner sich auf ein Regelwerk einigen, das einem oder beiden gestattet, Sex mit anderen zu haben. 66 Prozent der Männer und 45 Prozent der Frauen konnten sich Swingen vorstellen.

Swingen ist nichts Neues; es ist in der Welt, seit es die Ehe gibt. Schenkt man Gerüchten Glauben, brauchte man in den sexverrückten 70er-Jahren nur alle Nachbarn einzuladen, starke Drinks und Käseigel zu servieren, und schon begann ein lustiger Partnertausch, noch ehe der erste Joint ausgedrückt wurde. Noch einfacher: Man stellte einen Topf Pampasgras vor die Eingangstür (in den 70ern das »geheime« Zeichen dafür, dass die Nachbarn swingen.)

Wenn Sie allerdings heutzutage nach dem zweiten Glas Rotwein die Nachbarin begrapschen, beschert Ihnen das Handschellen – und sicher nicht die, die Sie sich erträumt haben. Deshalb treffen sich fast alle Swinger nun in Clubs oder über Websites.

Es erstaunt Sie sicher nicht, dass ich hier eine deutliche Warnung anbringe: Um mit Swingen klarzukommen, brauchen Sie eine ganz spezielle Persönlichkeitsstruktur. Für die meisten Menschen bedeutet Swingen Eifersucht und möglicherweise das Ende der Beziehung.

Andererseits swingen mindestens eine Million Menschen allein in Großbritannien, von denen viele angeben, es hätte ihre Beziehung eher gestärkt als ruiniert.

Wie ich bereits sagte: Nicht nur Männer mögen swingen. Männer schlagen es vielleicht eher vor, aber es ist nicht ungewöhnlich, wenn Frauen es mehr genießen als ihre Männer, wenn sie erst einmal dabei sind. Allerdings ...

Lassen Sie sich nicht zum Swingen zwingen. Wenn es nicht Ihr Ding ist, ist es nicht Ihr Ding. Besteht Ihr Partner darauf, dass Sie es tun, obwohl Sie es nicht wollen, sollten Sie über Ihre Beziehung ernsthaft nachdenken. Es ist Teamsache, kein Solo. Sie beide müssen mit der Vorstellung und mit der Wirklichkeit glücklich sein.

Legen Sie fest, was erlaubt ist und was nicht. Werden Sie voreinander swingen oder auf derselben Party, aber privat (im selben Raum oder in getrennten Räumen)? Werden Sie beide mit anderen Leuten kompletten Sex haben, oder belassen Sie es beim Vorspiel? Sind gleichgeschlechtliche Begegnungen gestattet? Wie sieht es mit Gruppensex aus?

Einige Clubs lassen zu, dass man zuschaut, aber nicht mitmacht. Wenn Sie es noch nie zuvor gemacht haben und es diese Option gibt, rate ich sehr dazu. Allein sich in der Umgebung aufzuhalten, ist für viele Paare schon Kitzel genug, und wer nur beobachtet, geht den meisten Stolpersteinen aus dem Weg.

Wenn Sie es ausprobieren und Gefallen daran haben, bewegen Sie sich vielleicht in eine offene Beziehung, in der Sie einander die Erlaubnis geben, andere Beziehungen oder unverbindlichen Sex zu haben. Oder Sie entscheiden, dass Sie Ihren Spaß gehabt haben und nun wieder monogam leben möchten.

OFFENE EHE ODER POLYAMORIE

Während die meisten von uns zugeben, dass Monogamie nicht perfekt ist, sich aber trotzdem daran halten, entscheiden einige Paare, ihre Beziehung zu öffnen und die Außenwelt zu erkunden. Polyamorie ist romantische Liebe zu mehr als einer Person. Das könnte heißen, dass einer von Ihnen oder Sie beide mehrere Kurz- oder Langzeitbeziehungen mit anderen Menschen und auch miteinander haben, und das mit gegenseitigem Wissen und vollstem Einverständnis.

Offene Ehe – das kann vieles bedeuten. Doch üblicherweise versteht man darunter, dass Sie einander gestatten, innerhalb der von Ihnen aufgestellten Regeln Sex mit anderen zu haben. Wenn Ihr Partner Ihre sexuellen Bedürfnisse nicht erfüllen kann – weil er körperlich nicht dazu in der Lage ist oder aus einem anderen Grund keinen Sex mehr will – und sich für Sie freut, dass Sie woanders Befriedigung finden, ist dies eine Lösung.

KAPITEL 7

WIE MAN OHNE ERKTION (HEISSEN) SEX HABEN KANN

In den vorangegangenen Kapiteln habe ich Ihnen einige Einblicke in die Vorgänge in Gehirn und Körper von Frauen verschafft. Aber was passiert bei ihm? Während Sie mit Hitzewallungen und Trockenheit kämpfen und überlegen, ob Sie eine Peitsche kaufen sollten oder nicht, versucht er, mit schwächelnden Erektionen klarzukommen. Und hier liegt der große Unterschied zwischen den Geschlechtern.

Die meisten Frauen stellen sich stoisch den zahllosen Veränderungen, die ihr Körper durchmacht, und machen einfach weiter. In unseren Augen ist das Gegenstück zum Mann, der Probleme mit Erektionen hat, die Frau, die nicht »feucht« wird. Als wir jung waren, war unser Feucht- und sein Steifsein Maßstab dafür, wie erregt wir waren. Ab 50 setzen die meisten Frauen beides nicht mehr gleich, weil sie wissen, dass sie sexuell erregt und trotzdem nicht feucht sein können. Das ist eben so, wenn man älter wird. Keine große Sache, zum Lösen dieses Problems braucht man nur ein bisschen Gleitmittel.

Männer denken nicht so. Und das ist vorsichtig ausgedrückt. Wenn der Penis eines Mannes nicht steif wird, ist das nicht bloß eine Alterserscheinung, sondern eine psychische Katastrophe, sagt der in New York ansässige Sexualtherapeut Stephen Snyder. Daran kann man zerbrechen.

Hier ist eine Handvoll Wörter, mit denen Männer beschreiben, wie sie sich fühlen, wenn sie »keinen mehr hochkriegen«. *Gebrochen. Gedemütigt. Beschämt. Paranoid. Isoliert. Depressiv. Nicht mehr männlich. Selbstmordgefährdet.* Jeden Monat wenden sich mehr als 50.000 Männer an *Frank Talk,* eine anonyme Online Community, die Unterstützung bei erektiler Dysfunktion (ED) anbietet. Sie wollen darüber reden, wie niederschmetternd es ist, ein »Schlappschwanz« zu sein (also mit halb erigiertem Penis eine Penetration zu versuchen).

Viele ältere Männer hätten lieber keinen Sex, als sich mit den desaströsen Auswirkungen des Alterns auf ihren Penis auseinanderzusetzen.

»Eine Erektion kann für manche Männer das einzig Wahre sein«, sagt die britische Sexualtherapeutin Victoria Lehmann, die jahrzehntelang Erfahrung in der Behandlung von Männern mit erektiler Dysfunktion gesammelt hat. »Es braucht unglaublich viel Überzeugungsarbeit, bis ein Mann bereit ist, Sex in irgendeiner Form zu praktizieren – oral, Handjobs, Küsse, was auch immer –, wenn er keine Erektion mehr haben kann. Für Männer bedeutet Sex, den Penis irgendwo hineinzustecken. Aber es ist nun mal so: Erektionen werden mit zunehmendem Alter unberechenbar. Kommt er damit nicht klar, war es das mit dem Sex. Und sie beide befriedigen sich beim Porno-Gucken selbst oder haben gar keinen Sex mehr.«

Warum sind Erektionen dermaßen wichtig?

Wenn ich Männer zum Thema Sex interviewe, scherzen wir oft über das eine oder andere. Aber ich habe – schnell – gelernt, dass man keine Witze über einen Penis machen darf, der seinem Besitzer den Gehorsam verweigert.

Für dieses Buch habe ich mit vielen Männern Gespräche über Sex und Altern geführt; kein einziger Mann unter 65 hatte sich zumindest einigermaßen damit abgefunden, dass seine Erektionen nicht mehr so waren »wie damals«. Alle wehrten sich gegen die Vorstellung, Sex könne auch ohne Erektion gut sein. »Sex ohne Erektion würde mir keinen Spaß machen. Ganz einfach«, sagt James, ein 53-jähriger Freund von mir, der wegen unzuverlässiger Erektionen begonnen hatte, Viagra zu nehmen.

»Aber für Spaß im Bett braucht es doch keinen erigierten Penis«, entgegne ich und strapaziere damit einen Satz, den ich in meinem Berufsleben wohl schon 5000 Mal benutzt habe.

»So sieht das eine Frau«, sagt er. »Beispielsweise braucht sie keinen Mann mit Erektion, um Oralsex zu genießen. Aber ein Mann muss eine Erektion haben, um erregt zu sein, wenn er sie oral befriedigt. Selbst wenn man weiß, dass der Sex ohne Verkehr stattfinden wird, ist eine Erektion notwendig. Das ist kein Macho-Denken, das ist was Körperliches. Das Blut muss in den Penis pumpen, damit ein Mann überhaupt Verlangen spüren kann.«

Was bedeutet, dass eine Menge Männer über 50 in der Klemme sitzen, denn starke, zuverlässige Erektionen werden mit zunehmendem Alter immer unwahrscheinlicher. »Ohne Erektion geht noch eine ganze Menge«, so Snyder in seinem Buch *Love Worth Making: How to Have Ridiculously Great Sex in a Long-Lasting Relationship*. »Aber die meisten Männer sehen das anders.«

Selbst wenn sie eine Erektion hinbekommen, vergällt die Angst davor, sie zu verlieren, vielen Männern den Sex. Snyder schreibt: »Mit jemandem zu schlafen und dabei zu fürchten, dass man nicht steif bleibt, ist in etwa so wie im

Kino zu sitzen und zu fürchten, dass der Projektor seinen Geist aufgibt. Den Film wird man dann nicht wirklich genießen, und nach einer Weile mag man nicht mehr in dasselbe Kino gehen. Potenzprobleme sind wohl der häufigste Grund dafür, dass Männer Sex meiden. Eine Erektion ist keine Garantie dafür, dass er erfüllenden Sex hat. Aber wenn er keine bekommt, ist es recht unwahrscheinlich, dass er die Erfahrung in positiver Erinnerung behält.«

Wenn mit 50 plus noch Sex stattfinden soll – und im besten Fall guter – dann muss man unbedingt verstehen, wie verzweifelt Männer sind, wenn ihr Penis nicht mehr so funktioniert wie früher. Lassen Sie das mal kurz auf sich wirken: Männer. Haben. Angst. Vor. Einem. Penis. Der. Nicht. Funktioniert.

Warum fürchten sich Männer vor Sex?

Männerangst ist auf dem Vormarsch, und ja, sie hat mit Pornografie zu tun und mit den Botschaften, die sie Männern sendet. Im Porno bekommen Männer sofort eine Erektion, wenn sie nur etwas ansehen, das sexy ist, und haben Penisse, die so dick und hart sind wie ihr Handgelenk. Doch »es ist der vereinte Schlag von Porno und Viagra, der so überzeugend ist – und so gefährlich«, schreibt der US-amerikanische Sexualtherapeut Ian Kerner in seinem Buch *He Comes Next* (dt. *Mehr Lust für ihn: Was Männer beim Sex verrückt macht*).

Kerner glaubt, Männerangst sei auf dem Vormarsch, weil die Pharmaindustrie Männer – junge ebenso wie alte – mit Potenzmitteln (wie Viagra) anspricht und sie mit Marketing-Aussagen bombardiert, die eine »penisfokussierte, auf Geschlechtsverkehr basierende Vorstellung von Sex« bestärken, »die Versagensangst und Spectatoring ausnutzt«. *Spectatoring* nennt man es, wenn eine Person sich selbst beim Sex beobachtet, statt sich dem Moment hinzugeben. Nach Ansicht einiger Therapeuten ist es der Hauptgrund für die meisten sexuellen Funktionsstörungen.

Bevor es Mittel wie Viagra gegeben hat, so Kerner, setzten Paare im Fall von erektiler Dysfunktion auf vertrauensbildende Maßnahmen, erotische Kreativität und Kommunikation. »Männer waren deutlich eher bereit, Potenzstörungen ganzheitlich anzugehen. Jetzt löst eine kleine blaue Pille das Problem. Aber sie tut es auf rein physiologische Art. Vorher wurden Männer ermutigt, über ihren Penis hinauszudenken und Beischlaf mit mehr als nur dem Penis zu vollziehen.

Die Ironie daran ist, dass diese das Begehren stärkenden Aktivitäten zwar nicht immer zu verlässlichen Erektionen führten, aber häufig größeres Vertrauen, stabilere Beziehungen, gesteigertes Verlangen und, ja, mehr weibliche Orgasmen zur Folge hatten.«

Viagra ist vielleicht nicht der »Lebensretter«, für den Männer ihn halten

Viele Leute, die sich mit Sexualität auskennen, glauben, die Einnahme von Viagra oder anderen sogenannten PDE-5-Hemmern führe zu schlechten Angewohnheiten und schlechtem Sex. Zum einen sind harte Erektionen nicht unbedingt das, was Frauen sich wünschen. »Die Pharmafirmen richten sich nur an die Männer und befragen nicht die 30 Millionen Frauen, die diese Erektionen aushalten müssen«, so Kerner.

In gewisser Weise arbeiten wir gegen die Natur, wenn wir PDE-5-Hemmer einsetzen. Wenn die Vaginalschleimhaut der Frau dünner und die Frau selbst empfindlicher wird, wird seine Erektion weicher. Das passt gut zusammen. Was oft nicht zusammenpasst, sind eine stahlharte Erektion und eine ältere Scheide. Er hat auf einmal die Erektion eines jungen Mannes und ist verständlicherweise überglücklich. Seine Frau ist es nicht unbedingt; weil es wehtun wird. Manche Männer sind dermaßen entschlossen, ihre neuen jugendlichen Erektionen anzuwenden, dass sie, wenn ihre Frau den Geschlechtsverkehr verweigert, fremdgehen.

Victoria Lehmann hält Viagra für nützlich. »Es kann einfacher sein, einen steifen Penis einzuschieben als einen weichen hineinzustopfen«, sagt sie pragmatisch. »Aber es muss darüber geredet werden, man muss Gleitmittel verwenden und die Scheide testen: Massieren Sie sie erst innen, damit sie wirklich bereit ist.«

Snyders Haltung gegenüber Viagra und anderen PDE-5-Hemmern ist, dass es »ein Segen« sein kann, wenn der Mann sie nimmt. »Sie wirken nicht immer – besonders wenn seine Potenzstörung fortgeschrittener oder die emotionalen Probleme gravierender sind.« Doch vielen Paaren erleichtere das Medikament, die Erotik in Gang zu bringen. »In der Zukunft haben wir uns vielleicht so weiterentwickelt, dass Männer mittleren Alters den Geschlechtsakt genießen können, ohne sich um ihre Erektionen Sorgen zu machen. Aber das kann dauern.«

Und da ist noch etwas. Viele Männer sind überzeugt, dass eine Erektion das Verlangen nach der Partnerin »beweist« und es eine Beleidigung ist, wenn sie keine haben. Ihre Beziehung steht auf dem Spiel, und ihr Sexualleben auch. Die armen Kerle! Ist es da ein Wunder, dass ein halb oder gar nicht erigierter Penis ihnen einen Mordsschrecken versetzt?

Ist ein erigierter Penis ein »Beweis« für Begehren?

Ich habe Frauen gefragt, ob sie beleidigt waren, wenn ihr Partner keine Erektion bekommen hat. Sie sagten:

»Ich habe es nie persönlich genommen.«

»Er ist fast 60, da bekommt ein Mann natürlich Probleme. Mit mir hat das nichts zu tun.«

»Vielleicht ein bisschen enttäuscht, aber niemals beleidigt.«

»Ich bin überglücklich. Denn mittlerweile ziehe ich Sex ohne Geschlechtsverkehr vor – danach ist man nämlich nicht wund und bekommt auch keine Blasenentzündung.«

»Ich bin mir meiner selbst ganz sicher. Ich sehe keine Beziehung zwischen meiner Attraktivität und seinen Potenzstörungen.«

Jüngere Frauen fragen sich vielleicht, wie sexy sie sind, wenn sein Penis nicht gleich ungeduldig an seinen Bauch klopft, sobald sie sich ausziehen. Doch die meisten älteren Frauen sind so realistisch und vernünftig, dass sie sich keine Sorgen machen.

Ich spreche noch einmal mit James. Ich berichte von den Reaktionen der Frauen auf die Frage, ob keine Erektion bedeutet, dass sie nicht begehrt würden.

Er runzelt die Stirn und sieht erstaunt aus – und wenig überzeugt. »Wenn deine Frau den Geschlechtsverkehr nicht mehr verträgt und ihn deshalb für immer ausschließt, wäre eine Erektion dann noch wichtig?«, frage ich. Jetzt hab ich dich!

»Es geht nicht darum, dass man ihn einführt«, sagt er in ärgerlichem Du-verstehst-auch-gar-nichts-Tonfall. »Die Erektion ist für die Frau ein körperlicher Beweis des Verlangens. Sie fühlt sich dadurch begehrt, und es ist wirklich wichtig für sie zu wissen, dass der Mann sie sexuell anziehend findet.«

In einem hat er recht: Frauen brauchen das Gefühl, begehrt zu werden. Was er nicht versteht: Wir brauchen keinen erigierten Penis als Beweis dafür, dass er uns toll findet. Begehren erkennen wir an seiner Mimik, der Art, wie er uns ansieht, berührt und leckt.

Schwule Männer, Lesben und andere LGBTQIA-Menschen scheinen nicht so fixiert auf eine vollständige Erektion zu sein wie heterosexuelle Menschen. »Für die meisten Hetero-Paare ist Geschlechtsverkehr die einzige ›erwachsene‹ Art, Sex zu haben, und wenn er aus irgendeinem Grund nicht klappt, fühlen Sie sich als Versager«, so Snyder. Für Menschen mit anderen sexuellen Orientierungen scheint Penetration eher eine Nebenrolle zu spielen. Vernünftig, wenn Sie mich fragen.

WAS POTENZSTÖRUNGEN VERURSACHT

So wundersam und beeindruckend sie auch ist – eine Erektion ist schlicht ein blutgefüllter Penis. Zu einer Erektion kommt es, wenn Blut in die beiden Kammern im Inneren des Penis fließt und ihn steif werden lässt. Hat ein Mann Potenzstörungen, liegt es häufig an Problemen mit der Durchblutung.

Zum großen Bedauern der Männer gibt es ziemlich viele Dinge, die Einfluss darauf haben: Gesundheitliche Probleme wie Diabetes, Herzerkrankungen und Bluthochdruck, aber auch Adipositas sind die Auslöser. Niedrige Testosteronwerte beeinträchtigen Libido und Erektion. Wenn Ihr Mann ungesund lebt – raucht, zu viel trinkt, sich wenig bewegt, zu viele gesättigte Fettsäuren isst und nicht genug schläft –, habe ich keinerlei Zweifel, dass er mit 50 plus Potenzstörungen hat.

Gesellen sich Ängste und Stress hinzu, wird alles noch schlimmer. Wenn er gestresst ist, Sie Beziehungsprobleme haben, er Ärger am Arbeitsplatz hat, erschöpft, deprimiert oder traumatisiert ist, wirkt sich das auf seinen Penis aus. Jede Art von Angst löst die Kampf-oder-Flucht-Reaktion aus, die das Blut vom Penis weg (nie gut) und hin zu den Gliedmaßen schickt, um Selbstverteidigung oder Flucht zu ermöglichen.

Gelegentlich werden Potenzstörungen dadurch verursacht, dass der Penis das Blut während einer Erektion nicht halten kann. Das kann Männer jeden Alters betreffen. Gewisse Erkrankungen, Verletzungen oder Operationen im Beckenbereich können zum Penis verlaufende Nerven schädigen, und einige Krebsbehandlungen in Beckennähe können seine Funktion beeinträchtigen: Prostata-, Dickdarm- oder Blasenkrebs beschert Männern häufig eine erektile Dysfunktion. Die Peyronie-Krankheit – die zu Penisverkrümmung führt – kann ebenfalls Folgen haben. Auch die benigne Prostatahyperplasie, eine gutartige Vergrößerung der Vorsteherdrüse, kann Probleme beim Harnlassen und Potenzstörungen verursachen.

Weil Potenzstörungen auch Symptome anderer, schwerwiegenderer Erkrankungen sein können, ist es extrem wichtig, dass jeder Mann, der eine Veränderung bemerkt, einen Arzt aufsucht.

Der Unterschied zwischen Potenzstörungen und erektiler Dysfunktion

Man schätzt, dass mehr als die Hälfte aller Männer zwischen 50 und 70 mit ihrer Erektion unzufrieden sind. Bei den meisten Veränderungen der Erektion von Männern mittleren Alters handelt es sich jedoch nicht um erektile Dysfunktion (ED), sondern um Potenzstörungen. Das heißt, er braucht länger bis zur Erektion, diese ist weniger fest und zuverlässig, und er benötigt manuelle oder orale Stimulation, um steif zu werden. Das ist keine Dysfunktion, das ist eine normale und unvermeidliche Konsequenz des Älterwerdens.

Eine bessere Definition für »echte« ED: Er kann auch bei längerer Masturbation, ohne Einfluss von Alkohol oder anderen erektionshemmenden Mitteln (Partydrogen und verschreibungspflichtige Medikamente wie Antidepressiva oder Opiate, die maßgeblich zu einer ED beitragen können), keine Erektion bekommen. Ein Mann, der es bei über 50 Prozent der Versuche nicht schafft, eine Erektion zu bekommen, erhielte wahrscheinlich die Diagnose ED. Um es einfacher zu machen, werde ich Potenzstörung und erektile Dysfunktion als ED bezeichnen, doch es kann für Männer beruhigend sein, den Unterschied zu kennen.

Ein großes Problem bei ED ist, dass Männer aller Altersgruppen sie buchstäblich herbeidenken. Es passiert einmal, beim nächsten Mal befürchten sie es, also geschieht es wieder. Es dauert nicht lange, und ein paar »gescheiterte« Versuche beim Geschlechtsverkehr haben zu ständiger ED geführt. Je mehr er sich darüber Sorgen macht, desto größer ist die Wahrscheinlichkeit, dass es wieder passiert.

Wie erkennt man, ob die Ursache körperlich oder seelisch ist? Eine einfache Methode: feststellen, ob er im Schlaf, wenn er nicht von Ängsten geplagt wird, eine Erektion bekommt. Früher hat man, um dies herauszufinden, vor dem Zubettgehen einen Ring aus Briefmarken um die Peniswurzel gelegt und nach dem Aufwachen nachgesehen, ob der Ring kaputt war. War er das, hatte es im Schlaf eine Erektion gegeben und das Problem war nicht körperlicher Natur. Ich muss kaum erwähnen, dass diese Methode Schwachstellen hatte (die Briefmarken fielen ab oder er vergaß sie, als er pinkeln ging, ...). Außerdem: Wer hat heutzutage noch eine Menge Briefmarken im Haus?

Eine einfachere Methode, es herauszufinden: Stellen Sie fest, ob er mit einer Morgenerektion aufwacht oder eine bekommt, wenn er sich selbst befriedigt. Kann er das, ist der Grund wahrscheinlich kein körperlicher. Wenn nicht, dann vermutlich doch. (Seien Sie nicht beleidigt, wenn Sie herausfinden, dass er steif werden kann, wenn Sie nicht dabei sind. Das heißt einfach nur, dass er dann weniger Angst hat.)

Je mehr Hinweise Sie darauf haben, was die Potenzstörung verursacht, desto besser. Es hilft bei der Überlegung, wie Sie das Problem – falls Sie es als solches ansehen – lösen können. Tatsache ist: Er braucht keine Erektion, um einen Orgasmus zu bekommen. Erektion und Orgasmus werden von verschiedenen Nerven gesteuert. Halbfeste oder schlaffe Penisse können genauso heftige Orgasmen produzieren wie ein unerschütterlicher Ständer.

WIE MAN MIT IHM ÜBER POTENZSTÖRUNGEN SPRICHT

Es kann schrecklich sein, über Probleme beim Sex zu reden. Die gute Nachricht: Sobald man die ersten peinlichen Minuten hinter sich hat, finden es die meisten Paare einfacher, als sie gedacht hatten – und sind unglaublich erleichtert, dass es endlich raus ist.

Wählen Sie einen Zeitpunkt, zu dem es zwischen Ihnen gut läuft, und einen Ort, an dem Sie in aller Ruhe reden können. Das kann bei einem Drink am Ende des Tages sein oder beim gemeinsamen Kochen am Abend. Sorgen Sie soweit möglich dafür, dass Sie nicht gestört werden. Bringen Sie das Thema zur Sprache, indem Sie schlicht sagen: »Ist dir aufgefallen, dass wir nicht mehr so oft miteinander schlafen? Ich vermisse das. Was glaubst du, woran könnte das liegen? Sollen wir mal darüber reden?«

Sehen Sie es aus seiner Sicht. Wenn er nicht gut darin ist, Gefühle auszudrücken, war Sex wahrscheinlich seine Art, Ihnen seine Liebe zu zeigen. Wenn Sie keinen haben, fürchtet er die Konsequenzen. Er könnte Angst haben, dass Sie aufhören, ihn zu lieben, Sex woanders finden oder ihn hinter seinem Rücken auslachen. Je größer seine Furcht, desto größer wird das Problem. Er könnte Sex mit Ihnen meiden und sich stattdessen selbst befriedigen. Das heißt nicht, dass er Sie nicht begehrt oder liebt, er schämt sich nur sehr und will nicht, dass Sie sehen, was mit ihm los ist.

Schreiben Sie auf, was Sie sagen wollen, damit Sie die richtigen Worte finden. Verwenden Sie dabei »ich«, nicht »du«. (Beispielsweise »Ich befürchte, du möchtest keinen Sex, weil du mich nicht mehr attraktiv findest«, statt »Wenn du keinen Sex willst, fühle ich mich, als sei ich nicht attraktiv«.) Sprechen Sie das laut aus. Wie würden Sie reagieren, wenn Sie das zu hören bekämen? Ist es einfühlsam und taktvoll formuliert?

Sagen Sie ihm, dass Sie ihn lieben, den Sex mit ihm vermissen und gern darüber reden möchten, warum Sie beide ihn nicht mehr haben. Er reagiert vielleicht verärgert oder defensiv, bleibt aber ruhig. Sagen Sie ihm, dass Sie nicht mehr jederzeit automatisch Lust auf Sex haben, fragen Sie, ob es ihm genauso geht. Sagen Sie ihm, Sie hätten gelesen, die Hälfte der Männer über 40 bekämen irgendwann Potenzstörungen. Fragen Sie ihn dann, ob das auch auf ihn zutrifft und er deshalb Sex vermeidet.

Sagen Sie ihm immer wieder, dass es jedem passiert, dass es normal ist und das Problem sich lösen lässt. Um Druck herauszunehmen, lassen Sie ihn wissen, dass er keine Erektion haben muss, damit Sie Spaß am Sex haben. Reden Sie ihm aber zu, zum Arzt zu gehen, weil gesundheitliche Probleme dahinterstecken können. Bieten Sie an, ihn zu begleiten.

Konzentrieren Sie sich auf die Lösung, nicht auf das Problem. Lesen Sie dieses Kapitel gemeinsam und reden Sie darüber.

Wenn er nicht darüber reden will, lassen Sie das Thema fallen und sagen: »Ich bin da, wenn du später mit mir reden möchtest.« Versuchen Sie es in ein paar Tagen noch einmal. Ermutigen Sie ihn, sich zu öffnen, auch wenn es nur wenig ist. Fast alle Männer sagen, sie hätten sich so viel besser gefühlt, nachdem sie mit ihrer Partnerin geredet hatten und bereit waren, eine Lösung zu finden.

BEHANDLUNG DER ED

Von Männern wird erwartet, dass sie immer Sex wollen und allzeit dazu bereit sind – sie fühlen sich nicht als ganze Männer, wenn das nicht so ist. Daher schämen sich die meisten Männer, sich wegen ED helfen zu lassen. Das ist unfassbar traurig, wo es doch viele Behandlungsmöglichkeiten gibt und ein Mann eine Menge dafür tun kann, dass sich die Qualität seiner Erektion verbessert. Beispielsweise …

… die Lebensweise ändern. Bewegung hält den Blutfluss in Gang und führt zu einer vermehrten Produktion von Stickstoffmonoxid, einem Molekül, das für die Gesundheit der Gefäße wichtig ist. Es wird vom Endothel produziert, einer hauchdünnen Schicht von Zellen im Inneren der Blutgefäße, sobald die Durchblutung sich verstärkt. Das unterstützt eine stabile Erektion und die Nervenenden, die den Penis durchziehen.

Eine Ernährungsumstellung hilft. Ungesunde Ernährung kann zu Herzerkrankungen, hohen Cholesterinwerten und Arterienablagerungen führen – all diese Probleme verringern die Durchblutung des Penis. Wenn Ihr Partner aufhört zu rauchen, abnimmt und weniger Alkohol trinkt, sollten seine Erektionen besser werden; Stress unter Kontrolle zu bekommen ist ein weiterer Faktor. Angst bringt die Libido zur Strecke, und Antidepressiva unterdrücken das Verlangen noch weiter.

… eine Testosteronersatztherapie machen. Er sollte seinen Arzt bitten, seine Testosteronwerte zu überprüfen. Sind sie niedrig, wird üblicherweise ein Testosterongel (oder etwas Ähnliches) empfohlen, das die Libido innerhalb weniger Wochen dramatisch steigern kann. Es kann sich auch auf die Qualität der Erektion positiv auswirken.

… therapeutische Hilfe in Anspruch nehmen. Wenn seine ED psychische Gründe hat, also von Stress, Depression oder Angstzuständen verursacht wird, kann eine Gesprächstherapie wirkungsvoll sein. Eine Einzel- oder Paartherapie kann auch dazu beitragen, dass andere Behandlungen besser anschlagen.

… Potenzmittel nehmen. Sogenannte PDE-5-Hemmer wie Viagra, das bekannteste Mittel, entspannen die Blutgefäße, die den Penis versorgen. So kann das Blut ungehindert fließen, es kommt zur Erektion. Sie wirken bei etwa zwei Drittel der Männer, doch bei 48 Prozent der Männer kommt es bei Viagra zu Nebenwirkungen.

Die Wirkung von Viagra setzt 30 bis 60 Minuten nach der Einnahme einer Tablette ein und ist am besten, wenn die Tablette auf nüchternen Magen genommen wird. Der Effekt hält vier bis sechs Stunden an. Auch Levitra wirkt etwa vier bis sechs Stunden, seine Wirkung wird jedoch nicht von Essen oder Alkohol beeinträchtigt – hilfreich, wenn man plant, vor dem Sex etwas zu essen oder zu trinken. Cialis wirkt viel länger als Viagra oder Levitra (bis zu 36 Stunden), begünstigt also spontanen Sex. Der Nachteil: Auch die Nebenwirkungen halten länger an. Die Wirkung wird nicht vom Essen beeinträchtigt, aber Alkohol verringert sie. Spedra kann innerhalb von 15 Minuten wirken. Bevor Ihr Partner eins dieser Mittel einnimmt, muss der Arzt prüfen, ob sie negative Wechselwirkungen mit anderen Medikamenten haben, die er einnimmt. Außerdem ist ein allgemeiner Gesundheitscheck dringend angeraten.

Welches Mittel das richtige für Ihren Partner ist? Auf jeden Fall sollte er sich dazu mit seinem Arzt besprechen. In Deutschland sind all diese Medikamente verschreibungspflichtig. Kommen Sie nicht auf den Gedanken, sie im Internet von Seiten zu bestellen, die Ihnen unbekannt sind! Wenn Sie nicht wissen, von wem Sie die Medikamente kaufen, wissen Sie auch nicht, was sie enthalten, und einige werden mit ziemlich gefährlichen Sachen gestreckt (so auch mit Rattengift).

Die Nebenwirkungen all dieser Tabletten sind ähnlich: Kopfschmerzen, Gesichtsrötung (oder »ein hochroter Kopf«, wie ein Mann mir schilderte, »der so auffällig ist, dass mich Leute darauf ansprechen«), anschließende Schläfrigkeit, verstopfte Nase und Muskelschmerzen.

… Vakuum-Erektionspumpen verwenden. Das sind luftdichte Plastikzylinder, die auf den Penis geschoben werden. Beim Herauspumpen der Luft wird Blut in die Peniskammern gesogen, und es kommt zur Erektion. Danach kann der Mann einen Penisring verwenden, der an der Peniswurzel sitzt und das Blut im Penis einsperrt. Die Urology Care Foundation (USA) sagt, mit ein wenig

Training könnten 75 von 100 Männern mit dieser Methode eine stabile Erektion bekommen (viele Paare empfinden die Pumpe jedoch als störend).

... Medikamente injizieren. Alprostadil können sich Männer spritzen, die keine Tabletten schlucken können oder bei denen sie nicht wirken. Allein die Vorstellung, sich etwas in den Penis zu injizieren, lässt die meisten Männer die Flucht ergreifen. Doch diejenigen Männer, die das getan haben, beschreiben es als fast schmerzlos (wenn auch teuer). Nach Schulung durch den Arzt betragen die Erfolgsaussichten beachtliche 85 Prozent.

... Penisimplantate einsetzen lassen. Implantate haben sich bewährt, wenn die Ursache für die ED körperlicher Natur ist. Es gibt zwei Typen. Biegsame Implantate machen den Penis fest genug für eine Penetration, aber dennoch so flexibel, dass die Erektion unter Kleidung verborgen werden kann. Die Erektion ist dauerhaft. Hydraulische (aufblasbare) Penisimplantate hingegen werden nur bei Bedarf mithilfe einer Pumpe (die im Hodensack versteckt wird) gefüllt. Das lässt sich von ihm besser kontrollieren, und die Erektionen sind natürlicher.

WAS FRAUEN VON POTENZMITTELN HALTEN

Männer mögen ganz vernarrt in die kleinen Tabletten sein, doch die Reaktionen der Frauen sind gemischt. »Es hat Sex noch anstrengender gemacht«, sagte eine 59-Jährige. »Wir müssen den ganzen Tag darum herumplanen. Ausgehen, um vor dem Sex etwas zu essen und ein paar Drinks zu nehmen, wie wir es früher taten, ist nicht mehr drin, denn Viagra wirkt nicht so gut, wenn er zu viel trinkt. Und eine gute Mahlzeit können wir nicht mehr genießen, weil es auf vollen Magen nicht wirkt. Nach dem Sex wird er richtig müde und ist zu nichts mehr fähig, und sein Gesicht ist knallrot, weswegen er sich schämt, das Haus zu verlassen. All das nur für vielleicht 20 Minuten Erektion! Ich würde lieber den Tag mit ihm genießen und Sex ohne Erektion haben.«

Viele Männer sehen Potenzmittel als die einzig wahre Lösung an. Wenn die aber nicht wirkt, geben sie den Sex vollständig auf und versuchen es gar nicht erst mit anderen Methoden. »Mein Partner braucht Viagra, um eine Erektion zu kriegen. Doch er bekommt davon furchtbare Kopfschmerzen«, erzählte mir eine Frau. »Er will keine anderen Medikamente ausprobieren, weil sein Arzt sagte, sie würden nicht so gut wirken. Er weigert sich, eine alternative Lösung zu suchen, weil er meint, wenn Viagra nicht hilft, hilft auch nichts anderes. Früher hatten wir ein-, zweimal im Jahr Sex, jetzt haben wir gar keinen mehr. Er ist nicht mehr zärtlich, weil er fürchtet, dass das zu Sex führen könnte. Ich will mit meinen 53 Jahren noch sexuell aktiv sein. Ich werde nicht fremdgehen, bin aber traurig, dass es so gekommen ist. Ich frage mich, ob er ohne die Erfindung von Viagra nicht viel besser damit klargekommen wäre.«

Viele, sehr viele Frauen sprachen davon, dass Viagra die Erektionen ihres Partners zu hart gemacht hätte und sie sich unter enormen Druck gesetzt fühlten, Verkehr zu haben, obwohl er wehtut.

Doch andere sagen, das Potenzmittel habe ihr Sexualleben gerettet. Die eiskalte Wirklichkeit ist: Für viele Männer kommt Sex ohne Erektion nicht infrage, und mit Viagra erreichen zwischen 60 und 70 Prozent der Männer eine Erektion. »In dem Moment, in dem er keine Erektion mehr bekommen konnte, veränderte sich seine Einstellung zum Sex total«, sagte eine Frau. »Er fragte sich: ›Wozu das Ganze?‹ Kein Gedanke daran, ob ich bereit war, den Sex aufzugeben! Das ging zwei Jahre lang so. Dann, eines Tages, küsste er mich aus heiterem Himmel leidenschaftlich, und ich konnte fühlen, dass er eine Erektion hatte. Ich fragte ihn, ob das an Viagra läge, und er meinte, ich solle es nicht vermasseln, indem ich danach frage. Also frage ich nicht. Ich bin nur dankbar, dass das Mittel ihn ins Bett zurückgebracht hat.«

Noch einige andere Kommentare: »Es entspannt ihn.« »Es verleiht ihm Selbstvertrauen.« »Er fühlt sich dadurch wieder wie er selbst. So wie damals, als er jung war.«

Jeder Mensch ist anders, jedes Paar ist anders. Meiner Erfahrung nach probieren es die meisten Paare zuerst mit einem Medikament wie Viagra und suchen danach nach anderen Lösungen. Die Versuchung, nur eine Pille zu nehmen, und alles ist wieder in Ordnung, ist einfach zu groß.

WIE MAN TOLLEN SEX HAT, OHNE DASS SEIN PENIS DER STAR IST

Es ist pure Ironie, dass ältere Leute oft sagen, ihr Sexualleben sei besser als das junger Leute, weil das Alter Männern häufig eine erektile Dysfunktion beschert. Wenn Männer es schaffen, entspannt an Sex heranzugehen, der nicht auf Geschlechtsverkehr abzielt, lernen sie auch, das Vorspiel zu genießen. Weil sie länger brauchen, um erregt zu werden – was zu einer Erektion führen kann oder auch nicht –, verwenden sie mehr Zeit darauf, uns zu befriedigen, was den Sex rundum verbessert. Gut für Sie beide, aber besonders für uns Frauen, weil wir durch Stimulation der Klitoris, nicht durch Penetration, zum Orgasmus kommen.

Sicher wissen Sie es inzwischen alle, aber es lohnt sich zu wiederholen, dass etwa 70–80 Prozent der Frauen nicht allein durch Geschlechtsverkehr zum Orgasmus kommen. Der Verkehr ist für Frauen oft der am wenigsten interessante Teil vom Sex. Es kann Männer in Angst und Schrecken versetzen, doch wenn der Partner sich mit seiner Potenzstörung versöhnt, ist das für ältere Frauen fast immer eine frohe Botschaft.

So machen Sie das Beste aus Sex ohne Verkehr:

Helfen Sie ihm zu akzeptieren, was los ist. Ist das geschafft, ist der Rest ganz einfach. Wenn Sie dieses Kapitel von Anfang an brav durchgelesen haben, ist klar und deutlich bei Ihnen angekommen, wie wichtig es für ihn ist, steif zu werden. Samthandschuhe reichen aber nicht, um dieses Thema anzufassen – stellen Sie sich vor, Sie hielten ein frisch geschlüpftes Küken auf der Handfläche.

Auf Seite 152 gibt es einen Abschnitt darüber, wie man das Thema zur Sprache bringt. Im Idealfall kommen Sie an den Punkt, wo ihm wohl dabei ist, wenn er mit Ihnen über das Problem redet, und Sie gemeinsam beschließen, wie Sie es angehen werden.

Je mehr Sie in dieses Vorgehen eingebunden sind, desto weniger wird Ihr Sexualleben beeinträchtigt. Versuchen Sie, sich nicht aufzuregen oder enttäuscht zu sein, wenn er sich weigert zu reden oder angesichts etwas Ihrer Meinung nach völlig Normalem überreagiert. Für sehr viele Männer ist die Auseinandersetzung mit Potenzstörungen so ziemlich das Schlimmste, was sie je tun mussten. Ich sehe von hier aus, dass Sie die Stirn runzeln, während Sie das lesen (und stimme Ihnen zu). Aber es spielt keine Rolle, dass Sie das für schwach halten, entscheidend ist, wie er die Sache sieht.

Lassen Sie nicht zu, dass er den Sex aufgibt und in Deckung geht. Der durchschnittliche Mann braucht zwei bis drei Jahre, bis er wegen eines sexuellen Problems zum Arzt geht. Die meisten sprechen auch nicht mit ihrer Partnerin darüber. Sie glauben, wenn sie den Mund halten und Sex eine Zeitlang meiden, würde das Problem sich »von selbst erledigen«. Das tut es aber nicht.

Sagen Sie nie: »Du bist impotent.« Die Sexualtherapeutin Esther Perel hasst das Wort. »Es ist böse«, sagt sie in ihren Podcasts *Where Should We Begin?* »Ich hasse Etiketten. Sprache formt die Wahrnehmung. Wenn Sie zu einem Mann sagen, er sei impotent, definieren Sie ihn dadurch. Sie garantieren, dass er von nun an genau das ist. Es ist ein furchtbares Wort. Sprechen Sie es nicht aus.«

Beim Sex geht es nicht nur um Genitalien. »Man definiert sich nicht über Impotenz«, so Perel weiter. »Wir machen mit dem ganzen Körper Liebe, nicht nur mit den Genitalien. Das ist auch gut so, denn wir können uns nicht auf sie verlassen.« Zum Glück können Sie sich auf Hände, Haut, Mund, Stimme, Lächeln, Augen verlassen: Sie verändern sich nicht. »Wenn beim Sex eine Erektion die Hauptsache sein soll, verstehen Sie nicht, worum es geht. Es geht nicht um den Penis. Es geht um Gefühle, Geborgenheit, Haut, Berühren, Reden, Spielen«, sagt sie.

Zeigen Sie ihm, dass Sie sich selbst um sich kümmern können. Wenn er weiß, dass Sie auf anderen Wegen zum Höhepunkt kommen können – mithilfe eines Vibrators, seiner Zunge oder seiner Finger –, steht er nicht mehr unter dem Druck, eine Erektion haben zu müssen.

Versuchen Sie nicht mehr, jung zu sein. Ändern Sie den Fokus. Es geht nicht mehr um Penetration, Erektionen oder Orgasmen. Trauern Sie nicht mehr dem Sex nach, den Sie früher hatten. Das hier ist neu, anders und aufregend.

»Lieb haben« statt »Liebe machen«. Dieser Gedanke stammt aus Marie de Hennezels Buch *L'âge, le désir & l'amour. L'intimité après 60 ans: Les chemins de l'accomplissement*. Darin beschreibt sie ein Gespräch mit Ehepartnern, 89 und 85 Jahre alt, die seit 65 Jahren zusammen sind. Sie haben aufgehört zu sagen »Liebe machen« und nennen es stattdessen »lieb haben«. Das soll eine langsamere, intimere Art von Sex widerspiegeln, zu dem keine Penetration gehört. Cool, oder?

Tun Sie's langsam und gemütlich. Lassen Sie sich Zeit. Ziehen Sie sich aus. Geben Sie einander viele Zungenküsse. Liegen Sie in seinen Armen, befriedigen

Sie sich selbst, entweder mit den Händen oder mit einem Sexspielzeug, während er zuschaut. Oder lassen Sie ihn das tun. Nicht vergessen: Ob jede(r), eine(r) oder keine(r) von Ihnen beiden einen Orgasmus hat, ist beim Sex nicht wirklich von Bedeutung. Nehmen Sie Druck raus.

Nehmen Sie Abstand vom »Vollzug«. »Einfach mal eine Weile nicht den Geschlechtsverkehr in den Vordergrund zu stellen, kann bei einer großen Zahl sexueller Probleme hilfreich sein«, sagt Snyder.

Machen Sie Komplimente. Wie sehr Sie einen bestimmten Teil seines Körpers lieben. Wie sich seine Haut anfühlt. Wie Sie sich mit ihm fühlen. Wie gut er das macht, was er tut. Sich geliebt, akzeptiert und sexuell begehrt zu fühlen, ist bei Männern ein großer Teil des sexuellen Selbstwertgefühls.

Betonen Sie, was gut läuft. Das Glas ist halb voll, nicht halb leer. Wenn man älter ist, hat der Sex eine Menge liebenswerter Aspekte. Hören Sie auf zu klagen und fangen Sie an zu schätzen, was Sie haben.

DIE PROSTATA: DEN P-PUNKT TREFFEN

Am Anus befinden sich zahllose Nervenenden. Er ist ein heißer Punkt für beide Geschlechter, aber besonders für Männer, denn er führt zur Vorsteherdrüse, der Prostata (auch bekannt als männlicher G-Punkt).

Schwule Männer haben schon vor Ewigkeiten entdeckt, wie angenehm eine Prostatamassage sein kann. Inzwischen wachsen die Umsatzzahlen für Sexspielzeug, das die Prostata stimuliert, stärker als die aller anderen Sexspielzeuge. Seinen P-Punkt zu stimulieren ist nicht nur etwas Neues, das man ausprobieren könnte, es kann auch die Stabilität und Qualität seiner Erektionen verbessern.
So wird's gemacht.

Den richtigen Zeitpunkt wählen. Die Hand so mancher Liebhaberin wurde weggeschoben, während sie diesen Ort zaghaft erkundete, und durfte nicht mehr dahin zurückkehren. Nicht, weil der Partner kein Interesse hatte. Nein, er fürchtete, das gerade verspeiste dreigängige Abendessen könnte Blähungen verursachen und – ach, Sie wissen schon.

Geben Sie Gleitmittel auf Ihren Finger oder den Anus Ihres Partners. Reiben Sie zuerst mit der Fingerspitze sanft am Rand entlang, bis der Muskel sich entspannt. Nehmen Sie anfangs den Zeigefinger und führen Sie ihn ein kleines Stückchen ein, warten Sie dann, bis der Enddarm sich an dieses Gefühl gewöhnt hat. (Die Fingernägel bitte kurz und gefeilt.)

Den Finger nach und nach weiter einführen. Sobald er ganz drin ist, innehalten. Der Enddarm ist gewöhnt, etwas abzugeben, und nicht daran, etwas aufzunehmen. Selbst wenn der neue Eindringling willkommen ist, braucht der Darm Zeit, sich an ihn zu gewöhnen.

Die Prostata fühlt sich an wie eine reife Pflaume. Sie finden Sie im Darm etwa 7,5–10 cm vom Anus aufwärts. Bei älteren Männern ist sie leichter zu finden, weil die Drüse mit zunehmendem Alter größer wird.

Bewegen Sie den Finger, als würden Sie jemanden zu sich locken, oder beschreiben Sie kleine Kreise. Stoßen und ziehen Sie nicht, wie Sie es vielleicht mit einem Finger bei der Scheide tun. Probieren Sie Klopfen aus. Halten Sie den Druck deutlich, aber nicht stark.

Es macht nichts, wenn seine Erektion bei analer Stimulation nachlässt, sagt Ian Kerner in *Mehr Lust für ihn: Was Männer beim Sex verrückt macht.* »Aufgrund einer Kombination aus psychischen und physischen Gründen können einige Männer die Erektion nicht halten, wenn sie penetriert werden.« Das bedeutet nicht, dass Sie es nicht richtig machen.

Handjobs oder Oralsex können, wenn sie gleichzeitig eingesetzt werden, die Wirkung maximieren.

Es hat ihm gefallen? Besorgen Sie eins der vielen neuen Sexspielzeuge, die speziell dafür gedacht sind, seine Prostata zu massieren (siehe Seite 184).

WENN SIE VERSUCHEN MÖCHTEN, EINE ERERKTION HERBEIZUFÜHREN

Dass er keine bekommt, macht Ihnen nichts aus, aber ein Versuch schadet nicht? Hier sind ein paar Dinge, die die Chancen auf eine Erektion verbessern. Unter einer Bedingung: Spielen Sie nur, drängen Sie nicht. Wenn Sie aussehen oder sich verhalten, als würden Sie unbedingt wollen, dass das eine oder andere wirkt, können Sie sich auf eine grauenvolle, stressige Erfahrung einstellen. Setzen Sie sich kein Ziel. Genießen Sie stattdessen, neue Dinge für ihn auszuprobieren, und lassen Sie sich einfach treiben.

Wenn er ein Medikament wie Viagra einnimmt

* Er muss es auf nüchternen Magen nehmen. Deshalb ist es besser, Sex morgens und nicht am späten Abend zu haben.
* Er kann seine innere Unruhe verringern, indem er vor dem Sex heiß duscht, dabei tief atmet und sich auf das konzentriert, was er gerade fühlt, nicht auf das, was sein Penis vorhat.
* Die Refraktärphase – die Zeit zwischen Samenerguss und Orgasmus und seiner nächsten Erektion – wird umso länger, je älter er wird. Wenn Sie wissen, dass Sie abends Sex haben werden, sollte er besser mindestens einen Tag vorher aufhören zu masturbieren.
* Planen Sie, wann Sie Sex haben. So kann er sein Viagra entsprechend nehmen. Sehr viele ältere Männer finden es angenehmer zu wissen, wann der Sex stattfindet.
* Viagra verursacht keine sofortige Erektion. Er braucht nach wie vor energische Stimulation, damit es zu einer Erektion kommt.
* Denken Sie auch an sich! Er muss verstanden haben, dass Sie eine Menge »Vorlauf« brauchen, bevor er eindringt, denn sonst tut es Ihnen weh. Verwenden Sie tonnenweise gutes Gleitmittel und lassen Sie ihn langsam eindringen, Zentimeter für Zentimeter, damit Ihre Scheide sich um sein Glied herum entspannen kann, bevor er weitermacht.

* Wenn seine von Viagra ausgelöste Erektion so viel Schmerzen verursacht, dass Sie den Spaß am Sex verlieren, sagen Sie ihm das. Sie können gemeinsam seine Erektion genießen, ohne Geschlechtsverkehr zu haben; und für Männer ist es einfach großartig, beim Sex endlich wieder eine Erektion zu haben. Selbst wenn sie den steifen Penis nirgendwo einführen.
* Zu guter Letzt: Erwarten Sie keine Wunder. Es kann eine Weile dauern, bis das Medikament bei ihm Wirkung zeigt.

Viagra muss nicht sein

Ein Umschnalldildo ist eine Option. Er verträgt die Tabletten nicht oder Sie beide wollen nicht, dass er sie nimmt? Sie wünschen sich eine Erektion, die nie versagt? Dann kaufen Sie einen Umschnalldildo. (Auf Seite 186 finden Sie mehr darüber.)

Was auch immer Sie tun: Gleitgel ist ein Muss. Ab 50 plus ist Gleitmittel für Sex so unerlässlich wie Sauerstoff zum Atmen.

Bauen Sie Verlangen auf. Seinen Penis zu greifen und loszupumpen ist keine gute Idee. Erregen Sie ihn visuell, indem Sie gemeinsam Pornos oder einen Sexfilm ansehen. Oder lassen Sie ihn zusehen, wenn Sie selbst Hand an sich legen. Küssen Sie seinen Hals. Umfassen Sie seine Hoden. Greifen Sie seinen Penis und ziehen Sie die Haut Richtung Hodensack, um die Empfindlichkeit zu steigern. Tun Sie das einige Male. Kneifen Sie seine Brustwarzen. Nehmen Sie Blickkontakt auf. Sagen Sie ihm, was Sie vorhaben oder wie sehr es sie antörnt. Sollte er immer wieder Ihre Hand nehmen und wollen, dass Sie sofort pumpen, fesseln Sie seine Handgelenke. Lassen Sie Ihre Hand an seinem Penis aufwärts gleiten, halten Sie dann das Glied mit festem Griff. Wandern Sie dann mit ihren Fingern am Penisschaft auf- und abwärts.

Nun darf die Stimulation stärker werden. Im Allgemeinen stehen ältere Männer auf recht heftige Stimulation. Lassen Sie sich von ihm zeigen, wie er sich selbst befriedigt. Legen Sie dabei Ihre Hand auf seine, damit Sie ein Gefühl für seine Technik bekommen. Am allerwichtigsten: Beobachten Sie, wo und wie er seinen Penis zuerst anfasst, und ahmen Sie das nach. Das macht viel aus. (Mehr Tipps dazu, wie man einen guten Handjob gibt, finden Sie auf Seite 44.)

Lassen Sie sich Zeit. Je älter Männer sind, desto mehr und länger müssen sie stimuliert werden, um eine Erektion zu bekommen oder erregt zu werden. Machen Sie es sich richtig bequem und ihm klar, dass er entspannen, sich zurücklehnen und einfach genießen soll, was Sie mit ihm machen.

Einen Stroker verwenden. Stroker sind Manschetten, meist aus Silikon, die auf den Penis geschoben werden (siehe Seite 184; vorher Gleitmittel auftragen). Dann bewegt man sie von Hand auf und ab. Ein Stroker macht aus einem mittelmäßigen Handjob das Beste, was er je hatte, weil er die Empfindung intensiviert.

Versuchen Sie es mit einem Penisring. Der wird auf die Peniswurzel geschoben und soll dort das Blut im Penis halten, damit die Erektion länger anhält. Mehr zu seinem Gebrauch finden Sie auf Seite 184.

Mehrere Punkte gleichzeitig stimulieren. Doppelte Stimulation ist wirkungsvoll. Während Sie sein Glied bearbeiten, können Sie die andere Hand auf seinen Unterbauch legen und langsam, aber fest reiben, damit sein innerer Penis stimuliert wird. Oder Sie spreizen Daumen und Zeigefinger, schieben die Hand so zwischen seine Beine und drücken fest nach oben. Das sorgt für einen starken Druck auf den Damm und die Unterseite der Hoden.

Stimulieren Sie ihn auch anal. Schieben Sie einen gut mit Gleitmittel versehenen Finger in seinen Anus (siehe: Die Prostata: Den P-Punkt treffen, Seite 162); oder Sie schieben einen Buttplug (auch Analplug genannt) hinein und belassen ihn dort, während Sie Ihren Partner anderswo stimulieren. Vibrierende Prostata-Stimulatoren (siehe Seite 185) haben bei manchem älteren Mann das Interesse am Sex wiedererweckt.

Penisse sind tolle Masturbationswerkzeuge. Setzen Sie sich mit gespreizten Beinen auf ihn und versorgen Sie sich mit Gleitmittel. Dann »wickeln« Sie die Schamlippen um seinen Penisschaft – egal, ob er steif oder weich ist – und reiben sich daran. Viele Frauen kommen so zum Orgasmus. Oder Sie verwenden die samtweiche Eichel zum Stimulieren Ihrer Klitoris.

Legen Sie den Penis zwischen Ihre Brüste, nachdem Sie dort reichlich Gleitmittel aufgetragen haben, und bitten Sie Ihren Partner, dazwischen zu stoßen.

Verwenden Sie Dildos. Nehmen Sie für Sie beide Druck weg, indem Sie ein paar Dildos (gläserne Dildos sind hübsch und vielseitig) und/oder einführbare Vibratoren anschaffen; dann sind Sie nicht mehr auf seine Erektion angewiesen.

Pfeifen Sie auf Erektionen, haben Sie einfach Spaß. Versuchen Sie's mit Spanking (siehe Seite 135). Betreiben Sie lange, erotische Sessions mit Oralsex. Massieren Sie einander, spielen Sie Spiele.

Versuchen Sie es von hinten, wenn Sie bereit sind, penetriert zu werden; spreizen Sie aber die Beine dabei extra weit auseinander. Wenn er die Erektion verliert, kann er sein Glied herausziehen und sich selbst streicheln, seinen Finger unter den Penis halten und als Schiene benutzen oder das Glied für maximale Kontrolle fest an der Wurzel packen.

SEX NACH PROSTATAKREBS

Wie jede Erkrankung beeinträchtigt Prostatakrebs nicht nur den Patienten. Er kann erhebliche Auswirkungen auf das Sexualleben und die Beziehung eines Paares haben.

Die Lage hat sich jedoch deutlich verbessert. Früher erörterten Urologen jede Begleiterscheinung, aber nicht die Sexualfunktion, doch das hat sich geändert. Schon bevor ein Therapieplan festgelegt wird, wird üblicherweise der Patient, oft in Gegenwart der Partnerin, darüber informiert, was nach einer Operation auf das Paar zukommt. Dazu gehört auch, falls es angezeigt ist, ein ehrliches Gespräch über erektile Dysfunktion (ED). Viele Patienten profitieren von einer psychoonkologischen Beratung, die vor, während und nach einer Behandlung möglich ist.

Ihr Partner kann einiges tun, um den Genesungsprozess zu beschleunigen. Einige Chirurgen empfehlen die abendliche Einnahme einer geringen Dosis Viagra (oder eines anderen PDE-5-Hemmers), damit der Penis im Schlaf mit Sauerstoff versorgt wird. Sanftes Dehnen und Massieren ist hilfreich, genauso wie eine Erektionspumpe, die Blut in den Penis und wieder hinaus zieht. Es ist unerlässlich, eine gesunde Durchblutung des Penis aufrechtzuerhalten. Beckenbodenübungen, das An- und Entspannen des Muskels, der auch den Harnfluss unterbricht, sind ebenfalls eine gute Idee. Bedenken Sie auch, dass es alternative PDE-5-Hemmer gibt, wenn er das verschriebene Präparat nicht verträgt. Bewahren Sie Geduld; es kann bis zu drei Jahre dauern, bis die bei der OP gedehnten Nerven sich erholt haben.

Emotional kann es schwierig sein. Inkontinenz kann seine Lebensqualität beeinträchtigen, ED ist häufig, und bei manchen Männern verliert der Penis an Länge. Es ist nicht ungewöhnlich, dass Männer aus Verlegenheit und Scham nach dem Eingriff aufhören, Sex zu haben. Er nimmt seinen Körper anders wahr, und viele Männer fühlen sich weniger attraktiv. Mit dem Sex kann auch die Zärtlichkeit verschwinden: Was geschieht, wenn er Sie umarmt, Sie mehr erwarten und er es nicht leisten kann? Inzwischen trauen Sie sich nicht mehr, Sex vorzuschlagen, falls er noch nicht dazu bereit ist. Das deuten manche Männer als mangelnde Bereitschaft, mit einem Mann Sex zu haben, dessen Penis nicht mehr das ist, was er einmal war.

Wie ein Mann mit all dem umgeht, ist individuell ganz verschieden und abhängig von seiner Persönlichkeit und seiner psychischen Widerstandskraft. Wie immer gilt: Partner, die offen miteinander über das Geschehen reden, bleiben zusammen und finden einen Weg hin zu einer neuen Art von Sex, der sanfter und weniger erektionsorientiert, aber auch liebevoller und intimer ist. Kommunikation ist das Schlüsselwort. Dazu, wie man heikle Themen wie ED zur Sprache bringt, finden Sie viele Tipps auf Seite 152.

Lesen Sie hier, was einige Frauen mir über ihre Erfahrungen mit Partnern, die sich einer Prostata-Operation unterziehen mussten, erzählten:

»Als mein Mann die Diagnose Prostatakrebs bekam und wir wussten, dass er operiert werden musste, empfahl unser Arzt, wir sollten eine Woche wegfahren und so viel Sex haben, wie wir könnten. Damals kamen wir gefühlsmäßig kaum mit der Situation klar, und die Idee gefiel uns nicht wirklich. Heute denke ich manchmal, wir hätten den Rat des Arztes beherzigen sollen!«

»Er ist verbittert wegen seines Penis, nennt ihn ›Garnele‹. Ständig verhöhnt er sich selbst und glaubt wohl, das Leben sei vorbei, weil er nicht mehr Besitzer eines großen, steifen Penis ist. Ich versuche, mitfühlend zu sein, aber es macht mich zornig, und ich finde es auch etwas erbärmlich. Frauen benehmen sich nach einer Hysterektomie nicht so.«

»Danach trauerte er. Besonders als er realisierte, dass die Impotenz nicht vorübergehend und das Gefühl stark reduziert war. Doch im Lauf einiger Jahre lernte er, wieder Freude am Sex zu haben, indem er Sachen wie Küssen, Oralsex und Streicheln mehr Aufmerksamkeit schenkt. Heute geht es uns gut.«

»Der Krebs meines Partners war sehr aggressiv, und das ist ein ziemlicher Augenöffner. Sein Leben ist uns viel, viel wichtiger als unser Sexualleben. Das ist weiterhin so. Ich glaube, wir sind beide sehr glücklich mit dem, was wir haben – wenn man bedenkt, was wir hinter uns haben.«

»Als mir klar geworden war, dass er nicht sterben würde, war ich insgeheim recht froh. Schon ewig hatte ich Schmerzen beim Verkehr, und immer hatte ich so getan, als hätte ich Spaß am Sex, obwohl ich ihn in Wahrheit hasste. Der Gedanke, nie wieder Geschlechtsverkehr haben zu müssen, macht mich glücklich, nicht traurig.«

»Sicher, seine Erektion ist nicht mehr wie früher, doch wir beklagen uns nicht. Aber ich weiß, dass es für ihn nicht mehr dasselbe ist, und das macht mich traurig. Seine Orgasmen sind viel weniger intensiv. Er sagt, es sei wie der Unterschied zwischen einem leidenschaftlichen Zungenkuss und einem Küsschen. Manchmal fühle ich mich gekränkt, weil er es nicht mehr so genießt. So als sollte ich sexy genug sein, damit es wieder so gut wird wie früher. Aber natürlich weiß ich, dass es nichts mit mir zu tun hat und alles die Begleiterscheinungen der Operation sind.«

»Wären wir jünger, hätten wir es vielleicht nicht so gut gemeistert. In unserem Alter (wir sind beide über 60) und nach 40 Jahren Ehe sind da so viel Liebe und Respekt, und ich habe nicht das Gefühl, dass ich etwas verpasse.«

KAPITEL 8

WARUM SEXSPIELZEUG DIE MEISTEN IHRER PROBLEME LÖSEN KANN

Die Welt ist geteilt in Menschen, die Erfahrung mit Sexspielzeug haben, und Menschen ohne. Ich entdeckte Vibratoren – das »Rückenmassagegerät« meiner großen Schwester, hinten in einem Schrank versteckt –, als ich 15 war. Es war mein erster Orgasmus und eine aufschlussreiche, überwältigende und mein Leben verändernde Erfahrung. (Obwohl ich danach zuallererst nachsah, ob ich mich bepinkelt hatte. Warum bringen sie uns solche Sachen nicht in der Schule bei?)

Wie für die meisten Frauen, die einmal einen Vibrator benutzt haben, gibt es für mich keinen Weg mehr zurück. Wenn meine Zeit um ist und ich vor dem Himmelstor stehe, werde ich erst einmal genau nachsehen, ob es dort oben Vibratoren gibt. Wenn nicht, mache ich mich auf in die Gegenrichtung. Ein Sexualleben, zu dem kein Sexspielzeug gehört, ist für mich undenkbar.

Und doch gibt es eine ganze Generation von Frauen um die 40, 50 und älter, die die Vibrator-Revolution verpasst und nie aufgeholt haben. Eine aktuelle Umfrage unter 2000 Frauen über 40 ergab, dass nur etwas mehr als ein Viertel von ihnen einen Vibrator besaß und 68 Prozent gar kein Sexspielzeug hatten. Nur 30 Prozent gaben an, dass Sexspielzeug eine nützliche Rolle im Sexualleben des Paars spielen würde. Im Gegensatz dazu besitzt ein Viertel der jüngeren Frauen mindestens drei Sextoys.

Auch bei meinen Recherchen zum Thema 50 plus begegnete mir eher Gleichgültigkeit als Begeisterung. Dies hier sind Antworten, die ich auf die Frage: »Benutzen Sie Sexspielzeug?« bekam:

»Mit solchen Sachen will ich nichts zu tun haben.«

»Mein Mann brachte mal was mit nach Hause, aber ich glaube, wir haben es nie benutzt. Ich weiß nicht, was alle daran finden.«

»Die Sache mit den Vibratoren habe ich nie ganz verstanden. Ich habe einen Mann, wozu brauche ich dann einen Vibrator?«

Die Frauen, die meine Frage mit nein beantwortet hatten, beurteilten ihr Sexualleben als eher unbefriedigend. Das verwundert mich nicht im Geringsten.

Wenn Sie eine Frau über 50 sind, die keinen Vibrator besitzt, wird die Verwendung so eines Spielzeugs mit fast 100-prozentiger Wahrscheinlichkeit dafür sorgen, dass Sie sexuell befriedigter sein werden als derzeit. Etwa die Hälfte aller Frauen in den USA sind mit Vibratoren vertraut, und diese Frauen haben eine größere Wahrscheinlichkeit, Erregung und Lust zu verspüren, und sie kommen häufiger zum Orgasmus.

Wenn Sie noch nie einen Orgasmus hatten, haben Sie mit einem Vibrator eine gute Chance darauf. Wenn Sie noch nie einen Orgasmus beim Geschlechtsverkehr hatten, ist es ein Vibrator, der Sie dahin bringt. Wenn Sie noch nie einen Orgasmus mit Ihrem Partner hatten, ist der beste Weg, einen Vibrator mit ins Bett zu nehmen. Wenn Sie schneller zum Orgasmus kommen wollen, ist ein Vibrator die erste Wahl. Die meisten Frauen werden von nichts – nicht einmal tollem Oralsex – so einfach zum Orgasmus gebracht wie von einem Vibrator.

Was der Besitz eines Sexspielzeugs Ihnen außerdem bringt

Wenn körperliche Veränderungen und gesundheitliche Probleme sich bemerkbar machen, kommen auch Schwierigkeiten beim Sex. Doch für jedes Problem gibt es eine Lösung – und diese Lösung ist oft ein Sexspielzeug.

Wenn Sie sich früher mit den Fingern selbst befriedigt haben, ist das vielleicht nicht mehr möglich, weil die Handgelenke nicht kräftig oder die Finger arthritisch sind. Die modernen Vibratoren lösen dieses Problem auf Knopfdruck.

Wenn Sie Single sind oder keinen Sex mit Ihrem Partner haben, sorgen Vibratoren dafür, dass körperlich alles gut funktioniert und Sie sexuell befriedigt sind. Regelmäßiges Masturbieren hat enorme körperliche und seelische Vorteile. Zunächst einmal reduzieren Orgasmen Angstzustände und bewahren uns davor, depressiv zu werden. »›Wer rastet, der rostet‹ – das trifft auf unsere Genitalien auf jeden Fall zu«, sagt Sexualtherapeutin Victoria Lehmann. »Wenn Sie nicht regelmäßig Sex haben, müssen Sie Ihre Genitalien empfänglich halten, indem Sie die Scheidenwand mit einem Sexspielzeug massieren. Verwenden Sie es an der Klitoris, damit Sie einen Orgasmus bekommen, der Ihren Beckenboden fit hält. Sonst könnte es unangenehm werden, wenn Sie wieder Geschlechtsverkehr haben.«

Und da ist noch mehr …

Selbst wenn Sie in einer Beziehung sind und Sex mit einem Partner haben, ist Sexspielzeug unverzichtbar. Wenn Sie eine Phase mit weniger oder gar keinem Sex durchleben, sorgt es für sexuelle Stimulation und steigert so die Durchblutung – gut gegen Trockenheit und verringerte Elastizität, die zu Wundsein führen können. Wenn Sie mit Ihrem Partner nicht regelmäßig Sex haben, dann haben Sie ihn mit sich selbst.

Die meisten Frauen befriedigen sich mit einem Vibrator schnell und zuverlässig selbst. Es ist viel schwieriger, mit einem Partner zum Höhepunkt zu kommen, denn da ist ein anderes Element: ein echter Mensch. Jemand, um den Sie sich kümmern müssen. Ihr Vibrator ist nicht beleidigt, wenn sie ihn nach oben oder nach unten halten oder in diese oder jene Richtung bewegen. Solo-Sex ist egoistischer Sex – der beste, den es gibt –, und deshalb haben ältere Frauen Solo-Sex häufiger als Sex mit ihrem Partner. Egal, wie Sie dazu kommen, beim Älterwerden gilt: je mehr Orgasmen, desto besser.

Sexspielzeug liefert, im Gegensatz zu Fingern, Zungen und Penissen, konkrete, kontrollierbare Stimulation – man kann sie hoch- oder runterschalten, je nach Bedarf. Sehr praktisch, wenn Sie schwerer zum Orgasmus kommen. Noch nützlicher sind sie, um die Erregung zu beschleunigen; denn die Vibration verstärkt rasch die Durchblutung in unseren erogenen Zonen.

Wenn seine Erektionen nicht hart genug sind oder einer von Ihnen beiden zu lange zum Orgasmus braucht, garantieren Sextoys, dass Sie zum Höhepunkt kommen. Allein schon zu wissen, dass es einen todsicheren Weg zum Orgasmus gibt, der nicht von der Leistungsfähigkeit seines Penis abhängt, kann Sex für Sie beide erfreulicher machen.

Außerdem sorgt Sexspielzeug für Abwechslung. Es gibt eine Vielzahl an unterschiedlichsten Produkten. Vibratoren vibrieren nicht nur, sie rotieren, penetrieren, wirbeln, lecken und finden Stellen, von denen Ihre Eltern nicht wussten, dass es sie gibt. Sie kommen getarnt daher: als Nachttischlampe, Taschenlampe, Lippenstift, Smartphone, iPod und Gummientchen. Sie sind Spielzeug für Münder, Hintern, Brüste, Brustwarzen, Penisse, Dämme, Scheiden, Klitoris und Harnröhren. Vibratoren können so klein sein, dass man sie in der Handtasche nicht wiederfindet, und so groß, dass Sie aussehen wie ein Nudelholz.

Modernes Sexspielzeug ist besser, weil es von Frauen designt wird

Eine davon bin ich. Ich habe über die Jahre einige Firmen beraten und habe derzeit zwei Produktlinien – *Supersex* und *Edge* – bei einer Firma namens Lovehoney. Es gibt von mir insgesamt etwa 50 Produkte, und zu fast jedem eine lustige Geschichte. (Tut mir leid, aber dafür müssen Sie auf ein anderes Buch von mir warten. Ich muss Ihnen in diesem noch so viel erzählen!) Einige wurden speziell im Hinblick auf ältere Frauen gestaltet. Wenn Sie sie einmal ansehen wollen: Sie heißen *Soft Feel*.

Viele Sextoy-Firmen setzen weibliche Designer ein. Vergleichen Sie einmal die alten, harten schwarzen Rütteldinger mit den heutigen ausgeklügelten, samtweichen Sexspielzeugen, und Sie merken sofort, dass Frauen ihre Hand im Spiel hatten.

DAS RICHTIGE SEXSPIELZEUG FINDEN

Wo möchten Sie es anwenden?

Welchen Teil des Körpers möchten Sie stimulieren? Klitoris, Scheide, Brustwarzen, G-Punkt? Wollen Sie es allein benutzen oder mit Ihrem Partner? Möchten Sie es für die Penetration oder nur zum Stimulieren der Klitoris? Das Vaginalgewebe wird empfindlicher, wenn wir älter werden. Da kann es sein, dass Sie früher ein Fan der Penetration waren, es jetzt aber nicht mehr sind. Trifft das auf Sie zu, sollten Sie nicht mehr Spielzeug bezahlen, als sie brauchen. Viele Frauen haben eine Gehirnwäsche hinter sich, die sie glauben lässt, Rabbit-Vibratoren – die berühmtesten der Welt – seien die besten. Sie sind toll, wenn Sie den Schaft einführen und die »Ohren« auf der Klitoris anwenden möchten. Doch wenn die vibrierenden Ohren das Einzige sind, das Sie verwenden, ist der teuerste Teil des Spielzeugs vergeudet.

SELBSTBEFRIEDIGUNG: SO GEHT'S

Jeder weiß, wie man masturbiert, oder? Sie würden sich wundern. Ich wette, dass mehr als nur ein paar von meinen Leserinnen noch nie ihren eigenen Körper erkundet haben. Trifft das auch auf Sie zu? Dann ist dieser Abschnitt nützlich für Sie: eine Anleitung für die drei beliebtesten Methoden, mit denen Frauen sich selbst befriedigen.

Üblicherweise sehen wir Pornos oder erotische Filme, lesen ein sexy Buch oder lassen uns eine geile Fantasie oder sexuelle Erfahrung durch den Kopf gehen, während wir eine Solo-Sex-Session genießen. Wenn Sie Medikamente einnehmen oder Beschwerden haben, bedenken Sie auch, zu welcher Tageszeit Sie sich am besten fühlen und (ganz wichtig) höchstwahrscheinlich nicht gestört werden.

Sie werden sehen, dass keine dieser Techniken beinhaltet, dass etwas in die Scheide eingeführt wird. Der Grund: 80–90 Prozent der Frauen setzen beim Masturbieren nicht auf Penetration. Wenn Sie das aber möchten, legen Sie gleich los (mit einem Rabbit-Vibrator, wenn Sie darauf stehen).

MIT EINEM VIBRATOR

Selbstverständlich sind alle Vibratoren verschieden; lesen Sie also zuerst die Gebrauchsanweisung. (Ist keine dabei, finden Sie sie sicher im Internet, in vielen Fällen zusammen mit einem Video, wenn Sie die Marke eingeben.) Die Standardtechnik: Sie pressen den Vibrator fest gegen die geschlossenen Schamlippen und halten ihn dort. Der Druck wird variiert, bis Sie einen Orgasmus haben. Versuchen Sie das im Stehen, im Sitzen mit gespreizten Beinen oder im Liegen. Eine andere Technik: Sie stehen mit gespreizten Beinen, halten den Vibrator still vor Ihre Genitalien, bewegen sich vorwärts und rückwärts und reiben sich am Vibrator. Beliebt sind auch kreisförmige Bewegungen sowie sich mit gespreizten Beinen über das Gerät auf den Boden zu knien.

Die Intensität lässt sich anpassen, indem Sie die Hand über den Vibrator legen, um die Vibrationen abzufedern. Sollen sie wieder stärker werden, nehmen Sie die Hand weg. Versuchen Sie ihn schräg so zu halten, dass er seitlich zur Klitoris ragt; die äußere Schamlippe fungiert dann als Dämpfer. Oder Sie schieben ein weiches T-Shirt zwischen sich und den Vibrator. Sie können auch versuchen, die Mittelfinger über die Klitoris zu halten und den Vibrator darüber.

MIT DEN FINGERN

Wenn Sie kein Sexspielzeug benutzen möchten, keins besitzen oder lieber die Finger nehmen, legen Sie sich mit angezogenen Knien und gespreizten Beinen aufs Bett oder setzen sich im Schneidersitz darauf und lehnen den Rücken gegen den Kopfteil des Betts oder an die Wand. Versuchen Sie, die Fußsohlen aneinanderzudrücken, damit die Spannung in der Leiste stärker wird.

Manche Frauen sind so empfindlich, dass Sie sich durch ihr Höschen streicheln; manche mögen direkte Stimulation der Klitoris, andere indirekte.

Geben Sie reichlich Gleitmittel auf den Finger oder die Vulva. Bewegen Sie dann den Mittelfinger auf der Klitoris auf und ab oder beschreiben Sie langsam Kreise um ihren Rand, wenn sie selbst zu empfindlich ist. Streicheln Sie leicht, auch wenn Sie den Druck vielleicht später verstärken möchten. Alternativ können Sie hin- und herstreichen.

Die meisten Frauen bevorzugen einen gleichmäßigen Rhythmus. Die Klitoris wird schnell trocken, tragen Sie also mehr Gleitmittel auf oder lecken Sie regelmäßig die Finger.

SICH AN ETWAS REIBEN

Erinnern Sie sich an damals? Als Sie zu jung waren, um das ganze Programm durchzuziehen, und sich am Bein oder an der Hüfte Ihres Partners gerieben haben, um erregt zu werden? Das hier ist die gleiche Technik.

Grundsätzlich halten Sie das Objekt ruhig und bewegen sich dagegen. Sie können sich auf den Bauch legen, die Genitalien fest in das Bett pressen und sich an einem Kissen, das zwischen den Beinen liegt, reiben. Oder Sie legen sich mit einer Decke oder einem Kissen zwischen den Beinen auf den Rücken und halten mit den Händen beide Seiten des Kissens, damit der Druck kräftig bleibt. Einige Frauen benutzen auch die Finger, verwenden aber ein Kissen oder drücken die Beine fest zusammen, um den Druck zu verstärken.

Sie müssen experimentieren und vielleicht Ihre Körperteile ein wenig sortieren, damit das Stoßen sich angenehm anfühlt. Stoßen Sie kräftig in einem gleichmäßigen Rhythmus, bis Sie einen Orgasmus haben. Beliebt ist auch, beim Stoßen gegen ein Kissen eine hohle Hand über den gesamten Genitalbereich zu legen.

Wann wollen Sie Ihren Vibrator benutzen?

Stabvibratoren nehmen im Koffer viel Platz weg, wenn Sie auf Reisen sind. Bullets gleiten diskret in Ihre Schminktasche. Wer ist in Hörweite? Muss der Vibrator superleise sein? Haben Sie neugierige Kinder und Enkelkinder und hätten ihn deshalb gern »verkleidet«? Stabvibratoren kann man ganz leicht als Massagegerät für den Rücken ausgeben.

Wie stark soll die Vibration sein?

Die Empfindlichkeit der Nerven verändert sich mit dem Alter, deshalb sollten Sie einen Vibrator wählen, der stärker ist, als Sie es anfangs brauchen, und ihn auf niedriger Stufe halten. Sie können ihn immer abschwächen, indem Sie die Hand darüber halten, um überschüssige Vibration abzufedern.

Was möchten Sie ausgeben?

Geben Sie mehr aus für Produkte, die Sie häufiger benutzen – Elementares wie Vibrator, Gleitmittel usw. –, als für Spielzeug, das Sie anschaffen, um ab und zu für etwas Abwechslung zu sorgen. Für gute Qualität brauchen Sie nicht viel zu investieren. Es gibt eine Menge gut designter Spielzeuge mittlerer Preislage aus hochwertigem, hautverträglichem Material. Die meisten Produkte lassen sich aufladen (Sie müssen also nicht ständig Batterien anschaffen) und halten Jahre.

Einige Händler, darunter Lovehoney, die meine Produktlinie machen, bieten eine 100-prozentige Geld-zurück-Garantie, wenn Sie nicht zufrieden sind. Und ja, das heißt, dass Sie die Produkte auspacken und richtig ausprobieren können. (Zurückgegebene Produkte werden recycelt, falls Sie sich das fragen!) Das ist praktisch, weil es bedeutet, dass Sie teurere Geräte testen und mehr experimentieren können.

Wo man Sexspielzeug bekommt

Wenn Sie in einer Großstadt leben, googeln Sie »Sexshop für Frauen«. Dann finden Sie vermutlich einige sympathische Geschäfte, in denen Beraterinnen arbeiten, die wissen, wovon sie reden, und unverkrampft über sexuelle Bedürfnisse sprechen können. Ansonsten können Sie sich ungestört online bei einem der großen Händler umsehen, um die beste Auswahl und gute Preise zu finden.

DARAUF SOLLTEN SIE BEI IHREM SEXSPIELZEUG ACHTEN

* Ist es aus ungiftigem, hautfreundlichem Material?
* Fühlt es sich weich und knautschig (und nicht hart) an?
* Lassen sich die Knöpfe leicht drücken?
* Ist es leicht?
* Ist es ergonomisch geformt und liegt angenehm in der Hand?
* Ist es einfach zu bedienen? Wenn es aufladbar ist, brauchen Sie einen Computer und sollten sich so weit mit Technik auskennen, dass Sie ein USB-Kabel verwenden können. (Das ist simpel, man steckt es bloß in eine Buchse am Rechner.)

* Sind die Bedienelemente ohne Brille gut erkennbar?
* Wie lange hält der Akku? Sie wollen nicht, dass er im entscheidenden Moment den Geist aufgibt.

Gehen Sie auf Nummer sicher

Die US-amerikanische Autorin Joan Price schreibt und bloggt seit 2005 über »Seniorensex«. (Sie hat viele tolle Bücher für Ältere geschrieben: *Naked At Our Age* ist ein gutes für den Anfang.) Price ist begeistert von Sexspielzeug – allerdings nur, wenn es sicher ist, denn: »Sie wollen im empfindlichen Genitalbereich kein Produkt, das giftige Chemikalien abgibt.« Genau. Sie empfiehlt Frauen, vor dem Kauf Folgendes zu tun:

* Daran riechen. Wenn es eindeutig nach Chemikalien oder Plastik riecht, lassen Sie es liegen. Hochwertiges Sexspielzeug riecht nicht.
* Prüfen, ob es aus nicht-porösem Material ist, also aus Glas, Silikon, Edelstahl oder medizinischem Kunststoff.
* Nicht glauben, ein Kondom könne die ekelhaften Sachen fernhalten. Viele Sexualpädagogen (auch ich) haben behauptet, dass ein über das Sexspielzeug gezogenes Kondom vor giftigen Substanzen schütze. Es hat sich herausgestellt, dass das nicht stimmt. Tut mir leid!

SPIELZEUG, DAS IHR SEXUALLEBEN VERÄNDERN WIRD

Dies sind meine Empfehlungen für Sexspielzeug, das Ihnen gefallen könnte und sich besonders für Körper über 50 eignet. Vergessen Sie aber auch nicht, was Sie bereits besitzen: Schals und Strümpfe ergeben Augenbinden und Fesseln, gut geschnittene Dessous verbessern Ihre Körperwahrnehmung und machen den Sex schärfer, Massageöle und Kerzen bestimmen die Atmosphäre.

In den meisten Fällen spreche ich über Produktgruppen und nicht über bestimmte Marken, denn viele Produkte und Händler tauchen schnell auf und verschwinden dann wieder vom Markt.

Produkte, die Sie brauchen

HOCHWERTIGES GLEITMITTEL

Mit Gleitmittel fühlt sich fast alles besser an, unerlässlich jedoch ist es ab 50 plus für jede Art von Penetration (mit Finger, Spielzeug oder Penis). Gleitmittel haftet an der Vaginalschleimhaut wie Scheidensekret und reduziert die unangenehme Reibung, die durch dünnes, trockenes Gewebe verursacht wird.

Gleitmittel auf Wasserbasis greifen Kondome oder Ihr Spielzeug nicht an, aber **Gleitmittel auf Silikonbasis** halten länger. Ein Silikon-Gleitmittel ist toll, wenn Sie empfindlich sind – es ist unwahrscheinlich, dass es Pilzinfektionen verursacht – und es hat keinen Eigengeschmack. Außerdem wird es beim Trocknen eher pudrig als klebrig. **Gleitmittel auf Ölbasis** spenden Feuchtigkeit und halten lange, lassen sich aber oft schwer entfernen (von Ihnen und von Ihrer Kleidung).

Was Gleitmittel angeht, bedeutet billig meist scheußlich – die Produkte enthalten eher reizende Zutaten wie Glyzerin, Erdöl, Parabene, Nonoxinol 9, Propylenglykol, Benzocain oder Chlorhexidingluconat. Geben Sie mehr aus, und lesen Sie die Inhaltsangaben. Sorgfältig.

GEISHA-KUGELN ODER KEGEL-TRAINER

Neben regelmäßigem Geschlechtsverkehr oder der Investition in eine Scheidenverjüngung mittels Laser (mehr dazu auf Seite 79) ist regelmäßiges Kegel-Training eine der besten Möglichkeiten, die Sexualorgane fit und gesund zu halten. Extra-Bonus: Je stärker und straffer die Beckenbodenmuskulatur ist, desto intensiver fühlt sich ein Orgasmus an.

Wenn Sie Kinder geboren haben, hat man Ihnen erklärt, wie wichtig regelmäßiges Beckenbodentraining ist. Im Wesentlichen besteht es aus dem wiederholten An- und Entspannen der Muskeln, die auch den Harnfluss stoppen.

Sie können das Training ohne Geräte durchführen, aber wirkungsvoller ist es, wenn Sie ein Trainings-Tool haben, um das herum Sie anspannen können, denn es zwingt Sie, die Übungen korrekt zu machen, also wirklich die Beckenbodenmuskulatur anzuspannen und nicht die Muskeln in Anus und Oberschenkeln.

Spezielle Kugeln, die hoch in die Scheide geschoben werden, sind schwer, was die Muskelspannung während des Trainings weiter verstärkt. Es gibt sie als einzelne Kugeln, zwei aneinanderhängende Kugeln und als Sets, deren Kugeln unterschiedlich groß und schwer sind. Einige vibrieren, damit Sie beim Training erregt werden. Oder Sie greifen zu Hightech-Produkten, die mit elektrischen Impulsen arbeiten oder Ihre Fortschritte auf dem Smartphone sichtbar machen.

Spielzeug, das Sie bestimmt haben möchten

ORGASMUSGEL

Orgasmusgele enthalten Zutaten wie L-Arginin und Menthol. Diese machen gefühlsempfindlicher und maximieren das Orgasmuspotenzial bei Solo-Sex oder Sex mit Ihrem Partner. Das Gel wird um die Klitoris herum einmassiert. Es erwärmt den Bereich und verstärkt die Durchblutung.

STABVIBRATOREN

Diese Art von Vibrator steht aus gutem Grund ganz oben auf der Liste. Stabvibratoren sind stark – und viele von uns brauchen eine stärkere Vibration als früher. Sie erreichen ein größeres Areal als andere, zielgerichtete Vibratoren – gut, falls die Nervenendungen nicht mehr so empfindsam sind wie einst – und sind toll für äußerliche Stimulation, wenn empfindliche Schleimhaut oder Trockenheit ein Problem sind.

Sie können batteriebetrieben, aufladbar oder netzbetrieben sein. Ein Vibrator mit Netzbetrieb ist eine einmalige Investition (ich hatte meinen 15 Jahre). Die Vibration ist andauernd, gleichförmig und geht durch Mark und Bein – wirklich, damit kann man sich die Schultern massieren! Elektrische Vibratoren wurden vor Bügeleisen und Staubsauger erfunden – wie schön, dass jemand die richtigen Prioritäten gesetzt hat!

Netzbetriebene sind meist schwerer als aufladbare oder batteriebetriebene Vibratoren. Doch keine Panik. Es gibt viele gut designte, nicht netzbetriebene Stäbe, die es in sich haben.

BULLET-VIBRATOREN

Sie sehen aus wie große Tampons, sind so winzig, dass man sie überallhin mitnehmen kann, und stark genug, um die Klitoris kräftig zu stimulieren. Außerdem sind sie ideal für die Anwendung an Brustwarzen, Poritze – überall, wo es etwas prickeln soll. Preiswert, vielseitig und von der Form her absolut harmlos (überhaupt nicht phallisch) – Bullets sind die beste Wahl, wenn Sie noch nie Sexspielzeug benutzt haben. Sie können sie auch verwenden, um vor dem Sex in Stimmung zu kommen. Wenn Sie einen Vorsprung wollen, gehen Sie mit so einem in der Tasche ins Badezimmer und lassen ihn sein Wunderwerk verrichten.

KLITORISVIBRATOREN

Im Prinzip ist alles, was vibriert, ein Klitorisvibrator, doch es gibt zielgerichtete Vibratoren, die speziell für diesen Zweck gestaltet wurden. Bullets sind Klitorisvibratoren, ebenso wie die kieselförmigen Vibratoren, die auf die Handfläche gelegt werden. Sie sind klein, oval und gewölbt, damit sie den Bereich der Schamlippen abdecken. Wenn Ihre Klitoris mit der Zeit empfindlicher geworden ist, sind sie etwas für Sie, weil die Vibration sanfter ist.

Klitoris-Saugvibratoren stimulieren die Klitoris, ohne sie zu berühren. Dank einer neuen Luft-Technologie sorgen sie für sanftes Saugen und Vibrieren – eine ganz andere Stimulation als durch normale Vibratoren. Der berühmteste ist der *Womanizer*, doch andere Marken sind im Aufstieg begriffen. Ein weiterer Stil, den Sie ausprobieren sollten, wenn Sie extrem empfindlich sind.

RABBIT-VIBRATOREN

Wenn Leute einen Vibrator beschreiben wollen, steht ihnen meist das Bild eines Rabbit-Vibrators vor Augen. Wenn Sie über 50 sind und an Sexspielzeug nicht interessiert, liegt es vielleicht daran. Wer jung ist und scharf auf Penetration, findet es himmlisch, wenn ein langer, penisförmiger Schaft rotiert und so die Scheidenwand stimuliert. Wenn Sie älter sind, assoziieren Sie all diese herumwirbelnden Perlen vermutlich eher mit Schmerzen. Die vibrierenden »Ohren« des Rabbit (englisch für Kaninchen) sind so positioniert, dass sie die Klitoris bearbeiten, während der Schaft eingeführt wird. Ich finde, dass es andere Vibratoren gibt, die für ältere Frauen besser geeignet sind (siehe oben). Aber wenn Sie das alles interessant finden, nur zu!

Das beste Spielzeug für ihn

Mangelnde Durchblutung erschwert es älteren Männern, eine Erektion zu bekommen und zu halten. Genau wie wir braucht er nun länger, bis er erregt ist, und benötigt extra Stimulation. Glücklicherweise kann Sexspielzeug in vielen Fällen helfen.

MASTURBATIONS-MANSCHETTEN ODER STROKER

Das ist eine simple, aber geniale Erfindung, die Selbstbefriedigung und Vorspiel revolutioniert hat. Es gibt sie schon ewig (vielleicht kennen Sie die Marke *Fleshlight;* das sind Stroker, die aussehen wie eine nachgemachte Vagina). Die heutigen Stroker sind dezenter – weiche Röhren, meist mit Oberflächenstruktur – die sich um den Schaft schmiegen, um den Penis zu stimulieren.

Man gibt einfach einen Klecks Gleitmittel hinein, schiebt das Teil auf den Penis und dann mit einer Hand auf und ab. Eine Masturbations-Manschette macht selbst aus einem unbeholfenen Handjob etwas ziemlich Spektakuläres.

PENISRINGE

Es gibt sie in unterschiedlichen Formen, doch alle werden bis zur Wurzel auf den Penis geschoben. Sie sollen das Blut in den Gefäßen halten, damit er härter bleibt – mit wechselndem Erfolg. Viele Männer verwenden sie aber gern. Sie verschaffen ihnen das Gefühl, gedrückt zu werden (immer nett), und können dazu beitragen, dass der Orgasmus später kommt und sich mächtiger anfühlt.

PROSTATA-MASSAGEGERÄTE

Die Prostata oder Vorsteherdrüse bereitet vielen älteren Männern Sorgen, doch sie ist auch eine erogene Zone, bekannt als männlicher G-Punkt.
Prostata-Massagegeräte – die es in zahllosen Formen und Designs gibt, mit und ohne Vibration – sind bei älteren Männern der Hit. Sie verhelfen ihnen nicht nur zu starken Orgasmen, sondern regen auch die Penisdurchblutung an, was zu festeren Erektionen führen kann.

Bevor Sie ein solches Gerät zum ersten Mal benutzen, lesen Sie bitte die Anleitung zur Prostata-Massage auf Seite 162 durch. Dort finden Sie Tipps, wie man auf das Einführen vorbereitet und welchen Bereich es zu finden gilt.

Sobald es eingeführt wurde, halten Sie (oder er) das Ende des Massagestabes und beginnen, damit im betreffenden Bereich zu reiben; finden Sie heraus, wo es sich am besten anfühlt. Im Allgemeinen gilt: Je mehr Druck Sie auf die Prostata ausüben, desto erregter wird er. Versuchen Sie es auch mit einer Auf-und-ab-Bewegung, schnell oder langsam, und ergänzen Sie das Ganze mit oraler oder manueller Stimulation. Diesen Orgasmus wird er so schnell nicht vergessen.

Spielzeug, dass Sie gemeinsam benutzen

EIN SCHLANKER, KLASSISCHER VIBRATOR

Ganz altmodisch: schlank, zylindrisch und mit abgerundeter Spitze, preiswert, stark und vor allem paartauglich. Er wird ihn mögen, weil er klein ist, aber einem Penis so ähnlich sieht, dass er zu der Überzeugung kommt, das sei die Penisgröße, die Ihnen gefällt.

Sie können ihn ganz einfach und ohne dass er stört zwischen Sie beide und auf Ihre Klitoris halten, wenn Sie Verkehr haben. Sie können ihn an all Ihren erogenen Zonen anwenden – Brustwarzen, Gesäß, überall –, und weil er klein ist, eignet er sich gut für sanfte Penetration.

BUTTPLUGS (ANALPLUGS)

Buttplugs können ihm zu einer Erektion verhelfen. Und für Sie ist das Gesäß eine weitere Möglichkeit zur Stimulation, falls Sie durch vaginale Penetration wund werden. Analstimulation ist etwas, das sich viele Leute lieber nicht vorstellen möchten, doch wenn man sie einmal probiert hat, schafft sie es oft auf den »Stundenplan«.

Buttplugs sind eine harmlose Möglichkeit, damit anzufangen. Sie sind geformt wie kleine Penisse, die zu viel gegessen haben – bauchig und mit einem Stopper am Ende (der verhindert, dass der Plug auf Nimmerwiedersehen verschwindet; die Scheide hat ein natürliches Ende, der Darm nicht). Nachdem Sie einen Plug eingeführt haben (erst, wenn die Person stark erregt ist, und mit jeder Menge Gleitmittel) lassen Sie ihn beim Oralsex oder beim Geschlechtsverkehr einfach dort, um die Erotik zu steigern. Mit einem Buttplug fühlen Sie sich angenehm »gefüllt«, und außerdem übt er Druck auf alles andere aus (Enddarm und Scheide haben eine gemeinsame Wand). Sie können vibrierende Buttplugs anschaffen oder einen schlanken Vibrator ein kleines Stück einführen, um herauszufinden, ob Sie das Gefühl mögen (das Gerät aber nicht loslassen, es sei denn, es hat einen Stopper).

DILDOS UND PEGGING-SETS

Sie sind für vaginale und anale Penetration gedacht (wenn sie einen Stopper haben) und sind ungeheuer vielseitig. Es gibt sie aus allen möglichen Materialien und, noch besser, in allen möglichen Größen. (Übrigens: Der Unterschied zwischen Dildo und Vibrator ist, dass Dildos nicht vibrieren.)

Wenn er Potenzprobleme hat und Sie ein Fan von Penetration sind, nimmt ein Dildo den Druck von Ihnen beiden, denn Sie haben nun einen »Penis« griffbereit. Wenn Sie Penetration mögen, sein Penis sich aber jetzt zu groß anfühlt, kaufen Sie einen kleineren Dildo. Dildos zum Umschnallen (Pegging-Sets) sind ebenfalls eine Option. Die Gurte mit dem Dildo daran werden um Hüften und Oberschenkel angelegt. Ein Umschnalldildo ist wie eine Instant-Erektion für ihn – oder Sie legen das Kit an und peggen ihn (Pegging nennt man es, wenn eine Frau mit angeschnalltem Dildo einen Mann anal penetriert).

Dildos sind ideal für Rollenspiele. Die hübschesten sind aus Glas; man kann sie erhitzen oder kühlen und dann über den ganzen Körper rollen.

SOFT BONDAGE KITS

Wenn die Libido träge ist, braucht es mehr als die Missionarsstellung, um sie wieder in Gang zu bringen. Fesselspiele können ein zur Routine gewordenes Sexualleben wiedererwecken; sie verteilen die Macht neu und sorgen für Schauer der Erregung. Rosa Plüschhandschellen an älteren Handgelenken können sich albern anfühlen, und Stahl ist kalt und gnadenlos. Soft Bondage Kits hingegen sind aus angenehmem Material und werden meist mit Klettband angebracht, lassen sich also leicht anlegen und abnehmen. Außerdem sind sie preiswert.

VIBRO-EIER (LIEBESEIER)

Ein Vibro-Ei aus Silikon und mit Fernbedienung ist ein beeindruckendes Sexspielzeug. Sie applizieren Gleitmittel, führen das Ei hoch in die Scheide ein und überreichen dann Ihrem Liebhaber die Fernbedienung. Er kann sie und Sie bedienen – wann und wo er möchte. Viele Frauen, die beim Verkehr Probleme haben, können Liebeseier verwenden. Während ein Penis immer wieder stößt, bleibt das Ei an seinem Platz und brummt sanft vor sich hin. (Sollte es sich unangenehm anfühlen, haben Sie es vielleicht nicht hoch genug eingeschoben.)

G-PUNKT-VIBRATOREN

Wenn Sie beim Sex Schmerzen haben und Penetration für Sie ein Problem darstellt, ist so ein Vibrator nichts für Sie. Ansonsten sollten Sie diesen hier ausprobieren, für völlig andere, äußerst intensive Orgasmen.

G-Punkt-Vibratoren sind sehr beliebt, und das hat einen guten Grund: Es ist bekanntermaßen schwierig, den berüchtigten Punkt mit Fingern oder Penis zu erreichen. Diese Vibratoren sind gebogen und speziell für diesen Zweck geformt. Sie können von beiden Geschlechtern benutzt werden. (Man streitet nach wie vor darüber, ob es den G-Punkt gibt oder nicht. Doch die vordere Scheidenwand – der zum Bauch gewandte Teil – ist definitiv überaus empfänglich für Stimulation. Wenn ich vom G-Punkt spreche, meine ich diesen Bereich.)

Ein G-Punkt-Vibrator wird anders benutzt als andere Vibratoren. Legen Sie sich mit angezogenen Knien und einem Kissen unter dem Po auf den Rücken, alternativ legen Sie sich auf den Bauch oder kommen Sie auf Hände und Knie. Erst applizieren Sie reichlich Gleitmittel, dann führen Sie den Vibrator behutsam etwa 2,5–7,5 cm tief ein. Richten Sie ihn auf das Scheidendach (als würden Sie auf den Magen zielen) und bewegen Sie ihn vor und zurück oder kreisförmig; der Druck ist fest und gleichbleibend.

Keine Panik, wenn Sie glauben, pinkeln zu müssen: Sie müssen nicht. Das Gefühl kommt daher, dass Sie auf den Harnleiter drücken. Entspannen Sie, bis es vorbei ist und Sie (hoffentlich!) einen Orgasmus haben.

LIEBESKISSEN UND ANDERE SEXMÖBEL

Ihre Genitalien sind in Top-Zustand, und nur der Rest Ihres Körpers lässt nach? Wenn Sie kaputte Knie, Rückenprobleme, steife Gelenke oder Arthritis haben, sollten Sie im Internet mal unter »Sexmöbel« suchen (die bekannteste Marke ist Liberator, aber es gibt natürlich noch viele andere Marken). Der Begriff Sexmöbel umfasst alles von luxuriösen (teuren) Liegen bis zu seltsam geformten Kissen, die dort stützen, wo es nötig ist. Keilförmige Liebeskissen kann man unter das Gesäß, Knie oder Ellenbogen schieben, um sich in die richtige Stellung zu bringen oder es beim Sex bequemer zu haben.

Wenn Sie nichts ausgeben möchten, können Sie erfinderisch sein und Requisiten verwenden, die Sie bereits zu Hause haben. Schieben Sie einfach feste Kissen unter Ihrer beider diversen Körperteile – das kann den Unterschied zwischen nervösem, furchtsamem Sex, mit der Angst, Rücken oder Knie könnten nicht mehr mitmachen, und bequemem, angenehmem Sex bedeuten.

VERRÜCKTE MYTHEN ÜBER SEXSPIELZEUG

Als jemand, der seit 42 Jahren (huch!) Sexspielzeug benutzt, versichere ich Ihnen mit Freuden, dass das Folgende der Wahrheit entspricht.

Vibratoren machen die Genitalien nicht »taub«. Und sie machen sie auch nicht weniger empfindsam. Im Gegenteil: Ein Vibrator sorgt für die gute Durchblutung der Genitalien und hält sie so gesund. Außerdem ist er schnell: Viele von uns kommen mit einem Vibrator innerhalb von drei bis vier Minuten zum Orgasmus.

Sexspielzeug ist so gut wie das Original. Wenn »das Original« der Penis eines Mannes ist, dann glaube ich, Sie werden so manches Sexspielzeug besser finden. Geschlechtsverkehr ist einer der unzuverlässigsten Wege zum weiblichen Orgasmus. Nur 20 bis 30 Prozent der Frauen erreichen beim Verkehr mit dem Partner einen Orgasmus, aber die meisten kommen jedes Mal zum Höhepunkt, wenn sie mit einem Vibrator masturbieren. »Ich hatte meinen ersten Orgasmus, als ich 57 war – mit einem Vibrator«, sagt Erika, heute 63. »Ich habe geweint. Ich wusste nicht einmal, dass Frauen einen Orgasmus haben können, bis ich ziemlich alt war. Jetzt macht es mir nichts aus, wenn zwischen Beziehungen ein paar Jahre liegen. Ich habe ja mein Massagegerät.«

Und wenn ich lieber meinen Vibrator benutze, als Sex mit meinem Partner zu haben? Ganz ehrlich: Das kann zwar sein, wenn Sie zum ersten Mal einen benutzen. Doch ein Vibrator kann Sie nicht zum Lachen bringen, mit Ihnen fernsehen oder Sie knuddeln. Es ist also unwahrscheinlich, dass Sie Ihren Partner rauswerfen und mit Ihrem Vibrator kuscheln. Andererseits: Wenn Sie nur wegen des Sex in einer schlechten Beziehung bleiben, könnte ein Vibrator Sie überzeugen, dass Sie es als Single besser haben. Das ist gut.

Es ist unnatürlich. Wirklich? Ich gehe davon aus, dass Sie vieles tun, was »unnatürlich« ist. Zum Beispiel elektrischen Strom verwenden. Auto fahren. Lebensmittel im Kühlschrank aufbewahren und nicht unter ein paar Blättern am Ufer eines Bachs. Vibratoren gehören zu den größten Erfindungen der Welt. Seien Sie dankbar, nicht argwöhnisch!

KAPITEL 9

WIE MAN IN EINER SEXLOSEN BEZIEHUNG ÜBERLEBT

In Beziehungen kann es mit dem Sex aus den verschiedensten Gründen vorbei sein. Manchmal ist es der natürliche Rückgang der Libido, der Sie beide keine Lust mehr auf Sex haben lässt, und dieser Abschied macht Ihnen überhaupt nichts aus. Bei anderen Paaren hängt einer die Schlittschuhe an den Nagel, und der andere würde furchtbar gern weiter auf dem Eis herumwirbeln.

Wenn einer mehr Sex möchte als der andere, kann das selbst die beste Beziehung durcheinanderbringen. Aber wenn Sie echtes Chaos erleben wollen, dann sagen Sie einem Partner, der große Freude am Sex hat, dass er ihn nie wieder bekommt. Trotzdem tun das viele Leute.

Unsere Kultur war Sex gegenüber nie toleranter, jeglichen Varianten gegenüber nie liberaler und offener – und doch befinden wir uns mitten in einer weltweiten Sex-Rezession. Dagegen ist niemand von uns immun. Laut dem *National Surveys of Sexual Attitudes and Lifestyles* 3 (Natsal-3, eine der größten wissenschaftlichen Studien zum Sexualverhalten weltweit) gaben mehr britische Erwachsene an, im vergangenen Monat keinerlei Sex gehabt zu haben, als noch vor zehn Jahren. Die Zahl der erwachsenen Amerikaner, die nach eigenen Angaben im vergangenen Jahr nicht sexuell aktiv waren, erreichte 2018 ein Rekordhoch. Die Sex-Rezession scheint global zu sein: Auch Australien, Finnland und die Niederlande beobachten ähnlich sinkende Zahlen. In Japan waren im Jahr 2015 43 Prozent der Menschen zwischen 18 und 34 unberührt.

Es gibt Millionen Gründe, warum die Welt aufhört, Sex zu haben. Jedes Paar ist einzigartig, doch es gibt ein paar Dinge, die uns alle betreffen.

GRÜNDE, KEINEN SEX MEHR ZU HABEN

Technik. Die modernen Medien zählen zu den Hauptschuldigen. Vor 20 Jahren hatten die meisten Paare Sex nach dem Samstagabend-Film. Heute hängen wir auf dem Sofa ab und streamen Netflix. Geht man endlich ins Bett, wendet man sich nicht einander zu, sondern klickt sich durch soziale Medien oder Nachrichtenkanäle, um herauszufinden, was so in der Welt passiert. Und das ist viel – was bedeutet, dass im Schlafzimmer nicht mehr viel los ist.

Zu beschäftigt. Ich glaube ja, »keine Zeit« ist häufiger eine Ausrede als der wahre Grund. Wir alle schaffen es, Zeit zum Fernsehen und für soziale Medien zu finden. Aber es gibt durchaus den Fall, dass einer von Ihnen oder Sie beide seelisch und körperlich erschöpft sind von den Anforderungen, die das Leben an Sie stellt.

Die Porno-Blase. Solo-Sex erfordert wenig Aufwand und null Wartung, Paar-Sex erfordert von beidem etwas. Man kann sich leicht angewöhnen, zweimal die Woche 5 Minuten beim Porno-Schauen zu masturbieren, und das war's dann für Sie beide.

Pornografie wird immer beliebt sein, weil Menschen faul sind – deshalb werden Paare auch für Sexroboter empfänglich sein. Wir werden unsere Sexroboter so einstellen, dass sie all unsere Bedürfnisse befriedigen, ohne dass wir viel dazu beitragen müssen. Weit weniger Theater als mit nervigen, anspruchsvollen Mitmenschen.

Ein Leben lang schlechter Sex. Manchen Menschen fällt es nicht so leicht, dem Partner mitzuteilen, was sie brauchen, und so ertragen sie jahrelang eine Technik, die sie nicht zum Ziel führt. Andere werden zu Sex mit Partnern gedrängt, die sie nicht einmal mögen, geschweige denn lieben. Wenn Sex für Sie eine unangenehme Erfahrung ist, warum sollten Sie dann nicht wollen, dass es damit vorbei ist?

Vom Sex angeödet. Sie haben es schon tausendmal gemacht und nun einfach kein Interesse mehr daran. Netflix ändert seine Inhalte ständig – was man vom Sexprogramm der meisten Paare eher nicht behaupten kann.

Sexuelle Funktionsstörung und gesundheitliche Probleme. Potenzstörungen, Schmerzen beim Sex, ganz allgemein ein schlechter Gesundheitszustand und nachlassende Beweglichkeit … das meiste davon lässt sich behandeln, doch viele Menschen holen sich keine Hilfe.

Geringes Selbstwertgefühl. Wenn Sie kein Selbstvertrauen haben – also nicht mögen, wie Sie aussehen, sich für wenig begehrenswert halten – können Sie sich wahrscheinlich nicht vorstellen, dass Sex Spaß machen kann.

Depressionen oder Angstzustände. Vier Millionen Menschen in Großbritannien, drei Millionen Australier und mehr als 35 Millionen Amerikaner sind Langzeitkonsumenten von Antidepressiva, und in Deutschland bekamen im Jahr 2019 1,5 Millionen Menschen Antidepressiva verschrieben. Häufige Nebenwirkung dieser Medikamente? Libidoverlust.

Weniger Lust. Selbst wenn Sie einander lieben, selbst wenn Sie früher richtig guten Sex hatten – die Lust auf Sex nimmt ab, je älter man wird. Wenn Sie ernsthaft glauben, das könne Ihnen nicht passieren, kann es ein ziemlicher Schock sein, wenn es dann doch geschieht.

Beziehungsprobleme. Ich staune immer, wenn Paare glauben, ihr Liebes- und ihr Sexualleben hätten nichts miteinander zu tun. »Ich weiß nicht, warum wir keinen Sex mehr haben«, erzählte mir eine Frau. Zwei Atemzüge später beschwerte sie sich, dass Sie und ihr Mann sich permanent übereinander ärgern würden. »Keinen Sex zu haben, macht es noch schlimmer«, sagte sie.

Es ist eine klassischer Teufelskreis: Wegen des Ärgers haben Sie keinen Sex, und weil Sie keinen Sex haben, ärgern Sie sich noch mehr. Sie können keinen guten Sex erwarten, wenn Ihre Beziehung seit Jahren katastrophal ist. Untreue ist eine weitere sichere Möglichkeit, selbst das beste Sexualleben in die Knie zu zwingen.

Niemand da, mit dem man Sex haben kann. Viele Antworten in einem Fragebogen, den ich weiblichen Singles zum Ausfüllen gab, lassen den Schluss zu, dass es eindeutig an Männern mangelt, die willens, bereit und fähig sind, mit einer Frau in der zweiten Lebenshälfte Sex zu haben. (Mehr dazu in Kapitel 11.)

Es passiert wahrscheinlich nicht, wenn Sie Frauen mögen. Eine aktuelle Studie hat ergeben, dass Lesben mehr Orgasmen und befriedigenderen Sex haben als hetero- oder bisexuelle Frauen. Überhaupt werden zwei Frauen über 50 eher fantasievolle Szenarien erdenken, die den Sex am Laufen halten, weil sie nicht so auf Penetration fixiert sind.

RENKT SICH DAS MIT DER ZEIT NICHT VON SELBST WIEDER EIN?

Und an Einhörner glauben Sie auch? Nach mehreren Jahren ohne Sex ist es höchst unwahrscheinlich, dass Sie sich einander zuwenden und plötzlich ausrufen: »Das gibt's doch nicht! Wir haben sechs Jahre vergessen, Sex zu haben! Nichts wie ran!«

Eine US-amerikanische Umfrage unter 1000 Menschen ergab, dass zwar ein kleiner Anteil der Ehepaare, die eine sexlose Phase durchgemacht haben, wieder in die Spur kommt, doch die meisten tun es nicht. 39 Prozent sagten, die Dürreperioden hätten zwischen einem und fünf Jahren angehalten.

Wenn ein Partner uninteressiert scheint, bemüht sich meist der andere, die Sache wieder zum Laufen zu bringen, hört aber auf, wenn seine Versuche nicht begeistert aufgenommen werden. Avancen sind selten willkommen, wenn es ein Problem gibt, dessentwegen Sie den Kopf in den Sand stecken. Wer die Initiative übernommen hat, gibt dann auf und findet etwas anderes, mit dem er sich amüsieren kann – das Fitnessstudio, ein neues Hobby, einen neuen Job, Enkelkinder. Wenn man keinen Sex hat, vergisst man erschreckend schnell, wie gut er sein kann – und gewöhnt sich an den neuen Zustand. Sex verschwindet mehr und mehr in der Ferne, und man bemerkt kaum, dass er fort ist. Sex zu haben, wenn man monatelang keinen hatte, ist schlimm. Ein Horror, wenn man jahrelang abstinent war.

Die meisten Ehen ohne Sex bleiben auch wegen des Westermarck-Effekts sexlos. Der finnische Anthropologe Westermarck glaubte, Menschen hätten eine angeborene Neigung, Personen, mit denen sie lange zusammengelebt haben, nicht mehr zu begehren, wenn sie keinen Sex mit ihnen haben. Als Freunde zusammenzuleben bedeutet, dass man beginnt, sich wie Geschwister zu fühlen. Sex fühlt sich »falsch« und unangenehm an, also wird er vermieden.

Es spielt nicht wirklich eine Rolle, aus welchem Grund Sie anfänglich damit aufgehört haben. Sobald Sie länger als ein Jahr keinen Sex mehr hatten, wird es so bleiben – es sei denn, einer von Ihnen oder Sie beide gehen das Problem direkt an.

WIE FÜHLT ES SICH AN, WENN MAN SEX SELTEN ODER GAR NICHT HAT?

»Ich würde es meinen Freundinnen nie sagen, dass wir keinen Sex mehr haben. Die Leute spekulieren. Ist er schwul? Hat er heimlich eine Affäre? Wollt ihr euch scheiden lassen? Dabei habe ich mit Sex einfach nichts mehr am Hut.«

»Ich habe lieber einen Partner, der keinen Sex hat, als einen, der sein Ding nicht in der Hose behalten kann und untreu ist oder stundenlang am Stück Pornos guckt.«

»Ich bin 60. Ich hatte so viel Sex, der reicht für ein ganzes Leben. Er war nie das, was ich in meiner Partnerschaft am liebsten mochte. Ich hatte 40 Jahre Sex mit meinem Mann, damit er zufrieden bleibt. Jetzt bin ich dran. Es ist mir wirklich egal, ob er ihn woanders bekommt. Ich will es nicht wissen, und ich möchte, dass er diskret vorgeht, aber wenn er dann aufhört, mich zu belästigen, umso besser.«

»Nachdem es bei ihm mit den Potenzstörungen losgegangen war, verlor mein Mann zunehmend das Interesse am Sex. Er fand schrecklich, was mit ihm geschah, und Viagra vertrug er nicht. Er war nie sonderlich sexuell aktiv, und ich habe den Verdacht, dass er einen niedrigen Testosteronlevel hat, er ist nämlich kaum ehrgeizig und wenig zielstrebig. Wir reden manchmal darüber, Sex zu haben, aber er findet immer einen Grund, warum wir es lassen sollten. Die Ausreden sind dürftig, und eigentlich ist es ihm zu mühsam. Viel zu viele Steine im Weg. Das ist okay, aber ich spüre, dass er dabei nicht an mich denkt, nicht daran, dass ich mir wegen der Innigkeit Sex wünschen könnte. Ich hatte fast all meine Orgasmen durch Oralsex, es gibt also keinen Grund, warum ich das nicht weiterhin genießen kann.«

»Anfangs hatten wir tollen Sex, waren ewig im Bett, holten uns eine Flasche Wein und liebten uns stundenlang. Jetzt, 20 Jahre später, tun wir eigentlich nichts anderes, als einen Film zu gucken oder essen zu gehen. Wir haben immer noch Sex, aber er dauert nicht sehr lange. Mit dem Sex ist es wie mit allem anderen im Leben. Es gibt eine Zeit, wo er wichtig ist, und eine Zeit, wo er es nicht mehr ist. Wir sind mit der derzeitigen Situation ganz zufrieden. Vielleicht entdecken wir ihn später wieder.«

»Ich bin sicher, dass es Hunderte von Paaren gibt, die lieber einträchtig Filme auf DVD gucken oder mit einem guten Buch ins Bett gehen, als es wild zu treiben. Wir sind mit vielen Paaren befreundet, und mit denen witzeln wir immer, Sex sei der Geist der vergangenen Weihnacht.«

FINDEN SIE IHRE EIGENE NORM

Wann ist eine Ehe sexlos? Was ist, wenn Sie noch Sex haben, aber nur einmal im Monat oder einmal pro Jahr? Offiziell galt eine Ehe früher als sexlos, wenn das Paar weniger als zehnmal im Jahr Sex hatte. Diese Definition war zu eng gefasst; heute gilt eine Beziehung als sexlos, wenn das Paar »kaum oder gar nicht sexuell aktiv« ist.

Manche Leute fühlen sich sexuell ausgehungert, wenn sie einmal pro Woche Sex haben. Andere haben zweimal im Jahr erfreulichen Sex und finden ihr Sexualleben ausgesprochen befriedigend. Ich kenne viele Paare über 50, die schon lange zusammen sind, alle zwei Monate Sex haben und empört wären, wenn man ihre Beziehung sexlos nennen würde. Was die richtige Menge Sex für Sie beide ist, definiert sich nicht darüber, wie oft Sie Sex haben, sondern darüber, was Sie beide glücklich macht. Das kann ich nicht oft genug betonen.

Ja, Sex ist in vielerlei Hinsicht gut für Sie – sehr, sehr gut. Warum, das habe ich Ihnen im Lauf des Buchs bereits eingeschärft. Aber viele Paare fühlen sich in sexlosen oder sexarmen Beziehungen wohl. »Wichtig ist nicht, wie oft man Sex hat. Wichtig ist, dass man ihn haben könnte. Und dass man weiß, der andere würde es auch wollen«, erzählte mir ein glücklich verheirateter Mann um die 60. Das Paar hat einmal im Monat Sex und kommt gut damit zurecht.

Es gibt keine Norm. Einmal pro Woche scheint die magische Zahl zu sein, mit der man etwas von den Vorteilen hat, die Sex bietet. Doch diese Zahl gilt für alle Paare. Sie berücksichtigt weder das Alter noch die Umstände: wie lange Sie zusammen sind, was sonst noch in Ihrem Leben los ist, was Sex jedem von Ihnen bedeutet und tausend andere Variablen, die einbezogen werden müssen. Liebe, Verspieltheit, Zuneigung – auch diese Dinge bringen Intimität in die Beziehung und sind ebenso wichtig wie Sex.

Für all jene, die etwas mit Zahlen anfangen können, habe ich einige Statistiken parat. Eine Umfrage von *Gransnet,* einem Online-Forum für über 50-Jährige, und *Relate,* einem in Großbritannien ansässigen Paarberatungsdienst, ergab, dass eins von vier britischen Paaren (zwischen 51 und 85) sich als sexlos beschrieb, und 57 Prozent gaben an, ohne Sex ein glückliches und erfülltes Leben zu haben. 98 Prozent sagten, Vertrauen sei in einer festen Beziehung wichtiger als Sex.

Eine andere Befragung von 2000 Frauen zwischen 45 und 64, durchgeführt im Auftrag eines britischen Magazins, ergab, dass die Hälfte der Frauen in Langzeitbeziehungen es nicht schlimm fänden, wenn es mit dem Sex aus sein sollte. Eine US-amerikanische Onlinebefragung für *The Normal Bar* mit mehr als 70 000 Teilnehmern, darunter 8240 über 50-Jährige, brachte ans Licht, dass 33 Prozent dieser Paare nach eigenen Angaben selten oder nie Sex hatten. Ein Viertel von ihnen bezeichnete sich selbst als »überaus glücklich«.

Es gibt auf jeden Fall einen großen Zusammenhang zwischen sexueller Intimität und Wohlbefinden. Eine Studie der International Society for Sexual Medicine mit 3000 Männern und 4000 Frauen, die meisten davon Mitte 60, ergab, dass diejenigen, die im vergangenen Jahr Sex hatten, mehr Freude am Leben hatten. Doch wenn Sie mit Ihrem Partner ein wunderbares Leben führen, Sie beide gute Freunde sind und das auch zeigen, miteinander lachen können, gleiche Interessen haben, gern Zeit mit Kindern, Freunden und Familie verbringen und ein erfülltes, interessantes Leben führen, ist Sex das Sahnehäubchen, nicht die Hauptzutat. Mit einem riesigen Vorbehalt: solange Sie beide einverstanden sind.

Etwas dürfen Sie nie vergessen: Guter, regelmäßiger Sex kann viele der nicht so perfekten Anteile Ihrer Beziehung glätten. Wenn Sie beschließen, keinen mehr zu haben, müssen Sie Ihre Beziehung ganz besonders pflegen.

WAS KÖNNTEN MÄNNER TUN, DAMIT FRAUEN MEHR LUST AUF SEX HABEN?

»Mehr Zeit darauf verwenden, zärtlich und aufmerksam zu sein. Ich liebe eine gute, entspannende Massage, und die führt oft zu Sex. Ich muss mich emotional verbunden fühlen, damit ich Lust auf Sex habe. Es ist nicht nur eine körperliche Routineangelegenheit.«

»Frauen mittleren Alters sagen oft, sie fühlten sich unsichtbar und würden nicht mehr als sexuell anziehend gelten. Alles, was uns zeigt, dass wir es doch noch sind, ist wichtig. Ich habe einige Freundinnen, deren Ehen zerbrachen, nachdem ihr Typ sie für eine viel jüngere Frau verlassen hatte. Frauen sind verwundbar.«

»Hört besser zu. Wenn eine Frau älter wird, hat sie so viele Geschichten im Kopf. Die Wechseljahre sind ein wichtiger Faktor, die Auseinandersetzung mit dem Älterwerden auch.«

»Macht mehr Komplimente. Wir bekommen nicht mehr so viele wie früher. Jede positive Verstärkung zu unserem Aussehen, unseren Gefühlen, unserer Attraktivität ist hilfreich.«

»Mehr Romantik. Wir brauchen viel Streicheln und Herumspielen. Geht nicht mehr gleich auf die Klitoris los.«

»Wenn die Beziehung außerhalb des Schlafzimmers gut ist, ist die Chance auf ein tolles Sexualleben besser. Und natürlich brauchen wir beide Vorspiel, Vorspiel, Vorspiel.«

WAS KÖNNTEN FRAUEN TUN, DAMIT MÄNNER MEHR LUST AUF SEX HABEN?

»Ihm versichern, dass es nicht um Leistung geht. Es geht um Verbundenheit auf allen möglichen Ebenen, nicht nur via Geschlechtsverkehr.«

»Komplimente machen. Er ist nicht mehr so selbstbewusst wie damals.«

»Auf seine Bedürfnisse achten. Auch Männer müssen sich begehrt fühlen. Ich glaube, Männer brauchen mehr seelische Verbundenheit, wenn sie älter und beziehungstauglicher werden.«

»Ich habe noch nie einen Mann getroffen, der keinen Sex wollte. Ich habe noch nie einen Mann getroffen, der im Bett nicht zufrieden war mit dem, was er bekam.«

»Auch Männer kämpfen mit den körperlichen Auswirkungen des Alters und dem Nachlassen ihrer sexuellen Leistungsfähigkeit.«

»Ihm helfen, mit einem alternden Penis klarzukommen und zu verstehen, dass es nicht den Weltuntergang bedeutet, wenn er keine Erektion bekommt.«

WAS TUN, WENN … SIE BEIDE KEINEN SEX MEHR WOLLEN

Paare, die in Sachen Sex frohen Mutes einen Schlussstrich ziehen, waren meist auch davor sexuell nicht besonders aktiv. Kommen dazu noch einige der Beschwerden, die typischerweise Menschen über 50 heimsuchen, kann das genügen, um auch die letzte Flamme zu ersticken.

Einige von uns powern voller Schwung durch die Jahre, andere werden langsamer und beginnen, sich ausgebrannt zu fühlen. Andere Dinge werden wichtig.

Wenn man jung ist, käme es einem verrückt vor, statt Sex zu haben einen Spaziergang zu machen oder im Garten zu arbeiten. Wenn man gegen 60 nervös nach Ausreden sucht, beginnt man zu verstehen. Was Sie mit 50 plus erregt, ist nicht unbedingt das, was Sie in der ersten Hälfte Ihres Lebens erregt hat.

Aus welchem Grund auch immer Sie beide beschlossen haben, keinen Sex mehr zu haben – es gibt einen Faktor, der bestimmt, wie Ihre Beziehung von nun an sein wird: Sie müssen – *und ich meine müssen* – offen ansprechen, dass Sie ohne Sex leben wollen. Sonst ist Ihre Beziehung in Gefahr.

Einige Paare, die keinen Sex mehr wollen, lassen auch alles andere. Vorbei ist es mit Küssen, Flirten, Berühren, mit sexy Dessous oder sogar mit sexy Kleidung. Sie schauen weg, wenn Paare im Fernsehen Sex haben und gehen jedem Gespräch über das Thema aus dem Weg. Man will keinen Sex, und daher vermeidet man alles und jedes, was Sex zur Folge haben könnte. Das erstickt nicht nur jegliches Verlangen, das vielleicht noch hätte geweckt werden können, es ruiniert auch die Beziehung. Wenn Sie Berührung und Zuwendung vermeiden, trennen Sie sich quasi voneinander, während Sie zusammenleben.

Einige Paare tun dies, wenn Sie sich eigentlich trennen wollen, aber eine Scheidung nicht infrage kommt, weil sie entweder ihren Lebensstandard nicht aufgeben oder die Kinder nicht verletzen wollen. Wenn das auf Sie zutrifft, tun Sie sich beiden bitte einen Gefallen und reden Sie darüber. Gestehen Sie sich ein, dass die Dinge sind, wie sie sind, und dass Sie beide damit zufrieden sind. Dann können Sie Ihr Leben ohne Heimlichtuerei weiterführen. Wer weiß? Vielleicht werden Sie ja richtig gute Freunde. So zu tun, alles sei normal, wenn es das nicht ist, ist für jeden anstrengend – und bringt nichts. Ihre Kinder wissen, was los ist, sie sind nicht dumm.

Doch selbst wenn Sie nicht in diese Kategorie fallen – Sie lieben einander von Herzen und können sich nichts Schlimmeres vorstellen, als getrennt zu sein –, müssen Sie dieses Gespräch führen. Wenn man extrem eng verbundenen Paaren glauben darf, muss es nicht traumatisierend oder lang sein. »Eines Nachts sahen wir uns im Bett an, und ich sagte: ›Macht es dir was aus, dass wir keinen Sex mehr haben?‹ Er antwortete: ›Überhaupt nicht. Solange wir noch kuscheln, ist das okay.‹ Das war's.«

Doch es muss einen Moment geben, an dem Sie beide hundertprozentig und zweifelsfrei verstehen, dass von nun an Sex nicht mehr zu Ihrer Beziehung gehört. Hat das stattgefunden, halten Sie die Liebe in Ihrer Beziehung extra lebendig, indem Sie die folgenden Dinge tun:

Seien Sie doppelt so lieb zueinander. Sobald Sie beide wissen, dass eine Berührung kein Vorspiel für Sex ist, können Sie entspannen. Händchen halten, schmusen, einander küssen – das sollten Sie häufig tun.

Bleiben Sie verspielt. Keinen Sex zu haben heißt nicht, dass Sie nicht nackt aneinandergeschmiegt schlafen können. Haben Sie Spaß. Ihre erogenen Zonen sind nicht tabu, nur weil Sie nicht mehr aufs Ganze gehen wollen. Geben Sie ihm einen Klaps auf den Hintern. Genießen Sie es, wenn er Sie in den Po kneift oder Ihr Dekolleté bewundert. Ziehen Sie ab und zu freundschaftlich an seinem Penis.

Setzen Sie das Gespräch fort. Überprüfen Sie gelegentlich, ob Sie beide noch mit der Situation einverstanden sind. Es könnte sein, dass Sie – nachdem der Druck von Ihnen genommen wurde – sich Sex wieder gut vorstellen können.

Achtung: Einer von Ihnen könnte seine Meinung ändern. Wenn das geschieht und Ihr Partner ankündigt, er wolle wieder Sex, verfallen Sie nicht in Panik.

Getrennte Betten können von Vorteil sein. Getrennt zu schlafen scheint nicht sexy, aber viele Paare tun es, aus diversen Gründen. Eine aktuelle Studie ergab, dass bis zu 200 000 australische Paare derzeit getrennte Betten haben, weil ein Partner schnarcht, unruhig schläft oder ständig die Bettdecke stiehlt. Die »Scheidung für die Nacht« hat Beziehungen eher gestärkt als beschädigt.

IHR PARTNER WILL KEINEN SEX MEHR, ABER SIE SCHON

Die entscheidende Frage hier ist, warum. Denn der Grund bestimmt Ihr weiteres Vorgehen. Wenn Ihr Partner aus offensichtlichen, unverschuldeten Gründen keinen Sex mehr will – er hat eine lebensverändernde Krankheit, schlägt sich mit gesundheitlichen Problemen herum, hat eine schwere Zeit oder ist depressiv oder wegen eines Schicksalsschlags gestresst – ist das eine völlig andere Situation, als wenn er einfach beschließt: »So bin ich eben. Ich bin damit durch.« Doch selbst dann ist da meist noch etwas Spielraum.

Sex, wie Sie ihn gewohnt waren, ist vielleicht unmöglich, aber irgendeine Art von Sex könnte durchaus machbar sein. Wo ein Wille ist, ist auch ein Weg. Ich habe Workshops für Menschen veranstaltet, die an der Glasknochenkrankheit leiden. Einige waren schwerstbehindert, auf einen Rollstuhl angewiesen, ihre Knochen waren so empfindlich, dass sie schon beim Niesen brechen konnten. Der Durchschnittsmensch schlägt Sex aus, weil er erkältet ist oder sich »fett« fühlt. Einige der Menschen, denen ich begegnet bin, hatten so gut wie immer starke Schmerzen. Ein Toilettengang war ein Kraftakt. Und doch waren sie da – bei einem Workshop, der ihnen helfen würde, trotz ihrer Einschränkungen sexuelle Kontakte zu knüpfen. Diese Erfahrung hat mich demütig gemacht und mir gezeigt, wie wichtig es für Menschen ist, sexuell aktiv zu sein. Und sie lässt unsere Ausreden, warum wir keinen Sex wollen, armselig erscheinen.

Wenn Ihr Partner für Geschlechtsverkehr körperlich nicht mehr fit genug ist, kann er doch in der Lage sein, Sie zu befriedigen. Kann er Ihnen mit Händen oder Zunge Vergnügen bereiten? Kann er ein Sexspielzeug halten, das Sie stimuliert? Zu guter Letzt kann er im Raum sein, wenn Sie sich selbst befriedigen, daran teilhaben und Ihnen sagen, wie heiß Sie dabei aussehen. (Psychische Erkrankungen sind eine ganz andere Sache; nur Sie können die Situation einschätzen und entsprechende Entscheidungen treffen.) Wenn er nicht will, dass an ihm sexuelle Handlungen begangen werden, ist er vielleicht trotzdem offen dafür, Sie sexuell zu stimulieren?

Weitere gute Fragen, die Sie sich stellen können, wenn Ihr Partner keinen Sex mehr zu wollen scheint: Ist er zumindest bereit, Optionen zu erkunden? Möchte er mich glücklich machen und tun, was er kann, um meine Bedürfnisse zu befriedigen? Ist er bereit, über das Problem zu sprechen und zu versuchen, es zu lösen? Ist die Antwort auf all diese Fragen ja, muss man vielleicht nur über den Tellerrand blicken und sich kreative Lösungen einfallen lassen.

Zwei mögliche Szenarien

Manchmal gibt es keinen triftigen Grund dafür, dass der Sex aufhört. Sie haben einfach weniger häufig miteinander geschlafen (sind mit den Kindern beschäftigt, arbeiten viel, kümmern sich um alte Eltern usw.), und langsam ging es dahin – von einmal pro Woche über einmal im Monat bis zu einmal nie wieder. Sie haben versucht, die Initiative zu ergreifen, doch Ihr Partner scheint immer eine Ausrede zu haben, und Sie wollen keinen Ärger riskieren, indem sie es thematisieren und fragen: »Wie kommt es, dass du keinen Sex mehr willst?«

Wenn Ihre Beziehung in Ordnung und nur Ihr Sexualleben tot ist, haben Sie sich vermutlich um sich selbst gekümmert und masturbiert – in der verzweifelten Hoffnung, dass alles wieder in die richtige Bahn kommt. Solange Sie noch Witze darüber machen können, dass Sie es nicht mehr tun, scheint das Problem nicht groß zu sein.

Richtig – das Problem ist sicher nicht so groß wie das andere mögliche Szenario: Es ist mit dem Sex vorbei, und Ihr Partner zieht sich zurück, weigert sich, darüber zu reden ... erst dann beginnen die echten Probleme. Ihr erster Gedanke könnte sein, dass er Sie nicht mehr attraktiv findet. Sich nicht begehrenswert zu fühlen, ist nicht das angenehmste Gefühl der Welt. Dicht auf den Fersen: Er hat eine Affäre oder will aus der Beziehung heraus. Geben Sie zu »sich nicht begehrenswert fühlen« ein »sich ungeliebt und unerwünscht fühlen« hinzu. Auch »Ist er schwul?«, könnte noch in den Topf mit der brodelnden Paranoia geworfen werden. (Oder: »Ist sie hetero?«, falls Sie lesbisch sind.) Klar, es könnte einer dieser Gründe sein.

Doch wenn Sie mit einem Mann zusammen sind, der über 50 ist, Sex liebte, aber ihn jetzt meidet, und sich weigert, darüber zu sprechen, bedeutet das fast immer, dass er Potenzstörungen hat und es ihm zu peinlich ist, es zuzugeben.

Wenn Männer keinen Sex mehr haben wollen

Viele Männer mit erektiler Dysfunktion (ED) hätten lieber nie wieder Sex, als ein dermaßen peinliches Geheimnis zu beichten. Und ich spreche hier von ansonsten offenen, kommunikativen Männern, die gern über so ziemlich alles reden. In diesem Buch gibt es dazu ein ganzes Kapitel, mit dessen Hilfe Sie das Thema durchsprechen und Lösungen finden können. Wenn Sie also glauben, ED könne der Grund sein, dann nichts wie hin zu Seite 143.

Einfach kein Verlangen, keine Lust mehr auf Sex zu haben, kann auch aus einem anderen Grund niederschmetternd sein: Es herrscht allgemein die Vorstellung, ein Mann sollte stets zum Sex bereit sein, egal wie alt er ist. Die Wirklichkeit: »In meiner Praxis kommt es heutzutage viel häufiger vor, dass eine Frau ihren Mann bringt, weil er ihr im Bett fehlt, als umgekehrt«, so Sexualtherapeut Stephen Snyder. Ein Mann, der keinen Sex will, fühlt sich unmännlich.

Ob nun er den Sex verweigert oder Sie keinen wollen – Sexmangel wirkt sich auf Männer stärker aus. Sex verschafft Männern nicht nur Orgasmen, er sorgt für Intimität. Frauen sind besser darin, sich Zärtlichkeit und Nähe zu holen, wenn Sie sie brauchen. Sie bitten um eine Umarmung; was sehr viele Männer, selbst wenn sie traurig sind, nicht tun, weil sie fürchten, »schwach« zu wirken. Stattdessen initiieren sie Sex: Das ist ihre Art zu sagen, »ich brauche jetzt deine Nähe«. Ein Mann braucht Zusammenhalt und emotionale Nähe genauso wie wir, und wenn Sex seine einzige Quelle dafür war, bleibt er ohne Sex mit dem Gefühl zurück, einsam und isoliert zu sein.

Was nun?

Die meisten von Ihnen werden sich in einem der beiden zuvor beschriebenen Szenarien befinden. Entweder ist es mit dem Sex vorbei, und Sie wissen nicht, wie Sie damit neu starten können. Ihr Partner wirkt uninteressiert, wenn Sie die Initiative ergreifen, aber ansonsten scheint Ihre Beziehung in Ordnung. Oder Sie haben keine Ahnung, warum es mit dem Sex vorbei ist, Ihr Partner will mit Ihnen nicht darüber reden und ist nicht mehr liebevoll. Dann ist der Punkt gekommen, an dem Sie sich nicht nur nicht liebenswert, unattraktiv und abgewiesen fühlen, sondern auch verstört, verwirrt und frustriert sind.

Wenn alles so schlimm ist, dass die ganze Beziehung kurz vor dem Ende steht, gehört es zu Ihren geringsten Sorgen, wie man den körperlichen Teil rettet. Das hier ist eine Krise. Gehen Sie so bald wie möglich zu einem Therapeuten oder Berater, und wenn Ihr Partner nicht mitkommen will, gehen Sie allein. Entweder das, oder Sie machen Schluss.

Für alle anderen von Ihnen gibt es nur eine Lösung: Ob es Ihnen gefällt oder nicht (und den meisten von Ihnen gefällt es nicht), Sie müssen miteinander reden.

WIE MAN DEN STIER BEI DEN HÖRNERN PACKT

Nein, daran führt kein Weg vorbei. Ja, Sie schaffen das. Lesen Sie den folgenden Abschnitt, atmen Sie tief durch und führen Sie ein aufrichtiges Gespräch. So bereiten Sie sich vor:

Vor dem Gespräch

Fühlen Sie sich nicht schuldig, weil Sie Sex wollen. Wenn Sie in einer monogamen Beziehung sind, ist es Ihre Pflicht, einander sexuell zufriedenzustellen. Das ist Teil der Vereinbarung. Wenn Ihnen Sex wichtig ist, großartig! Begraben Sie nicht Ihr Verlangen, nur weil Ihr Partner das mit seinem getan hat. Frauen sind sehr gut darin, die Perspektive des Partners anzunehmen und sich den Bedürfnissen anderer Menschen anzupassen, aber ihre Bedürfnisse sind genauso wichtig wie die ihrer Partner.

Hat Ihr Partner gemerkt, wie lange das schon so geht? Wenn Ihr Partner wirklich so beschäftigt oder gestresst ist, dass er nicht merkt, wie lange der Sex schon aus Ihrem Leben verschwunden ist, reicht es möglicherweise, ihn darauf hinzuweisen und ihm zu sagen, wie sehr Sie ihn vermissen.

Wenn der Sex unbeholfen geworden ist – wozu es schnell kommt, wenn man nicht regelmäßig welchen hat –, haben Sie beide kaum Lust, bald dazu zurückzukehren. Wenn Ihr Partner seine Gefühle nur mit Mühe ausdrücken kann, wünscht er sich vielleicht sehnlichst, den Sex wieder aufzunehmen, ist aber unsicher, wie er mit Ihnen darüber sprechen soll. Haben Sie erst einmal angefangen, könnte der Rest einfach sein.

Welche Art von Sex wollen Sie? Die Frage mag Ihnen komisch vorkommen, sie ist es aber nicht. Ja, ich weiß, dass Sie wieder Sex haben möchten. Aber wie oft? Welche Art von Sex? Was vermissen Sie am meisten? Sind es Knutschen, Bettgespräche, die Intimität, wenn man nackt beieinanderliegt? Oder sind es die Orgasmen? Vielleicht beides. Soll zum Sex Geschlechtsverkehr gehören? Oder genügt Ihnen das Vorspiel? Möchten Sie Neues ausprobieren, Sexspielzeug benutzen?

Stellen Sie sich vor, wie die Begegnung idealerweise ablaufen könnte. Möchten Sie sich erst unterhalten? Etwas Romantisches unternehmen, zum Beispiel essen gehen oder gemeinsam ein Bad nehmen? Wie würde der Sex beginnen? Und wie enden?

Sobald Sie sich ein detailliertes Szenario ausgedacht haben, überlegen Sie, was Ihrem Partner früher gefiel. Versuchen Sie, Dinge einzubeziehen, von denen Sie wissen, dass sie bei ihm funktioniert haben, dann haben Sie beide etwas davon. Während des einleitenden Gesprächs brauchen Sie noch nicht so sehr ins Detail zu gehen; doch wenn er Fragen stellt, wäre es gut, wenn Sie darüber nachgedacht haben. Später wird diese Vorbereitung super hilfreich sein.

Finden Sie den richtigen Zeitpunkt zum Reden. Wenn er es bisher vermieden hat, über Sex zu reden, wird es nie einen richtigen Zeitpunkt geben. Wenn Sie sich endlich trauen, das Thema anzupacken, kann es durchaus sein, dass er wütend wird, hinausstürmt, einen Streit vom Zaun bricht, weint oder dichtmacht und sich weigert zu reden. Rechnen Sie mit einer oder allen dieser Reaktionen. Manchmal läuft das erste Gespräch nicht so gut, aber oft geht er weg und lässt sich durch den Kopf gehen, was Sie gesagt haben, und ist in ein, zwei Tagen wieder gesprächsbereit.

Trotzdem können Sie die Chancen auf einen guten Verlauf verbessern: Wählen Sie einen Zeitpunkt, zu dem Sie beide entspannt sind, und einen Ort, an dem Ihr Partner sich wohlfühlt. Lassen Sie das Gespräch nicht im Schlafzimmer stattfinden. Und auf keinen Fall, nachdem Sie ihm gerade sexuelle Avancen gemacht haben und er Sie abgewiesen hat. Sie brauchen beide einen klaren Kopf.

Das Gespräch führen

Schmeichelei bringt Sie weiter. Ködern Sie ihn damit, dass Sie sagen, wie attraktiv Sie ihn finden, wie sehr Sie den tollen Sex vermissen, den Sie früher hatten; dann können Sie mit einer viel besseren Reaktion rechnen – das sagen alle Männer, die ich dazu interviewt habe. Männer sind süchtig nach Komplimenten: Wenn Sie dick auftragen, wird er viel offener für das sein, was Sie noch zu sagen haben.

Beginnen Sie mit etwas Einfachem. Sagen Sie: »Hör mal, ich möchte etwas mit dir besprechen. Ich liebe dich und unsere Beziehung, und ich vermisse den Sex. Hast du gemerkt, dass wir keinen mehr haben? Wie geht es dir damit?« Oder, wenn es gerade gar nicht rund läuft: »Ich mache mir Sorgen um unsere Beziehung. Ich glaube, wir sind uns nicht mehr so nah. Wir sprechen weniger miteinander, und wir haben keinen Sex mehr. Können wir mal darüber reden, warum das so ist?«

Keine Panik, wenn er wütend wird. Wut ist Angst. Außerdem ist er getroffen. Das Ziel ist, ihn zum Reden zu bringen. Schreien ist besser als Schweigen und Abwehr besser als Gleichgültigkeit.

Zählen Sie bis zehn und versuchen Sie, nicht zu reagieren, wenn er etwas sagt wie: »Wenn du nicht so viel ausgeben würdest, hätte ich nicht so viel arbeiten müssen.« Oder richtig gemein wird und Sie persönlich beleidigt, etwa so: »Wenn du abnehmen würdest, wäre ich vielleicht interessiert.«

Für die meisten Paare, und besonders für die Männer, gehört ein Gespräch über sexuelle Probleme zu den stressigsten Gesprächen überhaupt. Ihr Partner wird sich angegriffen fühlen und sich instinktiv verteidigen. Wenn er sich sofort entschuldigt und aussieht, als sei es ihm peinlich, dass er so grob war, verzeihen Sie ihm und machen Sie weiter. Lassen Sie aber nicht zu, dass er Ihnen allein die Schuld für alles gibt. Wenn er unverzeihlich fies gewesen ist, sagen Sie, dass Sie später mit ihm sprechen, wenn er sich wieder beruhigt hat.

Fassen Sie sich kurz. Wenn das Gespräch Ihrem Partner peinlich ist und er es kaum mit Ihnen in einem Raum aushält, ist es sinnlos, eine lange Diskussion daraus zu machen. Zumindest ist es raus und kann nicht länger ignoriert werden. Lassen Sie ihm die Wahl. »Passt es dir, wenn wir jetzt darüber reden? Oder möchtest du darüber nachdenken, und wir sprechen später?«

Hören Sie auch zu. Sie hatten Zeit, sich vorzubereiten, und haben viel zu sagen. Aber wundern Sie sich nicht, wenn Ihr Partner, nachdem Sie damit angefangen haben, auch reden will. Dass er es nicht von sich aus zur Sprache gebracht hat, heißt nicht, dass er sich noch keine Gedanken darüber gemacht hat.

Hören Sie sich an, was er zu sagen hat. Hören Sie richtig zu. Wiederholen Sie für ihn, was Sie gehört haben, um sich zu vergewissern, dass Sie es richtig verstanden haben.

Verwenden Sie »ich«, nicht »du«. Sagen Sie: »Ich halte Sex für wichtig«, »Ich brauche Sex, damit ich mich dir nahe fühlen kann«. Sagen Sie nicht: »Für dich ist das mit dem Sex vielleicht erledigt, aber was ist mit mir?« Das hört sich anklagend und vorwurfsvoll an.

Sprechen Sie erst über Gefühle, dann über Lösungen. Haken Sie die Gefühle nicht kurz ab, damit Sie schnell zum Das-kriegen-wir-wieder-hin-Teil kommen. Dies ist ein emotionaler Moment. Sie beide werden sich verwundbar fühlen, und es ist wichtig, dass Sie sich beide angehört fühlen.

Nach dem Gespräch

Manche Partner sind erleichtert und froh, wenn sie gezwungen werden, über ein Thema zu sprechen, vor dem sie sich gedrückt haben. Das Gespräch geht noch eine ganze Zeit weiter, eine Flasche Wein wird geöffnet, Sie lassen den Sex, den Sie früher hatten, Revue passieren und haben ein paar tolle Ideen, wie Sie wieder damit anfangen könnten.

Es kann auch sein, dass Sie zwar reinen Tisch gemacht haben, es aber sonnenklar ist, dass Ihr Partner keinerlei Interesse daran hat, wieder regelmäßig oder überhaupt Sex zu haben. Wenn das so ist, brauchen Sie beide Zeit, über die nächsten Schritte nachzudenken, bevor Sie die möglichen Optionen besprechen (mehr dazu ab Seite 104).

Wenn Sie beschließen, sich darauf einzulassen, stellen Sie klar, dass Sie zwar bereit sind, auf Sex, nicht aber auf Zuneigung und Zärtlichkeit zu verzichten. Es könnte sein, dass er sich nicht traut, Sie zu berühren, weil Sie denken könnten, er wolle mehr: Sprechen Sie das jetzt an, damit es nicht zum Problem wird. Es wäre für Sie auch hilfreich, die Tipps für eine glückliche sexlose Beziehung zu lesen (Seite 191).

Manche Partner verweigern jegliches Gespräch. Sie verlassen den Raum, sobald Sie damit anfangen, und machen komplett dicht. Oder das Gespräch fühlt sich so hoffnungslos oder einseitig an, dass es zum letzten Nagel in dem Sarg wird, der – das wird Ihnen jetzt klar – eine bereits tote Beziehung ist. Wenn es so gelaufen ist, könnte eine Therapie nützlich sein. Will Ihr Partner nicht mitkommen, lohnt es sich auf jeden Fall, wenn Sie allein gehen. Oder es ist an der Zeit, ihn zu verlassen.

Eine Therapie ist auch dann nützlich, wenn Sie beide recht optimistisch sind, dass Sie gemeinsam eine Lösung finden. Ohne ist es nicht einfach, nach einer langen Zeit ohne Sex wieder zu ihm zurückzufinden. Versuchen Sie es mit meinen Vorschlägen. Haben Sie aber das Gefühl, auf der Stelle zu treten, wären ein paar gute Sitzungen bei einem ausgezeichneten Therapeuten gut investiertes Geld.

IHRE OPTIONEN, WENN IHR PARTNER KEINEN SEX MEHR MIT IHNEN WILL

Solo-Sex, Pornos gucken, Fantasieren, Sexspielzeug benutzen

Mit anderen Worten: Befriedigen Sie sich selbst, ohne die Beteiligung einer anderen Person. Das ist für viele Menschen eine Lösung – umso mehr, wenn der Partner, der keinen Sex will, klarstellt, dass er damit kein Problem hat. Diese Lösung hat aber weniger Aussicht auf Erfolg, wenn er auch missbilligt, dass Sie masturbieren. Tatsächlich?

Einseitigen Sex haben

Ihr Partner kann Sie nach wie vor mit Handjobs, Oralsex oder Sexspielzeug stimulieren. Mein Mann lachte, als ich ihm erzählte, dass ich diese Option vorschlagen wolle. »Männer lassen sich auf so was nicht ein – sie sind Egoisten«, sagte er. »Ein Mann denkt ›Was habe ich davon?‹, und er hat nichts davon, wenn er etwas mit ihr macht, sie aber nichts mit ihm.«

»Wie wär's mit: ihr Vergnügen bereiten? Sie glücklich machen?«, entgegnete ich. »Viel Glück«, war die Antwort.

Im nächsten Leben bin ich ein Mann. Frauen sind es so gewöhnt zu geben, ohne etwas zurückzubekommen, dass mir das gar nicht seltsam vorkommt. Wenn er eine Vorliebe für einen indischen Imbiss hat und Sie nicht, dann essen Sie manchmal indisch, obwohl Ihnen ein Salat lieber wäre. Das gehört zu den Kompromissen, die Frauen in einer Beziehung machen.

Was ist hierbei anders? Wenn Ihr Partner beschließt, er hätte genug Sex gehabt und wolle nun keinen mehr, ist es dann nicht das Mindeste, was er tun kann, sich ein bisschen aus seiner Komfortzone hinauszubegeben? Ihnen einen Orgasmus zu verschaffen, auch wenn er keinen will, ist das zu viel verlangt?

Heimlich fremdgehen

Es kann sein, dass Sie sich entscheiden, bei Ihrem Partner zu bleiben, aber Ihre sexuellen Bedürfnisse anderweitig zu befriedigen: mit One-Night-Stands, über Internetseiten, die sich an Ehepaare wenden, die Sex mit anderen suchen, mit Sexarbeitern oder mit einer längeren Affäre. Ich kann verstehen, warum Sie auf diese Möglichkeit abfahren könnten. Bilden Sie sich aber nicht ein, dass Ihr Partner Ihnen verzeiht, wenn er es herausfindet.

Viele Leute halten es für absolut in Ordnung, mit dem Sex aufzuhören, selbst wenn der Partner damit nicht glücklich ist. Und Sie könnten glauben, Sie dürften sich dann woanders nach Sex umsehen – was er vielleicht anders sieht. Egal, wie die Umstände sind: Mit Untreue setzen Sie immer Ihre Beziehung aufs Spiel.

Die stillschweigende Erlaubnis Ihres Partners einholen

Das sieht häufig so aus, dass Ihr Partner sagt: »Mach, was du willst, aber ich möchte nichts davon wissen«, wenn Sie ihn endlich zu der Einsicht gebracht haben, dass Ihr Sexualleben nicht mehr existiert.

Mit Genehmigung fremdgehen

Vielleicht gibt Ihr Partner Ihnen das Okay dafür, Sex mit anderen zu haben. Das passiert gewöhnlich Paaren, die gern Sex miteinander hatten, aber aus verschiedenen (meist gesundheitlichen) Gründen damit aufhören mussten. Das Problem ist nur: Wer seinen Partner nach wie vor innig liebt, will oft gar keinen Sex mit jemand anderem.

Es ist auch eine Option, wenn die Beziehung rein freundschaftlich geworden ist, Sie aber sexuell aktiv bleiben wollen. Wenn er die Kameradschaft, Stabilität und finanzielle Sicherheit einer Beziehung will, lässt er sich darauf ein, dass Sie anderswo Sex haben, aber in der sexlosen Beziehung mit ihm bleiben.

Für genehmigten Sex außerhalb einer Beziehung gibt es so gut wie immer Regeln. Es ist sinnvoll zu vereinbaren, dass er nicht mit jemandem stattfindet, den Sie beide kennen. Manchmal bestehen Paare darauf, dass er mit einer Person nur ein einziges Mal stattfinden darf. Fast alle hoffen, dass es eine rein sexuelle Beziehung sein wird, in der Gefühle keine Rolle spielen. Doch wenige sind so dumm, den Partner aus dem Haus und direkt in die Arme eines anderen warmen Körpers zu schicken, ohne zu glauben, dass sie damit die Ursprungsbeziehung in Gefahr bringen.

Die Beziehung verlassen

Wenn Sie jemand sind, der Sex genießt und die Intimität liebt, die Verbundenheit und all die andern einzigartigen Dinge, die Sex mit sich bringt, dann ist Sexlosigkeit üblicherweise ein K.-o.-Kriterium. In dem Fall ist es besser für Sie beide, wenn Sie sich trennen und einander jemand Passenderen finden lassen, statt unglücklich und verbittert irgendwie miteinander klarzukommen.

WIE MAN NACH EINER DURSTSTRECKE SEXUELL WIEDER ZUEINANDERFINDET

Die zwei Programme, die ich hier vorschlage, werden von den weltbesten Therapeuten häufig empfohlen. Sie funktionieren zweifellos, sonst würden Therapeuten sie ihren Klienten nicht als Hausaufgabe geben.

Das Sensualitätstraining gibt es schon ewig. Es war bereits Standard für Paare, die die sexuelle Verbindung zueinander verloren hatten, als ich 1999 mein erstes Buch schrieb. Ich habe das Training damals nicht in mein Buch aufgenommen, und auch in meinen anderen Büchern spielt es keine besondere Rolle. Warum? Weil ich es nicht verstanden hatte.

Hätte ich eine sexuelle Durststrecke gehabt und sie beenden wollen, wäre ich am Wochenende wohl mit ihm weggefahren, hätte reichlich Wein getrunken und es dann einfach getrieben, statt streichelnd herumzuliegen. Der Sex wäre möglicherweise schlicht und linkisch gewesen, aber ich hätte den Bann gebrochen, und wir hätten später ein paar neue, aufregende, etwas schräge Sachen ausprobieren können. Für manche Paare ist das vielleicht nach wie vor die beste Art, mit der Situation umzugehen.

Heute bin ich älter, ruhiger und (etwas, nicht viel) geduldiger. Ich habe verstanden, dass es nicht immer funktioniert, wenn man sich auf die sexuellen Praktiken konzentriert und darüber die emotionalen Aspekte vernachlässigt. Um Ihr Sexualleben wieder zu erwecken, reicht es nicht, der Lust kräftig in die Seite zu stoßen mit den Worten: »Aufwachen, Faulpelz!« Die Lust braucht Gefährten, um langfristig zu funktionieren, sie braucht Zusammenhalt und Nähe. Erotik ist ein wesentlicher Teil von gutem Sex, aber Sie können nicht ohne Umwege dorthin gelangen – wenn Sie nicht regelmäßig Sex hatten –, ohne neue Voraussetzungen zu schaffen.

Derzeit sind Sie beide verwundbar. Die Behutsamkeit dieser Programme ist dann vielleicht genau das Richtige für Sie.

DIE EINFACHSTE SEX-ÜBUNG DER WELT

Die erste ist vom Sexualtherapeuten Stephen Snyder. Er nennt sie »The 2-Step«. Lesen Sie die folgenden Absätze ganz genau durch. Das Ziel der Übung ist, Erregung um der Erregung willen zu spüren, und nicht, Sex zu haben.

Erzwingen Sie nichts und haben Sie Geduld. »Zu viele Paare glauben, dass sie jedes Mal, wenn sie erregt sind, das mit einem Orgasmus löschen müssten – als sei Erregung etwas Lästiges oder Unangenehmes, das man sofort loswerden muss«, sagt Snyder. (Ups! Da hat er mich erwischt!) Stattdessen rät er Paaren, ihre eigene Erregung als etwas Warmes, Wohltuendes zu erfahren, und das Gefühl verweilen, es auf sich wirken zu lassen, bevor man darauf reagiert.

Snyder nennt dies »die einfachste Sex-Übung der Welt«, denn das ist es wirklich. Und so wird's gemacht:

Schritt eins: Sie liegen gemeinsam im Bett und tun gar nichts. Wenn Sie mögen, ziehen Sie sich ganz aus, wenn nicht, dann nicht. Reden Sie. Egal, worüber, tun Sie es einfach. Genießen Sie es, ohne Plan nebeneinanderzuliegen. Oder Sie liegen nur da und horchen auf Ihre Atmung. Vielleicht mögen Sie die Haut Ihres Partners oder Ihre eigene Haut streicheln. Die Berührung ist an diesem Punkt noch nicht sexuell. Tun Sie das, solange Sie es genießen. »Damit anzufangen, kann sich komisch anfühlen«, so Snyder. »Das ist okay. Nehmen Sie es zur Kenntnis, lassen Sie es dann los.«

Schritt zwei: Wenn Sie in Schritt eins erregt wurden, genießen Sie diese Empfindung einfach. Haben Sie nicht das Gefühl, Sie müssten etwas damit tun. »Machen Sie sich über die Erregung keine Gedanken«, sagt Snyder. »Lassen Sie sich von der Erregung umsorgen. Seien Sie Passagier, lassen Sie sich von ihr mitnehmen, wohin sie auch will.«

Wenn sie Sie an einen Punkt bringt, an dem Sie beide beschließen, dass Sie irgendwie sexuell stimuliert werden möchten, dann los. Ansonsten bleiben Sie bei Stille und Intimität, so Snyder, und genießen den Moment.

Gewöhnen Sie sich daran, gemeinsam nackt und gemeinsam erregt zu sein.

Und ... das ist alles! Machen Sie das einmal pro Woche einen Monat lang, und gehen Sie dann nach Belieben einen Schritt weiter.

Das ist eine tolle Technik für jedes Paar, das Auffrischung wünscht und Sex wieder auf das Wesentliche zurückführen möchte. Sehen Sie es als Sex-Detox und einen sanften Weg zurück zur Erotik.

DAS SENSUALITÄTSTRAINING

Das Sensualitätstraining ist bei Paaren früher gut angekommen. »Vielleicht, weil sie damit eine Weile von dem schrecklichen Sex verschont blieben, den sie sonst hatten«, so Snyder ironisch. Sensualitätstraining bedeutet im Grunde genommen, sich ganz auszuziehen und einander dann abwechselnd zu streicheln. Anfangs nicht erotisch, später werden die erogenen Zonen und die Genitalien einbezogen. Es geht langsam voran: Um von der nicht-sexuellen zur sexuellen Berührung zu gelangen, braucht man nicht Tage, sondern Wochen oder Monate.

Das Prinzip ist simpel: Die Person, die mit dem Berühren dran ist, konzentriert sich nur auf das, was sie tut. Der empfangende Partner lässt sie einfach gewähren. Das Schöne daran war, so Snyder, dass keiner sich um jemand anderen sorgen oder kümmern musste. Man konnte entspannen.

Er meint, heutzutage seien Paare nicht mehr so erpicht darauf. Wir haben kürzere Aufmerksamkeitsspannen und sind ehrgeiziger. Wir versuchen, irgendwie der beste Berührer aller Zeiten zu werden, und erwarten, dass man uns für unsere Mühen lobt. Es juckt uns in den Fingern, Selfies zu machen und den Moment auf Instagram zu posten: #Intimitaet #ZeitFuereinander.

Bei Programmen wie Sensualitätstraining und »2-Step« geht es in Wahrheit um Achtsamkeit. Darum, ohne Urteil zu beobachten und im Moment präsent zu sein. Das fällt uns in der heutigen technikdominierten Welt zunehmend schwer, aber es ist zu schaffen.

WAS KOMMT DANACH?

Nachdem Sie entweder »2-Step« oder das Sensualitätstraining absolviert haben, arbeiten Sie daran, die »Drängeldynamik« aufzubrechen, sagt Emily Nagoski.

Ihr Rat: Jeder von Ihnen beiden initiiert abwechselnd sinnliche Berührung. Jede Person initiiert mindestens einmal pro Woche oder alle 14 Tage. Es ist unbedeutend, wie oft es geschieht, solange die Initiative mal bei Ihnen und mal bei Ihrem Partner liegt und keiner sich unter Druck gesetzt oder benachteiligt fühlt. Danach geht es weiter mit simultaner Berührung – beide berühren einander gleichzeitig sinnlich – und dann, wenn Sie bereit (und es Ihr Ziel ist), haben Sie Verkehr. Das Ganze kann Wochen oder Monate dauern. Keine Eile. Lassen Sie sich Zeit.

DEN SCHALTER UMLEGEN

Zusätzlich zu den körperlichen Übungen arbeiten Sie daran, in Ihrem Kopf etwas zu verändern. Statt zu denken »Sex mag ich nicht mehr«, denken Sie: »Wie würde ich denken, wenn ich eine Frau oder ein Mann wäre, der Sex liebt?«

Nagoski rät, diesen Gedanken fest in Ihrer Identität zu verankern. »Laufen Sie nicht nur, werden Sie eine Läuferin. Haben Sie nicht einfach Sex, sondern werden Sie eine verführerische, erotische Person, die neugierig und spielerisch mit Sex umgeht.« Denken Sie: »Wie würde ich als sexliebende Frau mit dem Gefühl umgehen, für Sex zu beschäftigt/traurig/müde/einsam zu sein?«

»Erklären Sie dieser Person Ihr Problem. Lassen Sie es von ihr lösen. Was muss ich tun, um aus jemandem, der Sex fürchtet, zu jemandem zu werden, der lustvoll über seinen Partner herfallen möchte?«

WENN SIE KEINEN SEX MEHR WOLLEN

Wenn Sie keine Lust auf Sex haben, aber zusammen mit Ihrem Partner das Verlangen wieder neu entdecken wollen, rate ich Ihnen, es mit »2-Step« oder dem Sensualitätstraining (siehe Seite 215) zu versuchen und Kapitel 5 zu lesen, das viele Vorschläge enthält (weitere sind über das gesamte Buch verteilt).

Wenn Sie Single sind und beschlossen haben, dass Sie Sex in Ihrem Leben nicht mehr brauchen, dann ist wichtig, dass Sie sich nicht minderwertig fühlen, weil Sie nicht mehr sexuell aktiv sind. Sexuelle Enthaltsamkeit ist auf dem Vormarsch, sie betrifft viele, nicht nur Sie. Wenn Sie sich noch romantische Gefühle wünschen, können Sie es schaffen, einen Partner zu finden, der ebenfalls gern enthaltsam ist. Allerdings ist es umso leichter, je älter Sie sind.

Der nächste Abschnitt richtet sich an Frauen, die beschlossen haben, nie wieder Sex mit ihrem Partner zu haben, und die wissen wollen, wie es nun weitergeht.

Wenn Ihr Partner keinen Sex mehr möchte, bestimmt der Grund für seinen Rückzug, wie Sie die Nachricht aufnehmen. So ist es auch umgekehrt. Wenn Sie Sex mit Ihrem Partner nicht mehr ertragen, weil Sie ernsthafte Beziehungsprobleme haben, ist das etwas ganz anderes, als wenn Sie ihn lieben und nicht mehr sexuell aktiv sein wollen. Falls die Beziehung so schlecht ist, dass Sie keinerlei Körperkontakt wollen, haben Sie drei Möglichkeiten: Ihren Partner damit konfrontieren und das Gespräch mit ihm suchen, eine Therapie machen oder ihn verlassen.

Aber viele meiner Leserinnen denken: »Nein! Ich liebe meinen Partner abgöttisch. Ich will nur mit Sex nichts mehr zu tun haben!« Sie wollen, dass der Mann (oder die Frau, je nach Ihrer sexuellen Orientierung) und Sie Ihre Beziehung lieben, Sie wollen nur keinen Sex mehr. Wie ich bereits sagte: Das kann passieren.

Was auch immer der Grund ist: Wenn Sie möchten, dass Ihr Partner das versteht und mit Ihnen daran arbeitet, müssen Sie zumindest einiges unternommen haben, um das Problem zu lösen. Dinge wie zum Gynäkologen gehen, wenn Schmerzen beim Sex ein Thema sind, einige Vorschläge aus diesem Buch ausprobieren, um etwas Interesse zu wecken, oder (falls das zutrifft) überlegen, warum Sie an Sex nie Gefallen gefunden haben. Wenn er fragt: »Hast du versucht, das zu ändern?«, müssen Sie ja sagen können und es auch meinen.

Definieren Sie, was Sie mit »kein Sex« meinen

Meine nächste Frage: Können Sie sich einseitigen Sex mit Ihrem Partner vorstellen? Viele Frauen sagen, sie wollen keinen Sex, doch was sie meinen, ist, dass sie keinen Geschlechtsverkehr wollen.

Wären Sie mit dem Vorspiel glücklich? Wenn Sie selbst nicht sexuell stimuliert werden möchten, würden Sie dann gern etwas an Ihrem Partner tun (wie Oralsex, Handjobs usw.)? Könnten Sie neben ihm liegen, während er masturbiert? Wenn Sie glauben, Sie könnten sexuell aktiv sein, aber den Sex, wie er jetzt ist, einfach nicht mehr wollen, dann sagen Sie das. Seien Sie ehrlich, und Sie könnten positiv überrascht werden.

Sie wollen überhaupt keine sexuellen Handlungen mehr? Wenn Sie in einer monogamen Beziehung sind und Ihr Partner auf Sex nicht verzichten möchte, kommt er in eine sehr missliche Lage. Für ihn bedeutet Sex nun Solo-Sex, Fantasieren und Pornos schauen. Einigen Menschen genügt das. Insbesondere wenn der Grund für Ihre Enthaltsamkeit nicht Ihrer Kontrolle unterliegt, etwa falls Sie ein gesundheitliches Problem haben. Wenn es stattdessen Ihre freie Wahl ist, ist die Situation eine andere. Im Grunde genommen sagen Sie zu Ihrem Partner: »Ich möchte, dass du mir sexuell treu bist, werde aber keinen Sex mit dir haben.«

Finden Sie das fair?

Bei jedem Paar liegen die Dinge anders, und vielleicht können Sie zu Recht antworten: »Ja, das tue ich, nach allem, was passiert ist.« Doch selbst wenn Sie das fair finden, müssen Sie sich bewusst sein, dass Ihre Beziehung auf dem Spiel steht. Wenn Sie keinen Sex mit Ihrem Partner haben, er aber scharf darauf ist, sieht jede in seiner Umgebung ganz schön anziehend aus. Selbst wenn er der loyalste Partner der Welt ist und Sie von Herzen liebt, besteht die Möglichkeit, dass er der Versuchung erliegt, wenn jemand anders ihm Aufmerksamkeit schenkt. Oder er könnte beschließen, regelmäßig zu Sexarbeiterinnen zu gehen. Das ist eine beliebte Option bei Männern, die Ihre Partnerin lieben, aber noch Lust auf Sex haben. Sie glauben, dass es dabei kein (oder kaum ein) Risiko gibt, sich zu verlieben, und deshalb fühlt es sich nicht wie Fremdgehen an, und Diskretion ist gewährleistet.

Es gibt für Sie mehrere Arten, damit umzugehen:

Akzeptieren, dass Ihr Partner eine Affäre haben könnte. Sie hoffen inständig, dass das nicht geschieht, sind aber bereit, das Risiko einzugehen, dass er unerlaubt Sex außerhalb der Beziehung hat.

Anklingen lassen, dass Sie verstehen könnten, wenn er Sex woanders bekommt, ohne offiziell die Erlaubnis zu erteilen, zum Beispiel mit einer Anspielung wie: »Ich weiß, dass das schwierig für dich ist, und ich verstehe, dass du tun musst, was du tun musst.«

Vielleicht sollten wir lernen umzudenken. Wir haben kein Problem damit zu sagen: »Ich gehe nicht mehr ins Theater, weil ich mit meinen arthritischen Hüftgelenken nicht so lange sitzen kann. Ich weiß, dass es dir viel bedeutet ... Warum gehst du nicht mit einer Freundin?«

Die Regeln der Monogamie lockern. Das könnte bedeuten, Ihrem Partner Sex mit anderen Menschen explizit zu gestatten. Wenn Sie glauben, das schaffen zu können, überlegen Sie, wie es funktionieren könnte. Paare, die sich darauf einlassen, haben üblicherweise strenge Regeln – zum Beispiel darf es niemand sein, den Sie kennen, keine Wiederholungen usw. Es gibt Leute, die davon wissen wollen, und andere, die es erlauben und nichts davon wissen wollen. Was auch geschieht: Wenn Sie Ihrem Partner gestatten, seine Bedürfnisse anderswo zu befriedigen, muss er das respektvoll und sicher tun. Wenn Sie übereinkommen, dass Polyamorie möglich ist (ihm erlauben, romantische Beziehungen und auch Sex zu haben), ist es umso wichtiger, Regeln festzulegen.

Trennung oder Scheidung. Gelegentlich bedeutet so ein Gespräch das Ende der Beziehung. »Ich sagte meinem Mann nach 40 Jahren Ehe, dass ich keinen Sex mehr mit ihm wollte. Er bat mich, mich zu setzen, nahm meine Hände, sah mir in die Augen und sagte: ›Es tut mir sehr leid, aber mit diesem Wissen kann ich nicht mit dir zusammenbleiben. Es würde mir das Herz brechen.‹ Wir trennten uns und sind nun geschieden. Ob ich das bereue? Nein. Ich bin als Single glücklicher, weil ich in Ruhe gelassen werde, und wir sind immer noch gute Freunde.« Andere Geschichten nehmen kein so gutes Ende.

All diese Punkte müssen sorgfältig durchdacht werden, bevor Sie Ihrem Partner sagen: »Weißt du, was Sex angeht ... ich möchte das einfach nicht mehr.« Das ist schon eine heftige Ansage.

KAPITEL 10

AFFÄREN: IHRE, SEINE UND DER UMGANG MIT DEN KONSEQUENZEN

Vor 20 Jahren wurde alles, was über Untreue geschrieben oder gesagt wurde, ziemlich sicher aus der Perspektive des Opfers dargestellt. Wer fremdging, war ein schlechter Mensch und kam in die Hölle, und mochte der Himmel jedem beistehen, der den Mut hatte, anderes zu vertreten.

Dann geschah etwas Merkwürdiges. Forschungsergebnisse wiesen darauf hin, dass nicht nur schlechte Menschen fremdgingen – auch nette Menschen taten es. Wohl noch alarmierender war, dass auch Menschen es taten, die in glücklichen Beziehungen waren, Ihren Partner liebten und keine Probleme hatten.

Moment mal! Holen sich nicht Menschen nur dann Sex woanders, wenn ihre Frauen sie nicht verstehen und sie zu Hause keinen bekommen? Der letzte Nagel im Sarg der alten Vorstellungen davon, warum Menschen untreu sind: Frauen tun es jetzt (fast) so oft wie Männer. Das Resultat all dieser neuen Entdeckungen ist, dass es einige ziemlich aufschlussreiche Gespräche über die Natur der Untreue gab – interessanterweise meist mit Frauen – und eine frische, neue Art, sie zu betrachten.

Ester Perels TED Talk *Why Happy Couples Cheat* (dt. *Warum glückliche Paare fremdgehen)* wurde millionenfach angeschaut; ihr vorangegangener, *Rethinking Infidelity* (dt. *Untreue überdenken)* hat mehr als 15,5 Millionen Klicks. Ich zitiere sie in diesem Kapitel ausführlich, denn niemand hat sich mit dem Thema so sehr beschäftigt und versucht so sehr, es zu verstehen, wie Perel … außer vielleicht der Anthropologin Helen Fisher. Ihr Klassiker *Anatomy of Love: A Natural History of Mating, Marriage, and Why We Stray* (dt. *Anatomie der Liebe: Warum Paare sich finden, sich binden und auseinandergehen)* wurde in der Originalfassung vor Kurzem aktualisiert und nach mehr als 20 Jahren wieder aufgelegt. Das aktuelle Buch der US-amerikanischen Sexual- und Paartherapeutin Dr. Tammy Nelson, *When You're the One Who Cheats: Ten Things You Need to Know,* ist bereits ein Bestseller. Fremdgehen ist ein heißes Thema.

Fisher schätzt, dass 40 Prozent von uns fremdgehen, eine US-amerikanische Studie besagt, 50 Prozent aller Frauen gingen fremd, und Perel geht von irgendeiner Zahl zwischen 26 und 75 Prozent aus, weil es keinen allgemeinen Konsens gibt, was in unserem digitalen Zeitalter unter Untreue zu verstehen ist.

Die moderne Technik macht es einfacher, an unerlaubten Sex zu kommen, doch – seien Sie gewarnt – er lässt sich auch schwerer verbergen. Lippenstift am Kragen und verdächtige Quittungen konnte man irgendwie vermeiden. Heute kommt die Sache anders ans Licht: Durch eine Einstellung, die praktischerweise all Ihre Geräte synchronisiert und dank derer SMS-Nachrichten Ihrer Geliebten genau dann auf den iPads der Kinder erscheinen, wenn Ihre Frau mit ihnen Hausaufgaben macht.

Warum tun wir's alle?

Nelson meint: Männer betrügen für Kameradschaft und Intimität. Wenn es nur Sex ist, was ihnen fehlt, wenden sie sich Pornos zu, wenn Liebe und Zuneigung fehlen, haben sie eine Affäre. Frauen, sagt sie, gehen für Leidenschaft und Sex – erotischen Sex – fremd. Wir haben es satt, uns um unsere Männer zu kümmern, und wollen egoistischen Sex ohne Komplikationen.

Viele Frauen sind notorische Ehebrecher – so jedenfalls Wednesday Martin, die Autorin von *Untrue* (dt. *Untrue: Warum fast alles, was wir über weibliche Untreue zu wissen glauben, unwahr ist)*. Ihr Buch räumt mit dem Stereotyp, Männer seien sexuell aktiver als Frauen, gründlich auf. Wir heiraten einen langweiligen Kerl, weil er solide und zuverlässig ist und einen tollen Vater abgeben würde, und haben dann geilen Sex nebenbei, mit heißen, schlimmen Kerlen. So bekommen wir die Sicherheit, Stabilität und Kameradschaft langfristiger Liebe, aber auch spannenden, erotischen Sex.

Fisher zitiert Forschungsergebnisse, die zeigen, dass 34 Prozent der Frauen und 56 Prozent der Männer, die Affären hatten, ihre Ehe als glücklich oder sehr glücklich bezeichnen. »Von einem darwinistischen Standpunkt aus haben wir uns wohl so entwickelt, dass wir alles wollen«, so Fisher. »Und jetzt leben wir in einer Phase der menschlichen Evolution, in der wir tatsächlich alles bekommen können.«

Der US-amerikanische Sexualtherapeut Stephen Snyder behauptet, unser »sexuelles Ich« – etwas in uns, das nach eigenen Regeln handelt –, benehme sich wie ein Kind. »Ihr sexuelles Ich versteht die ganze Sache mit der Monogamie nicht. Manchmal will es einfach, was es will, und lässt sich nicht davon abbringen«, schreibt er. »Wenn Sie sind wie die meisten Leute, hätte Ihr sexuelles Ich gern beides: Es mag die Sicherheit der Ausschließlichkeit, aber gelegentlich hätte es nichts gegen etwas Action nebenbei.«

Deshalb klingt in diesem Abschnitt – über die Gründe, warum auch Sie dem Ruf der Wildnis folgen könnten – alles, nun ja, recht logisch und seltsam unschuldig. Doch wenn Sie auf der anderen Seite der Untreue stehen und Ihnen der Boden unter den Füßen weggezogen wird, zeigt sich die Kehrseite.

Wenn Affären ans Licht kommen, führt das meist direkt in die Katastrophe. Wer die Affäre hat, weiß, dass es möglich ist, zwei Menschen zu lieben; doch die Person, die nur einen geliebt hat, fühlt sich zutiefst hintergangen und ist am Boden zerstört.

Reden Sie sich niemals ein, dass okay ist, was Sie tun, weil es jeder tut. Wenn Sie vor jemandem stehen, den Sie von Herzen lieben und der gerade Ihr Smartphone in der Hand hält und Sie entsetzt und fassungslos ansieht, dann kommt es allein darauf an, was *Sie* getan haben.

Warum Männer fremdgehen

Die Gründe von Männern sind ziemlich genau die gleichen wie die von Frauen. Er könnte um des Nervenkitzels willen eine Affäre haben, wenn er gelangweilt oder von seinem Leben enttäuscht ist (jemand anderes hat die ersehnte Beförderung bekommen). Oder er trifft einen alten Freund, der nun dick und in die Jahre gekommen ist, sieht dann in den Spiegel und erblickt dessen Doppelgänger. Kaum etwas ist so gut geeignet wie eine Affäre, um das eigene Ego und Selbstwertgefühl zu stärken.

Eine Geliebte vergöttert den Mann, sie sieht ihn durch die rosa Brille. Eine Ehefrau hingegen sieht sein wahres Selbst – unter einem Vergrößerungsglas. So vergöttern die wenigsten Ehefrauen ihre Männer, die wiederum nichts mehr lieben, als angebetet zu werden.

Eine Affäre ist wie eine Makroaufnahme. Sie sind die beiden einzigen Menschen auf der Welt. Die Wirklichkeit wird ausgeblendet, und das schmeichelt ungemein. Das ist auch der Grund, warum die meisten Affären platzen, sobald sie ans Licht kommen: Die schöne Makro-Einstellung lässt sich nicht rund um die Uhr halten, während das normale Leben weitergeht.

Ein weiterer Grund, aus dem Männer fremdgehen, ist Sex. Wenn Sie einem Langzeitpartner Sex vorenthalten, steigt die Wahrscheinlichkeit erheblich, dass er eine Affäre hat. Dieses Risiko gehen Sie ein, wenn Sie beschließen, die sexuelle Beziehung zu Ihrem Partner zu beenden (ich gehe in Kapitel 5 detailliert darauf ein).

Manche Männer, die eine sexlose Ehe führen, glauben, sie würden nur ein einziges Mal fremdgehen. Dann stellen sie fest, wie sehr sie Sex wollten und brauchten, und hören nicht mehr auf. Perel sagt, die Untreuen seien oft Menschen, die jahrzehntelang treu waren, aber eines Tages eine Grenze überschreiten, von der sie stets dachten, sie würden vor ihr haltmachen.

In Versuchung?

Auch gute Menschen betrügen, das habe ich klargestellt. Sie sind kein Monster, wenn Sie das tun möchten oder vielleicht schon tun. Aber wenn Sie vorhaben, regelmäßig fremdzugehen, beschönigen Sie es nicht. Wenn es Ihren Partner nicht verletzt, können Sie vorschlagen, eine offene Beziehung zu führen. Wenn es ihn aber verletzt und wenn Sie ihn lieben – können Sie mit der Schuld und dem Betrug leben?

Falls die Antwort nein ist und Sie Sex mit jemand anderem in Erwägung ziehen, aber Ihren Partner behalten wollen, verharmlosen Sie Ihr Vorhaben nicht. Setzen Sie stattdessen Grenzen. Sagen Sie Nein zu sich selbst. Kämpfen Sie nicht mit »was wäre, wenn«. Gehen Sie nicht auf einer Geschäftsreise mit dem sexy Kollegen essen. Gehen Sie nicht auf Büropartys, wenn Sie wissen, dass Sie flirten würden und schnell betrunken werden. Meiden Sie die Versuchung.

Erkennen Sie, wie gefährlich ernsthaftes Flirten ist. Sehnsucht ist eine mächtige Emotion. Hat jemand sie in Ihnen entfacht, dürfen Sie ihr keinen Sauerstoff zuführen. Locken und scherzen Sie nicht, und erwähnen Sie nicht beiläufig, dass Sie zu Hause nicht wirklich glücklich sind. Glauben Sie nicht, »nur dies eine Mal« wäre genug. Setzen Sie Grenzen, und überschreiten Sie sie nicht.

Das Wichtigste: Wenden Sie sich Ihrem Partner zu, wenden Sie sich nicht von ihm ab. Versuchen Sie herauszufinden, was Sie bei ihm vermissen. Wenn Sie die Situation nicht mehr aushalten und ihm einen Schrecken versetzen müssen, damit er Sie ernst nimmt, dann gestehen Sie ihm, dass Sie versucht waren, eine Affäre zu beginnen. Das ist riskant, sicherlich, aber Sie haben es ja noch nicht getan. Wenn Sie damit nicht zu ihm vordringen, ist Scheidung/Trennung angesagt, nicht Therapie.

ES LIEGT NICHT AN DIR, SONDERN AN MIR

Das ist in vielen Fällen tatsächlich so. Hier sind elf Gründe, warum das Fremdgehen Ihres Partners nichts mit Ihnen oder mit Ihrer Beziehung zu tun hatte:

1. Ein notorischer Fremdgeher kann nicht mit Intimität umgehen. Egal, mit wem er zusammenkommt, er wird immer betrügen, weil die Alternative eine zu große Nähe zu seinem Partner wäre. Die muss er um jeden Preis vermeiden, denn sonst könnte er verletzt werden.

2. Er hat andere Sorgen. Mit einer Affäre kann man sich gut von schmerzlichen Gefühlen ablenken, für die man nie eine Lösung gefunden hat.

3. Er will sich wieder jung fühlen. Rummachen, »unartig« sein ... Affären erinnern uns immer an unsere Jugend. Er will verlorene Anteile von sich selbst zurückgewinnen und auch herausfinden, ob er »es noch kann«.

4. Er will sexuelle Intensität – etwas, das man langfristig nicht beibehalten kann. Egal, wie gut Sie als Liebhaberin sind: Das erotische Potenzial, das darin steckt, mit jemand Neuem zu schlafen, können Sie nicht entfalten.

5. Er trauert verpassten Gelegenheiten nach. Was wäre gewesen, wenn alles anders gelaufen wäre? Was, wenn er andere romantische Gelegenheiten ergriffen hätte? Jetzt eine Affäre zu haben, könnte seine Art sein, die Vergangenheit nachzuholen.

6. Er mag nicht, was aus ihm geworden ist. Perel drückt es wie immer perfekt aus: »Wenn wir einander ansehen, ist es nicht immer unser Partner, von dem wir uns abwenden, sondern die Person, zu der wir selbst geworden sind. Und wir suchen gar nicht so sehr eine andere Person, sondern vielmehr ein anderes Ich.«

7. Er will Freiheit. Wenn Sie jahrelang glücklich verheiratet sind und sehr jung zueinander gefunden haben, könnte die Affäre seine Chance sein, die Freiheit und Unabhängigkeit zu erleben, die er in seiner Jugend verpasst hat.

8. Es ist genetisch. Eine schwedische Studie mit 552 Männern legt nahe, dass Untreue zum Teil genetisch sein könnten: Sie steckt in unserer DNA.

9. Es ist seine Art, mit Lebensübergängen umzugehen. Ein bestimmtes Alter ist erreicht, die Rente steht bevor, die Kinder ziehen aus. Nicht zu mögen, was gerade passiert, und sich etwas Aufregendes zu wünschen – das sind Gründe, die Leute als Motivation anführen.

10. Affären sind das Gegengift für den Tod. »Auf der ganzen Welt gibt es einen Begriff, den ich immer wieder von Leuten mit Affären höre: Sie fühlen sich lebendig«, sagt Perel. »Und häufig erzählen sie mir von kürzlich erlittenen Verlusten – dem Tod eines Elternteils, einem Freund, der zu früh gegangen ist, schlechten Nachrichten beim Arzt.« Es ist nicht ungewöhnlich, dass Menschen, die jemand Nahestehenden verloren haben, plötzlich Sex wollen. Durch Sex entsteht schließlich Leben. Das wirkt auf einer tiefenpsychologischen Ebene.

11. Weil es durchaus möglich ist, mehr als eine Person gleichzeitig zu lieben und zu begehren. Fisher sagt, wir hätten für Paarung und Reproduktion drei völlig unterschiedliche Gehirnsysteme entwickelt: den Sexualtrieb, das Empfinden romantischer Liebe und die tiefe Verbindung mit einem Langzeitpartner. Diese drei Hirnsysteme seien oft sehr gut miteinander verbunden, sagt sie, aber nicht immer. »Sie können nachts im Bett liegen und sich Ihrem langjährigen Partner inniglich verbunden fühlen, und dann kann Ihr Gehirn auf wildromantische Gefühle für jemand anderen umschalten und produziert Gefühle von triebhaftem Verlangen nach Menschen aus dem Arbeitsumfeld oder dem Freundeskreis, die Sie kaum kennen.«

WIE MAN DIE BEZIEHUNG NACH UNTREUE WIEDER HEILT

Die Sache ist die: Manchmal sollten Sie nicht versuchen, den Schaden zu reparieren und zu vergeben. Wenn Ihre Beziehung nur noch an einem seidenen Faden hängt, Ihr Partner Sie schlecht behandelt oder die Liebe schon vor langer Zeit abhandengekommen ist, warum um alles in der Welt sollten Sie dann versuchen, zu vergeben und einen Seitensprung zu verzeihen? Nehmen Sie ihn als das Totengeläut, das er ist. Machen Sie, dass Sie da rauskommen, verwenden Sie Ihre Energie auf die Trennung und darauf, sich ein neues Leben zu schaffen. Ebenso, wenn dies nicht die erste Affäre ist, die Sie entdeckt haben, und die letzte Sie sehr verletzt hat: eins, zwei, drei, vorbei! Wenn Ihr Partner gesehen hat, welche Höllenqualen Sie erlitten haben, und dann losgezogen ist, um es wieder zu tun – machen Sie sich nichts vor: So würde Ihr Leben weitergehen, wenn Sie bleiben würden. (Wenn Sie sich etwas vormachen, gehen Sie bitte zu einem energischen Therapeuten und lassen sich von ihm zur Vernunft bringen.)

Es lohnt sich trotzdem, den Rest dieses Kapitels zu lesen; denn selbst wenn Sie sich trennen, müssen Sie sich einen Reim auf vieles machen, damit Sie wieder vertrauen und Ihren Frieden finden können. Vergeuden Sie nur nicht noch mehr Zeit an eine Beziehung, die keine weitere Sekunde wert ist.

Doch was, wenn Ihre Beziehung großartig ist, Sie und Ihr Partner beste Freunde sind, Sie beide Ihre Kinder lieben, der Sex nicht überwältigend, aber auch nicht schlecht war, und Sie dann herausfinden, dass Ihr Partner untreu war? Was dann? Der Betrug fühlt sich noch schlimmer an, wenn Sie in einer guten Beziehung sind. Oder was ist, wenn Sie fremdgegangen sind, mitten in dem Scherbenhaufen stehen, der einmal Ihr Leben war, und wissen, dass Sie diejenige sind, die all den Schmerz und Kummer verursacht hat?

Wenn einer von Ihnen es gerade erst herausgefunden hat, kann der Betrug sich so traumatisch und erschütternd anfühlen, als könnte niemand ihn überleben. Doch sobald der Schmerz nachlässt – und das wird er –, denken Sie vielleicht anders darüber. Tatsache ist: Die Mehrheit der Paare, die eine Affäre erlebt haben, bleibt zusammen. Wenn Ihre Beziehung es wert ist, dafür zu kämpfen, dann kämpfen Sie. So könnte die Reise von der Hölle zurück ins Glück aussehen:

Was nach einer Affäre mit Sex und Liebe geschieht

Dr. Tammy Nelson ist der Ansicht, dass die meisten Paare drei Phasen durchlaufen, bis die Beziehung sich wieder erholt hat – falls sie sich erholt.

1. DIE PHASE DER KRISE

Sobald die Affäre ans Licht gekommen ist, werden Sie – je nach Ihren Bewältigungsmechanismen und Ihrem Temperament – entweder wie betäubt in einem dunklen Raum sitzen oder alles zerschlagen, was Ihrem Partner lieb und teuer ist. Emotionale Instabilität, Schlaflosigkeit, Streit, unkontrollierbares Schluchzen, extreme Wut oder intensive Traurigkeit, das Gefühl, man würde den Schmerz nicht überleben, Verwirrung, Verstörtheit, Hass und die Angst davor, verlassen und allein zu sein – einige oder alle diese Emotionen werden Sie erleben.

Einige Paare trennen sich, und die betrogene Person weigert sich, den Partner zu sehen, bis der Schmerz nachlässt. Oder sie ist so wütend und verletzt, dass sie den Gedanken, vom Partner berührt zu werden, nicht aushält. Andere tun das Gegenteil und klammern. »Mein Partner hatte eine SMS-Affäre mit einer alten Freundin. Er bekam ein bisschen Aufmerksamkeit von einer anderen Frau und dachte, es sei okay, das weiterzuverfolgen. Ich fand es heraus, und es hörte auf. Es hat unser Sexualleben positiv beeinflusst. Er begehrte mich mehr, nicht weniger. Als wolle er nicht loslassen. Es war der Gedanke, dass er mich hätte verlieren können. Ich war damals durcheinander, fühlte mich aber begehrt, was mir mein Vertrauen zurückgegeben hat.«

Viele Paare finden, sie hätten nach der Affäre mehr Sex als je zuvor – leidenschaftlichen, intensiven Sex, so Nelson. Dafür gibt es verschiedene Gründe. Erstens möchten Sie sich unbedingt miteinander verbinden, aus Angst, Sie könnten einander verlieren. Zweitens kommt es zu dem, was in der Biologie als *»Mate-Guarding«* (»Partner-Überwachung«) bezeichnet wird: Sie wollen Ihr Revier markieren. Drittens schafft die Affäre Distanz zwischen Ihnen – und Distanz schürt das Verlangen.

Erinnern Sie sich? Es sind die eng verbundenen Paare, die Probleme mit dem Begehren haben. Wer ist dieser Mensch? Sie glaubten, Ihren Partner zu kennen, aber Sie kennen ihn nicht. Das Begehren kehrt zurück, sagt Nelson, weil sie quasi mit einer neuen Person schlafen, und unser Körper liebt Neues. Und Sie sehen Ihren Partner auch mit den Augen der dritten Person. Wenn jemand anderes will, was wir haben, werden die Dinge weitaus attraktiver: Man schätzt, was man vorher nicht geschätzt hat.

Selbst wenn Sie sich dafür hassen, wilden, fantastischen Sex zu haben – Sie wollen nicht, dass Ihr Partner glaubt, Sie hätten ihm vergeben –, er findet statt. Oder nicht. Beides ist normal.

»Ich wollte Sex mit ihm haben, aber jedes Mal, wenn er mich berührte, sah ich, wie seine Hände sie berührten. Sie war mit uns im Bett. Ich konnte es nicht tun – selbst der Versuch war qualvoll. Wir waren wie Pech und Schwefel, und dann hat er uns das angetan. Wie soll ich jemals wieder Sex mit ihm haben können?«

2. DIE PHASE DER ERKENNTNIS

In sie tritt man ein, wenn die Vorwürfe weniger werden und stattdessen die Neugier überwiegt, sagt Nelson. Der Fokus wandert vom Sex hin zu den Emotionen, die man wahrnimmt.

Dies ist der Punkt, an dem eine Paartherapie stattfinden sollte, rät Nelson. Sie sind beide vernünftiger und denken klarer – was nicht bedeutet, dass es weniger schmerzhaft wäre. »Sie brauchen jetzt noch nicht zu verzeihen«, warnt Nelson. »Es wäre zu früh. Sie würden es wieder zurücknehmen.« Streben Sie stattdessen nach Empathie: Versuchen Sie zu verstehen, wie es war, in der Welt des/der anderen zu leben. »Sie merken, dass nicht einer gut ist und der andere schlecht, sondern dass jeder von Ihnen zumindest teilweise für das, was geschehen ist, verantwortlich ist.« Es ist eher »Wie konnte uns das passieren?« als »Du herzloses Miststück! Fahr doch zur Hölle!«

Es mag unsanft sein, aber es ist ein Weckruf: Beziehungen brauchen Pflege und Aufmerksamkeit! Ihr Partner bleibt nicht brav daheim, wenn Sie ihm nur Brosamen zukommen lassen! Sex ist wichtig und Ihr Partner gegen den Charme anderer Frauen nicht immun! Kurz gesagt, eine Affäre kann den Tritt in den Hintern liefern, den Sie beide brauchen.

3. DIE PHASE DER ZUKUNFTSVISION

Affären bedeuten entweder das Ende oder einen Neuanfang.

»Meine Frau hatte mich an der kürzesten Leine, die man sich vorstellen kann: Sie war krankhaft eifersüchtig und rastete wegen jeder Kleinigkeit aus. So habe ich zwölf Jahre gelebt, ging nirgendwohin und tat nichts, das sie hätte aufregen können. Und dann wurde ich 50 und dachte: Bevor mein Leben vorbei ist, möchte ich gelebt haben. Dazu gehörte auch die Affäre. Ich hatte was mit einer Arbeitskollegin, und es dauerte nicht lange, aber meine Frau fand es heraus, und das war für uns die Wende. Ihr wurde klar, dass sie mich nicht länger kontrollieren konnte und Vertrauen ihre einzige Option war. Ich glaube, das, was sie am meisten gefürchtet hatte – dass ich sie betrügen könnte –, war passiert, und sie hat es überlebt. Schließlich entspannte sie sich, und wir sind sehr glücklich. Wäre die Affäre nicht ans Licht gekommen, und alles wäre weitergegangen wie bisher, hätte ich meine Frau verlassen.«

Während der Phase der Zukunftsvision sehen Sie eher Möglichkeiten als Probleme. In dieser Phase entscheiden Sie, ob Sie zusammenbleiben und eine neue Zukunft gestalten wollen – eine, die Sie beide zufriedenstellt. Die Erinnerung an die dritte Person verschwindet, so Nelson, wenn Sie gemeinsam Neues erleben und Neues tun.

Affären können auch zum Guten führen – und wer oft davon profitiert, ist der betrogene Partner. »Du glaubst, ich wollte nicht mehr?«, ist die übliche, zornige Reaktion der Geschädigten, sagt Perel. Sobald die Affäre aufgeflogen ist, müssen Sie nicht mehr so tun, als seien Sie total zufrieden und glücklich mit mittelprächtigem Sex oder null Aufmerksamkeit. Wenn Ihr Partner in Ungnade gefallen ist, dürfen Sie bestimmen, wo es langgeht.

Nach einer Affäre werden Paare »intensive Gespräche führen, so ehrlich und offen wie seit Jahrzehnten nicht mehr. Und Partner, die sexuell gleichgültig waren, verspüren auf einmal eine lustvolle Gier, von der sie nicht wissen, woher sie stammt«, sagt Perel.

Wenn sie das Ganze bewältigt haben, verlieben sich viele Partner erneut ineinander – doch ignorieren sie die erotische Seite ihrer Beziehung auf eigene Gefahr. Zum Überleben braucht man Liebe *und* Sex: Zu vielen Affären kommt es, weil ein Paar ganz in der Liebe aufgeht und den Sex sträflich vernachlässigt.

Verzeihung, aber bei uns läuft das nicht so

Das ist also der Weg, den einige Paare beschreiten, um die Sache zu bewältigen. Ich würde sagen, das sind gut kommunizierende Paare mit einem festen Fundament aus Liebe und Respekt, und die Partner sind emotional ausreichend gefestigt, um mit dem Schock einer Affäre fertigzuwerden. Was andererseits bedeutet, dass viele andere Paare im dunkelsten Teil des Tunnels stecken bleiben, ohne auch nur das kleinste Licht am Ende zu sehen.

Wenn das auf Sie zutrifft: Bedenken Sie, dass Genesung nicht linear verläuft. An einem Tag werden Sie denken, Sie seien durch damit, Sie beide lachen und trinken ein Glas Wein wie früher, und dann plötzlich erinnern Sie sich und werden beide in die Bitterkeit des Tages zurückgeworfen, an dem die Affäre ans Licht kam, mit einer Macht, die Sie erneut von den Füßen haut. Einige Paare brauchen Jahre, um wieder zur Normalität zurückzufinden. Der US-amerikanische Sexualtherapeut Andrew Marshall hat eine Menge über Untreue geschrieben und warnt, dass das volle Geständnis Monate dauern kann: äußerst frustrierend für die Person, die zu verstehen versucht, warum jemand, der sie liebt, sie so verletzt hat.

Wenn Sie nicht wissen, wie Sie reagieren oder was Sie mit dem Schmerz tun sollen, und wenn Sie nicht vorankommen, gehen Sie zu einem guten Therapeuten. Dank seiner Ausbildung kann er Ihnen helfen, sich in dem Wirrwarr Ihrer Emotionen zurechtzufinden. Vor allem aber: Fühlen Sie sich nicht gezwungen zu verzeihen, und versuchen Sie erst gar nicht zu vergessen. Das braucht Zeit. Wenn Ihr Partner versucht, Sie zu drängen, erinnern Sie ihn daran, dass er der Grund dafür ist, dass Sie sich in dieser Situation befinden.

Ein Psychiater erzählte mir einmal, dass unsere Tendenz, rasch Lösungen finden zu wollen, häufig zur falschen Entscheidung führt. Wie unangenehm es sich auch anfühlt: Je länger Sie unentschieden bleiben, desto besser wird Ihre Entscheidung ausfallen. Wenn Sie nicht sicher sind, ob die Beziehung es wert ist, gerettet zu werden, halten Sie still, bis Sie sicher sind.

Was man tun kann, um voranzukommen

Jedes Paar geht mit einer Affäre anders um, doch bestimmte Dinge helfen jedem. Die folgenden Tipps betreffen beide Geschlechter und sind jeweils für die Person gedacht, die die Affäre hatte bzw. nicht hatte.

WENN IHR PARTNER DIE AFFÄRE HATTE

Treffen Sie am Anfang keine langfristigen Entscheidungen. Wenn Sie Ihren Partner nicht im Haus ertragen, werfen Sie ihn ruhig raus, bis Sie Ihren Ärger beherrschen können. Tun Sie an diesem Punkt aber nichts, was Sie nicht rückgängig machen können.

Fragen Sie ihn, ob er geschützten Sex hatte. Wenn nicht oder wenn Sie es nicht glauben, lassen Sie sich auf HIV und Geschlechtskrankheiten untersuchen.

Es ist normal, von Trauer überwältigt zu sein. Sie trauern um das Ende einer Beziehung, auf die Sie vertraut, und die rosige Zukunft, die Sie erwartet haben.

Dies ist die erste Phase, in der man sich fürs Bleiben mehr schämt als fürs Gehen, sagt Perel. »Statt die Reife, den Mut und die Beharrlichkeit anzuerkennen, die man braucht, um nach diesem Trauma in der Beziehung zu bleiben und zu versuchen, sie zu verbessern, glauben wir, es zeuge von einem schwachen Charakter.« Nach einer Affäre in einer schlechten oder gewalttätigen Beziehung zu bleiben, ist schädlich. Der Versuch einer Aufarbeitung, wenn Sie in einer guten Beziehung sind und besonders wenn dieses Verhalten völlig untypisch ist, ist gut und richtig.

Hüllen Sie sich in eine Decke aus Liebe von Freunden und Familie, und tun Sie Dinge, die Ihnen Freude machen. Es ist wichtig, Ihr Selbstwertgefühl wieder zu stärken und sich an Ihr starkes, selbstbewusstes Ich zu erinnern, das es noch gibt, auch wenn Sie es gerade nicht spüren.

Fragen Sie nicht nach schmutzigen Details, das »tut nur weh und hält Sie nachts wach«, rät Perel. Sie erzählt die Geschichte einer Frau, die von der Affäre ihres Mannes erfahren hatte und in seinen Sachen herumzusuchen begann. Sie fand »Hunderte von Nachrichten, Fotos und leidenschaftlichen Botschaften. Im digitalen Zeitalter sind Affären ein Tod auf Raten.«

Lassen Sie den Teil »Ich wette, sie war dünner/sexyer/besser im Bett als ich« aus und stellen Sie stattdessen »investigative« Fragen wie: »Was hat die Affäre dir bedeutet?«

Am schwersten zu bewältigen ist der Verlust des »Wir«. Wenn Sie eng miteinander verbunden sind und alles gemeinsam tun, schmerzt die Tatsache, dass Ihr Partner losgezogen ist und ohne Sie ein »Abenteuer« hatte, fast genauso wie die Untreue. Betrug zerstört die Vorstellung, dass eine Person für die andere alles sein kann – Sie zwei gegen den Rest der Welt. Es ist, wie wenn man mit drei Jahren herausfindet, dass es den Weihnachtsmann nicht gibt, multipliziert mit einer Milliarde. »Betrug zerstört die Geschichte Ihres Lebens«, sagt Perel. Kein Wunder, dass Sie am Boden zerstört sind.

Das Zweitschwerste: So sehr es Ihrem Partner leidtut, dass er Sie verletzt hat – die Affäre tut ihm möglicherweise nicht leid. Ihr Gehirn und Ihr Herz werden explodieren, wenn Sie ihn diese Worte das erste Mal sagen hören. Aber halten Sie durch, sie werden später Sinn ergeben.

Selbst wenn es bei der Affäre nicht um Sex ging, fühlt es sich trotzdem so an, weil Sex das Intimste ist, was Sie mit Ihrem Partner tun können. Sex kann die Achillesferse einer ansonsten starken Beziehung sein, sagt Marshall. »Immer wieder kommen Paare zu mir, die wirklich gute Freunde sind, gut darin, Dinge auszudiskutieren, die es aber nicht geschafft haben, den Sex hinzukriegen. Bei Affären geht es nicht immer um Sex, doch oft spielt er eine große Rolle.«

An einem gewissen Punkt muss Sex wieder Teil Ihrer Beziehung werden, sonst bleiben Sie für immer nur Freunde. Reden Sie mit brutaler Aufrichtigkeit darüber, was Sie beide sexuell wünschen, und trauen Sie sich auch, Kritik an Ihrem und seinem früheren Selbst zu üben. Dies ist eine neue Beziehung – erstellen Sie neue Regeln!

Machen Sie kleine Schritte. Sie werden Zorn verspüren, wenn Sie zum ersten Mal intim werden. Selbst wenn Sie es nach der Affäre getrieben haben wie die Kaninchen, wird eine Zeit kommen, in der Sex Sie wütend macht oder zum Weinen bringt. Der Geist der dritten Person ist für Sie beide präsent, und Sie bekommen sie nur mit Zeit und Geduld aus Ihrem Bett und aus Ihrem Kopf.

Beginnen Sie mit einfachem Schmusen, und bauen Sie darauf auf. Geben Sie auch nicht auf, wenn viele Sessions damit enden, dass Sie hinausstürmen oder in Tränen aufgelöst sind. Das Sensualitätstraining oder »2-Step« sind vielleicht etwas für Sie (siehe Seite 214). Gehen Sie zu einem Sexualtherapeuten, wenn Sie das Gefühl haben, überhaupt nicht voranzukommen, und vergessen Sie das Nachspiel nicht. Knutschen, plaudern, gemeinsam daliegen – das ist wichtig.

Verwenden Sie die Affäre nicht, um Auseinandersetzungen zu gewinnen, sagt Marshall, selbst wenn Sie es können und selbst wenn es noch viele Jahre später unglaublich verlockend ist.

Schenken Sie Ihrem Partner Zeit. »Er war immer bei der Arbeit, am Telefon, beschäftigt – alles außer mir war wichtig. Danach sagte er, er hätte alles für mich getan. Aber das große Haus war mir doch egal, ich wollte nur Zeit mit ihm, und die habe ich nie bekommen.«

»Bei Affären geht es viel weniger um Sex und viel mehr um Verlangen: Verlangen nach Aufmerksamkeit, Verlangen danach, sich als etwas Besonderes zu fühlen, Verlangen danach, wichtig zu sein«, sagt Perel. Lassen Sie Ihren Partner all das spüren; stellen Sie sicher, dass er das Gleiche für Sie tut.

Stehen Sie zu Ihrem Anteil an der Sache. Natürlich sind Sie nicht schuld, dass er eine Affäre hat, aber es braucht zwei, um ein Problem zu schaffen. Übernehmen Sie Verantwortung für Ihren Anteil.

»Es gibt viele Arten, seinem Partner untreu zu werden: mit Missachtung, mit Vernachlässigung, mit Gleichgültigkeit, mit Gewalt. Sexueller Betrug ist nur eine Art, den Partner zu verletzen. Mit anderen Worten, das Opfer einer Affäre ist nicht immer das Opfer der Ehe«, sagt Perel weise.

Was bereuen Sie? Zu wenig Zeit für Ihren Partner gehabt zu haben? Sex ständig verweigert und nie initiiert zu haben? Ihm keine Komplimente gemacht zu haben? Ihm nicht gesagt zu haben, wie sehr Sie ihn lieben? Machen Sie diese Fehler weiterhin, wird Ihre Beziehung wieder an den gleichen Punkt kommen.

WENN *SIE* DIE AFFÄRE HATTEN

Geben Sie zu, dass Sie Mist gebaut haben. Denn das haben Sie. Selbst wenn die Affäre das Beste war, was Ihnen je passiert ist, selbst wenn Sie glauben, Ihr Partner hätte Sie dazu gebracht: Sie müssen eingestehen, dass Ihre Affäre Schmerzen verursacht hat. Später können Sie über einige der Gründe reden, die zu Ihrem Seitensprung beigetragen haben, aber Sie dürfen nie vergessen, dass Sie mit Ihrer Entscheidung für eine Affäre jemanden verletzt haben, der Sie liebte.

Geben Sie Ihrem Partner das Gefühl von Sicherheit. Sie sind jetzt mit ihm zusammen. Sie wissen, dass Sie ihn schwer verletzt haben, und es tut Ihnen ehrlich leid.

Lügen schaden genauso wie der Seitensprung. Ehrlichkeit ist die Grundlage aller guten Beziehungen. Es braucht Jahre, bis Vertrauen wieder aufgebaut ist – wenn es denn überhaupt möglich ist. Außer sozialen Lügen sind von nun an keine Lügen mehr erlaubt.

Ehrlichkeit ist notwendig, Takt aber noch mehr. Es liegt auf der Hand, welche Fragen Ihr Partner wohl stellen wird. Überlegen Sie, wie Sie antworten werden.

Die Frage: »War er im Bett besser als ich?« zu beantworten mit: »Ja, echt unglaublich. Ich wollte schon immer wissen, wie es ist, mit einem Mann mit richtig großem Penis zu schlafen«, ist in der Sache nicht hilfreich. Eine Antwort wie: »Es war jemand Neues. Das allein hat es aufregend gemacht«, ist leichter zu verdauen.

Was hat Ihnen die Affäre gegeben, das Sie von Ihrem Partner nicht bekommen haben? Als Erstes wird ein guter Therapeut Sie fragen, wer Sie in der Affäre waren. Was für eine Person waren Sie in dieser Beziehung, verglichen mit der Person, die Sie bei Ihrem Partner sind?

Überlegen Sie, wie Sie diese Bedürfnisse mit Ihrem Partner befriedigen können. Drücken Sie klar aus, was Sie von ihm wollen und brauchen – wenn Sie in der Versöhnungsphase sind. (Ihm zwei Wochen nachdem er es herausgefunden hat, eine armlange Liste zu präsentieren, führt höchstens zur Scheidung.)

Sie müssen jetzt transparent sein. Das bedeutet, dass Ihr Partner die Passwörter für alles kennt, auch die PIN von Ihrem Handy. All sowas. Einige Partner werden das nicht wollen, andere werden es verlangen, zumindest für eine Weile. Das dürfen Sie nicht übelnehmen. Außerdem, wenn Sie von nun an ehrlich sind, was könnte er dann noch finden?

Liebevolle kleine Gesten im Alltag fördern die Genesung, großspurige Gesten eher nicht. Eine Tasse Tee machen. »Ich liebe dich« sagen. Einen Umweg in Kauf nehmen, um den Partner abzuholen, seinen Tag schöner machen. (Der eine oder andere Trip nach Paris wäre auch nicht schlecht.)

Ihr Partner sollte nicht um Information oder Beteuerungen bitten müssen. Wenn Sie ihn mit jemandem von der Arbeit betrogen haben, lassen Sie ihn sofort, wenn Sie nach Hause kommen, wissen, dass Sie mit der Person Kontakt hatten (falls es so war), dass Sie dabei nichts empfunden haben und er keinen Grund zur Sorge hat.

Was, wenn er Grund zur Sorge hat, weil Sie versucht sind, eine weitere Affäre zu haben oder die alte fortzusetzen? Anständig wäre es, ihn wissen zu lassen, dass Sie nicht mehr monogam leben oder dass Sie mit der Person, mit der Sie die Affäre hatten, zusammen sein möchten. Richtig mies wäre es, so zu tun, als sei alles vorbei, und sich dann weiterhin zu treffen oder mit jemand anderem etwas anzufangen. Aber so sind Sie ja sicher nicht.

KAPITEL 11

50 PLUS UND SINGLE

Die Zahl der Silver Singles – der Menschen über 50, die nach Jahrzehnten in einer Beziehung wieder Dates haben – steigt. Partner verlassen einander, Partner sterben: So ist nun mal das Leben.

Leider ist es das Leben für Frauen, weniger für Männer. Statistisch ist die Wahrscheinlichkeit zu verwitwen für Frauen viel größer und die Wahrscheinlichkeit, nicht wieder zu heiraten, viel kleiner als für Männer. Elf Millionen der 13 Millionen Hinterbliebenen in den USA sind Frauen, und in Deutschland ist die Anzahl der Witwen um einiges höher als die der Witwer.

Während jüngere Leute sich seltener scheiden lassen, hat sich die Scheidungsrate für über 50-jährige Amerikaner seit den 1990er-Jahren etwa verdoppelt. 2017 betrafen die meisten Scheidungen die 45- bis 49-Jährigen. Diese sogenannten »grauen Scheidungen« sind auf die Babyboomer zurückzuführen. Weil es nie zuvor so hohe Scheidungsraten gab wie damals, als wir jung waren, sind wir weniger sicher, dass unsere Ehen halten. Wenn wir auf die 50 zugehen, sind wir höchstwahrscheinlich in unserer zweiten (dritten, vierten) Ehe, was eine Scheidung danach wahrscheinlicher macht. Statistiken darüber, ob zweite oder weitere Ehen halten, sind widersprüchlich, doch wenn man einmal geschieden ist, fürchtet man sich nicht mehr so sehr davor, sich noch einmal scheiden zu lassen. Jüngste amerikanische Statistiken zeigen, dass die Scheidungsrate für Erwachsene 50 plus, die schon einmal verheiratet waren, doppelt so hoch ist wie die für jene, die nur einmal verheiratet waren.

Gute Zeiten, was? Nun, jetzt werde ich Sie ein wenig aufheitern.

Das Singleleben kann befreiend sein

Nicht alle Frauen trauern ihrem Partner nach. Viele sind überglücklich, wenn sie ihm zum Abschied nachwinken können. »Die lustige Witwe« ist zwar der Name einer Operette, doch er bringt auf den Punkt, wie viele Frauen sich fühlen, wenn sie nach einer erdrückenden, banalen Ehe oder Partnerschaft mit einem kontrollierenden, anspruchsvollen Partner endlich frei sind.

Natürlich gibt es Frauen, die nach dem Tod ihres Mannes oder nach einer Scheidung unbedingt einen neuen Lebenspartner finden wollen, doch ebenso viele sind nicht daran interessiert. Viele sind allein sehr glücklich (oder glücklicher) und/oder haben nur Interesse an kurzfristigen Liebschaften, wenn es überhaupt dazu kommt.

Selbst wenn Sie nicht solo bleiben wollen, kann das Singledasein eine Chance für einen Neustart sein, eine Gelegenheit, jemanden zu finden, der zu der Person passt, die Sie jetzt sind, nicht zu der, die Sie einmal waren. Elizabeth Gilbert (Autorin von *Eat, Pray, Love)*, die britische Shop-Königin Mary Portas, Cynthia Nixon (Miranda in *Sex and the City)* und Portia de Rossi (bekannt aus *Ally McBeal)* haben die Sache ein für alle Mal geklärt, in dem sie Männer gegen Frauen austauschten. Wenn wir älter sind und die Zeit endlich wird, ist es uns nicht mehr so wichtig, was die anderen denken. Und das ist gut so.

In welche Kategorie Sie auch fallen: Mit 50 plus Single zu sein ist anders als in der ersten Hälfte des Lebens. Statt jemanden in einer Disco oder einer Bar zu treffen, werden Sie sich auf Dating-Apps durch die Profile potenzieller Partner scrollen. Statt Sex beim dritten Date haben Sie nun Sex, wann Sie ihn wollen, sexuell übertragbare Krankheiten sind mittlerweile auf dem Vormarsch, und die jüngeren Männer, die Sie mit einem Blick à la »Schön wär's« abgewiesen haben, solange Sie gebunden waren, könnten nun Ihr neues Date sein. Gut, dass ich Sie hier durch all das führe, schließlich habe ich das alles selbst erlebt!

WIE FÜHLEN SICH SINGLE-FRAUEN ÜBER 50?

Das erzählten mir Frauen über ihre Erfahrungen mit dem Singledasein:

»Ich gehöre zu einer ständig wachsenden Gruppe! Der Gruppe derer, die Hypothek und Scheidung hinter sich haben. Frauen sind unabhängiger als je zuvor, ich auch. Ich war immer berufstätig, und man hatte mir eingeschärft, ich solle nie von einem Mann abhängig sein (das sagte mein Vater, der zuverlässigste Mann der Welt). Aber ich vermisse es, jemanden für die alltäglichen Dinge zu haben: gemeinsame Entscheidungen treffen, Kosten teilen, in Urlaub fahren und Weihnachten feiern.«

»Ich hatte eine recht gute Ehe, aber nun bin ich Single (er hat mich betrogen). Ich wollte, ich wäre früher gegangen. Ich amüsiere mich großartig. Meinen ersten Orgasmus durch Oralsex hatte ich vor einem Monat. Mein Mann hat das bei mir nie gemacht.«

»Ich werde wohl mein Leben lang Single bleiben. Alle Männer in meinem Alter sehen viel älter aus als ich und sind unattraktiv. Und die jüngeren, heißen Typen haben kein Interesse an einer alten Schachtel.«

»Mir haben kurzfristige Beziehungen immer völlig genügt, und ich habe aus meinem Singledasein das Beste gemacht. Doch jetzt möchte ich mich häuslich niederlassen, ich bin einsam. Ich kann gut allein sein, aber nun ist es schwer. Ich bin mehr zu Hause, wünsche mir jemanden, mit dem ich fernsehen und in Urlaub fahren kann.«

»Man darf sich nicht darauf verlassen, dass jemand anders einen glücklich macht. Ich gehöre nicht zu denen, die lieber mit irgendwem zusammen sind als allein.«

»Diesmal habe ich viel mehr Selbstvertrauen. Ich verzeihe meinem Körper jetzt seine Fehler. Das macht beim Sex einen Riesenunterschied.«

»Der Trick ist, sich Freundinnen zu suchen, die ebenfalls Singles sind. Wenn Sie ein paar Freundinnen haben, mit denen Sie ausgehen können, kann das Singledasein richtig Spaß machen. Ich habe es nicht eilig damit, wieder in eine Langzeitbeziehung zu schlittern. Ich bin glücklich, eine Beziehung nach der anderen zu haben. Es ist heute anders als damals, weil es da draußen eine Menge Singles über 50 gibt.«

»Ich war mit meinem Mann zusammen, seit ich 16 und bis ich Mitte 50 war (er ist gestorben). Jetzt bin ich 60. Es war ein großer Paradigmenwechsel, alles allein zu tun, wo wir doch früher alles als Paar unternommen hatten. Den Sex vermisse ich am meisten. Mir gefällt es nicht, Single zu sein – ich bin nicht verzweifelt, aber einsam.«

»Ich dachte, ich würde mit meinem Mann alt werden, aber das war uns nicht vergönnt. Aber vielleicht hält das Schicksal ja jemand anderen für mich bereit.«

»Ich bin unglaublich einsam, habe aber schon vor dem Versuch, jemanden zu treffen, eine Riesenangst, weil ich seit den Wechseljahren zugenommen habe, an Scheidentrockenheit und ständigen Blasenentzündungen leide.«

»Freunden Sie sich mit ein paar schwulen Männern an. Das sind tolle Gesellschafter, und Sie werden keine Beziehung mehr wollen.«

»Ich hätte gern eine Teilzeitbeziehung, in der wir das Leben des jeweils anderen bereichern, statt für den anderen das Leben zu sein. Das kommt oft bei älteren Männern vor, die in Rente sind und viel Zeit totschlagen müssen.«

»Es geht mir großartig. Versuchen Sie es mit einem jüngeren Mann. Sie wollen dann nie zu den Oldies zurück!«

»Ich bin lieber Single als mit einem Idioten zusammen.«

WIE MAN MIT 50 PLUS EINEN PARTNER FINDET

Ich war auch mal eine Single-Frau, die auf die 50 zuging, weiß also, wie das ist – mal fantastisch, mal grauenvoll. Ich habe ständig lamentiert: »Warum gibt es so viele ältere Frauen, die attraktiv, gebildet, nett, klug und Single sind – und keine männlichen Gegenstücke?« Allen alleinstehenden Typen in meinem Alter, die ich traf, klebte das Etikett »Ausschussware« auf der Stirn. Innerhalb von einem Monat war klar, warum sie niemand haben wollte.

Ich hatte Dates mit dem süßen Typen, der sich bald als Alkoholiker entpuppte. Mit dem gut aussehenden Mann, der (furchterregende) Wutausbrüche hatte. Mit dem großen Kerl, der nicht nur am Rockzipfel seiner Mutter hing, sondern geradezu an sie gefesselt war (noch furchterregender). Der Grund dafür, mit ihnen auszugehen, obwohl ich ihre Mängel schon ahnte, bevor sie sich unübersehbar bemerkbar machten: Es gab keine anderen Optionen. In jeder Woche traf ich mindestens eine neue Frau, die ich mochte und bewunderte. In den vergangenen zehn Jahren traf ich einen einzigen fantastischen alleinstehenden Mann, und mit dem bin ich jetzt verheiratet.

Geben Sie jetzt aber nicht gleich auf: Sie brauchen schließlich nur eine Person (vorausgesetzt, Sie stehen nicht auf Polyamorie). Mindestens sechs meiner ehemals alleinstehenden Freundinnen haben, nach jahrelanger Suche, ebenfalls einen fantastischen Single-Mann gefunden und sind in einer Paarbeziehung glücklich. Es gibt sie, aber Sie brauchen wirklich Selbstbewusstsein, Entschlossenheit und einen großartigen Sinn für Humor, um die Mistkerle zu finden.

Auf der Suche nach dem verborgenen Single-Mann

Wo sind sie? All die alleinstehenden Männer über 50, die intelligent, attraktiv, zahlungsfähig und normal sind? Sie können nicht alle tot oder schwul sein. Verstecken sie sich in Altmännerkneipen? Sind sie zu Hause und streamen Netflix? Sitzen sie vorm Computer, gucken Pornos und kommen nur zum Essenholen raus?

Warum gehen sie nicht aus, so wie wir Frauen, am besten alle zusammen, damit man eine Auswahl hat? Wenn ich überhaupt einmal eine Gruppe von mittelalten Männern sehe, ist sie auf einem Billigflug Richtung Prag, zum Junggesellenabschied. Und neun von zehn tragen einen Ehering.

Männer über 50, die man gern daten würde, sind eine aussterbende Spezies. Man sichtet sie gelegentlich und ist dann ganz aufgeregt. Oder sind sie da draußen, mitten unter uns, und wir bemerken sie einfach nicht?

Eine befreundete Psychotherapeutin sagte mal zu mir, dass alle Männer mittleren Alters gleich aussehen und erst attraktiv werden, wenn man sie besser kennenlernt. Denken Sie an drei Männer in Ihrem Alter, die Sie bereits kennen, die Sie treffen würden, wenn sie Singles wären, oder die Sie richtig, richtig gern haben ... und Sie werden sehen, dass sie recht haben könnte. Stellen Sie sich Fotos von diesen Männern auf einer Dating-App vor, ohne dass Sie etwas über deren Persönlichkeit wissen. Würden Sie sie anklicken oder wegwischen? Das sollte Ihnen eine Lehre sein.

VIER GUTE GRUNDREGELN

Mir fallen viele ein, aber, weil ich mich beschränken muss (damit Sie nicht ein Buch mit einer Milliarde Seiten lesen müssen), nehme ich diese.

1. Sich auf das Wesentliche konzentrieren

Größe ist unwesentlich. Sein Bankkonto ist unwesentlich (außer er hat echte Geldprobleme wie ein Spieler oder jemand, der über seine Verhältnisse lebt, dann ist es etwas Wesentliches). Wie er sich kleidet, ist wirklich unwesentlich (die meisten Männer lassen sich bei Bedarf gern stylen). Sein Job ist unwesentlich, besonders, wenn er ihn wirklich gern macht.

Es muss eine gewisse sexuelle Anziehungskraft vorhanden sein, was aber nicht heißt, dass er gut aussehen muss. Charisma schlägt hohe Wangenknochen und ein markantes Kinn allemal.

Liebenswürdigkeit ist entscheidend. Nettigkeit ebenso. Unerlässlich ist, dass er Sie so lieben kann, wie Sie geliebt werden möchten (was man allerdings erst mit der Zeit herausfindet). Respekt steht an oberster Stelle. Ein weiteres Muss ist, dass er sich sehr um Ihre Familie und die Kinder bemüht. Wenn Sie eine gute sexuelle Beziehung haben wollen, ist unerlässlich, dass er Sie für das sexyste Etwas hält, dem er seit Jahren begegnet ist. Sexuelle Fertigkeiten sind nicht wichtig, denn die kann man lernen.

Sie selbst haben Ihre eigene Liste mit wichtigen Voraussetzungen – stellen Sie aber sicher, dass sie wirklich unabdingbar sind.

2. Sich nach jüngeren Männern umsehen

»Ich versuche, mir jüngere Männer abzugewöhnen«, war der Titel eines Artikels über mich im Magazin von *The Observer*. Ich war damals Ende 40 und hatte nicht gelogen: Ich wurde älter, das Alter meiner Freunde aber blieb das gleiche. Zehn oder sogar 20 Jahre jünger als ich.

Einen Grund dafür kennen Sie bereits – ich fand keine Männer in meinem Alter, die mich interessiert hätten. Aber ich traf eine Menge junger Männer, die toll aussahen und eine Energie und Lebenseinstellung hatten, die ich attraktiv fand. Und: Sie fanden mich auch attraktiv.

»Männer in meinem Alter fühlen sich entweder von mir bedroht (Alpha-Männer und ich sind nie gut miteinander ausgekommen), oder sie wollen jüngere Modeltypen, obwohl ich für mein Alter jung aussehe«, schrieb mir eine Frau. »Ironischerweise kann ich mit 50 einen gut aussehenden 30-Jährigen an Land ziehen, aber keinen 55-jährigen Durchschnittsmann.«

Eine andere zufriedene Kundin schreibt: »Als ich 43 war, hatte ich Dates mit einem Typen, der 23 war, und mit ein paar anderen, die unter 30 waren. Das machte viel mehr Spaß! Sie sind lebenshungrig und achten viel mehr auf sich.« (Mehr darüber, warum die Beziehung ältere Frau, jüngerer Mann funktioniert, finden Sie auf Seite 264.)

Der vermeintliche Männermangel wird nicht dadurch verbessert, dass die meisten Frauen ältere Männer vorziehen. Das ist in uns verankert, wohl auch weil diese Männer meist reicher sind. Wenn eine junge Frau sich aus diesem Grund – Geld oder Evolution – für einen älteren Mann entscheidet, stiehlt sie jene Männer, die für ältere Frauen erreichbar wären. Tricksen Sie: Sehen Sie sich nach Jüngeren um.

Nein, ich schlage nicht vor, dass Sie mit einem Typen einen Hausstand gründen sollen, der zehn Jahre jünger ist als sie (wobei: wenn Sie einander wirklich mögen, warum eigentlich nicht?), sondern ich will Sie dazu anhalten, Ihren Horizont zu erweitern. Nicht jede Beziehung muss lange halten, ein, zwei Affären mit einem jüngeren Mann könnten genau das Richtige sein, um Sie bei Laune zu halten oder Ihr Ego zu stärken. (Fürs Protokoll: Ich habe mich entwöhnt; mein Mann ist gerade mal drei Jahre jünger als ich, und das zählt nicht.)

3. Nabelschau betreiben

Außer mit den Ausschuss-Exemplaren traf ich mich auch mit sehr netten Männern. Und es lag an mir, dass keine Beziehungen daraus wurden.

Ich hatte die schreckliche Angewohnheit, andere Leute nach ihrer Meinung zu dem jeweiligen Mann zu fragen, noch bevor ich mir selbst meinen Reim auf ihn gemacht hatte. Freunde sind fürsorglich und nehmen das mit dem Prüfen sehr ernst. Sie machen Sie auf Fehler aufmerksam, die Sie nicht bemerkt haben – und das, ehe der arme Kerl überhaupt nur die Chance hat, all das Gute in sich zu zeigen, das man nicht auf den ersten Blick wahrnimmt und das manches wettmachen könnte.

Nachdem ich Miles, meinen späteren Mann, kennengelernt hatte, stellte ich ihn monatelang niemandem vor. Als ich es dann tat, fragte ich nicht nach Meinungen, weil ich bereits wusste, wie sehr ich ihn mochte. Und noch etwas habe ich bei Miles anders gemacht: Ich gab zu, dass ich eine Beziehung wollte.

Ich hatte immer vorgegeben, nicht so der sesshafte Typ zu sein, weil es mir viel cooler vorkam. (Zu meiner Verteidigung: Ich war es 20 Jahre lang wirklich nicht – ich war viel zu karriereorientiert und ließ es richtig krachen –, aber später wollte ich sehr gern jemand kennenlernen.) Mir war auch bewusst, dass ich Beziehungen vermied. Mein Vater hatte eine Affäre, als ich ein Teenager war, und ich hatte (große) Probleme, jemandem zu vertrauen. Ein paar Monate ging es mir gut, doch wenn ich drauf und dran war, mich wirklich zu verlieben, sabotierte ich die Geschichte unbewusst. Einige Jahre war ich in Therapie, was mich nicht davon abhielt, es auch bei Miles zu versuchen. Der Unterschied: Als er mich darauf ansprach, erkannte ich, was ich da tat, und hörte damit auf.

Warum ich Ihnen all das erzähle? Weil ich weiterhin Single und nicht seit acht Jahren in einer Beziehung unglaublich glücklich wäre, wenn ich nicht reichlich Nabelschau betrieben und eine Therapie gemacht hätte, um Verhaltensmuster zu erkennen, die nicht gut für mich waren. Erkennen Sie sich selbst. Erkennen Sie Ihre Muster. Fragen Sie Freunde, welche Fehler Sie ihrer Meinung nach machen, welche falschen Signale Sie aussenden. Hören Sie auf sie. Tun Sie Dinge anders.

4. Liebe nicht erzwingen

Ich weiß. Wenn Sie allein sind und Ihr 30. Date haben (oder 30 Monate keins hatten), niedergeschlagen und verzweifelt sind, könnte Sie das Gefühl beschleichen, irgendein Mann sei besser als gar keiner. Wenn das bedeutet, dass Sie Ihre strengen Kriterien lockern, ist dieser Moment ein Durchbruch. Wenn es aber bedeutet, dass Sie sich einbilden, jemanden zu lieben, nur weil Sie ein anderes menschliches Wesen in Ihrem Haus haben wollen, verspreche ich Ihnen: Das klappt nicht.

Nichts macht einsamer, als in der falschen Beziehung zu sein. Besorgen Sie sich lieber einen Hund oder eine Mitbewohnerin.

MUSS ICH WIRKLICH? DATING-APPS UND ONLINE-DATING

Eine Studie in Großbritannien ergab, dass 87 Prozent der Singles über 45 keine Dating-Apps verwenden. Warum? Die Hälfte sagte, sie brauche keine App, um ein Date zu bekommen, und ein Drittel meinte, die ganze Sache sei »unnatürlich«.

Meine 18-jährige Stieftochter findet, *nicht* online zu gehen oder eine App zu verwenden, sei seltsamer. »Das widerspricht der Intuition«, sagt sie. »Wie willst du denn sonst eine Menge Leute auf einmal treffen? Alte Leute sehen die ganze Zeit dieselben Leute. Wie sollten sie da jemand Neues kennenlernen?«, fragt sie entgeistert.

Wissen Sie, sehr wenige Menschen über 40 finden es toll, einen Partner im Internet oder mithilfe einer App zu suchen. Sie sind nicht die Einzige, die an der altmodischen Vorstellung festhält, man solle von Angesicht zu Angesicht kommunizieren. Und Sie müssen sich *nicht* der Technik bedienen, um jemanden kennenzulernen. Aber warum sollten Sie nicht alles einsetzen, was Ihnen zur Verfügung steht?

Die Chancen stehen fifty-fifty

Ich würde niemandem raten, alle Hoffnung darauf zu setzen, einen neuen Partner via App beziehungsweise im Internet zu finden. Technik ist etwas für manche, nicht für alle. Ich kenne viele Leute, die über Apps oder Websites einen Partner gesucht haben. Knapp die Hälfte hatte Erfolg und war von dem Verfahren begeistert. Das sind die Gutaussehenden, Geselligen, die mit Technik auch umgehen können. Die andere Hälfte hasste es und hatte demütigende, desaströse Erfahrungen gemacht – Menschen, die schüchtern, wenig fotogen und eher empfindlich sind.

Sie brauchen ein dickes Fell, um Apps und Online-Dating auszuhalten. Sie brauchen Sinn für Humor und gute Freunde, die Sie anrufen können, wenn Sie dasitzen und auf jemanden warten, der nicht auftaucht. Oder die Sie anrufen, um Sie aus einem Treffen zu holen, das sich als grauenhaft entpuppt.

Doch die moderne Technik ist eine sehr effiziente Art, nach Liebe oder Sex zu suchen, wenn Sie auf etwas Spezielles aus sind. Schließlich gibt es für jeden die passende App oder Website. Sie tanzen gern und möchten einen anderen Tänzer kennenlernen? Dafür gibt es eine App. Sie suchen einen Uniformträger? Dito. So ziemlich alles, was auf der Liste Ihrer Bedingungen ist, können Sie irgendwo im Internet finden. (Einige der großen Dating-Portale sprechen auch Nischenbereiche an; diese Seiten werden durch die Angaben gespeist, die Mitglieder gemacht haben. Hey, immerhin haben sie Ihnen das Filtern abgenommen!) Technik ist auch nützlich, wenn es Ihnen schwerfällt, rauszugehen und Leute zu treffen. Oder wenn Sie in einer Kleinstadt mit wenig Gelegenheiten leben und sich in einem größeren Radius umsehen wollen.

Um sie effizient zu nutzen, sollten Sie die Technik zum zweiten Standbein machen. Sie sollten nicht nur Mitglied bei einem Dating-Portal werden oder eine Dating-App herunterladen, sondern auch zu Singletreffs gehen, damit Sie Menschen persönlich treffen. Bitten Sie Freunde, Sie zu verkuppeln, halten Sie die Augen offen, wenn Sie mit Freundinnen unterwegs sind, sprechen Sie Fremde an, wenn Sie diese attraktiv finden, blicken Sie auf, nicht nach unten, wenn Sie in öffentlichen Verkehrsmitteln unterwegs sind. Probieren Sie alles aus, entscheiden Sie dann, was zu Ihnen passt. Meist ist es eine Kombination mehrerer Dinge.

Es gibt viele Informationen darüber, welche Apps und Websites bei welcher Altersgruppe besonders beliebt sind, wie man Mitglied wird, wie man dort navigiert, wie man ein tolles Onlineprofil schreibt und ein passendes Foto auswählt. Recherchieren Sie, bevor Sie Mitglied werden.

Hier sind weitere Dinge, die es zu bedenken gilt:

Lassen Sie sich nicht reinlegen. Da draußen gibt es Leute, die nehmen, was sie kriegen können. Das kann unverbindlicher Sex sein (und wenn Sie den auch suchen, wunderbar!). Es kann aber auch Ihr Geld sein.

Wenn jemand zu gut scheint, um wahr zu sein, ist er das meist auch. Wenn Sie sich in jemanden verliebt haben und der will auf einmal Geld für eine OP, einen Kredit, irgendetwas, das Sie nicht gern geben: Machen Sie, dass Sie da rauskommen. Sehen Sie sich auf Netflix *Dirty John* an, wenn Sie glauben, Ihnen könnte sowas nicht passieren. Einige Betrüger kommen ungeheuer sympathisch rüber – das ist ihre Masche.

Finden Sie eine Website, die zu Ihnen passt. Recherchieren Sie. Fragen Sie Freunde. Experimentieren Sie. Probieren Sie wenigstens einige Websites aus, bevor Sie kapitulieren. Apps passen eher zu jüngeren Menschen, für die Dating und der Umgang mit Technik selbstverständlich sind und die zwanglosere Dates und Beziehungen mögen. Versuchen Sie es mit einem traditionellen Dating-Portal, wenn Sie nicht auch so ticken.

Es dauert eine Weile, bis man jemanden gefunden hat. Meine Freundinnen scheinen alle das Gleiche getan zu haben: Mitglied werden, wie verrückt ein, zwei Monate Verabredungen treffen, dann ausgepowert Pause machen. Anschließend wieder online gehen, anspruchsvoller sein … und entweder haben sie nach einigen Verabredungen jemanden gefunden oder die Segel gestrichen.

Obwohl: Ich kenne eine Frau, die ihren späteren Ehemann im Internet getroffen hat – als sie zum allerersten Mal online war.

Fallen Sie nicht auf teure Dating-Services rein. Sie bringen es nicht. Ich habe drei oder vier Freundinnen, die Tausende ausgegeben haben und nicht weiter gekommen sind als Frauen, die sich bei günstigen oder kostenlosen Portalen angemeldet hatten.

Treffen Sie Ihre Dates nicht zum Abendessen. Wenn Sie gern Kaffee trinken, treffen Sie sich auf einen Kaffee. Oder Sie verabreden sich auf einen Drink, bevor Sie mit Freunden essen gehen. So ist die Zeit des Treffens begrenzt. (Glauben Sie mir: Einige Kandidaten möchten Sie garantiert nicht stundenlang um sich haben.) Wenn Sie glauben, es könne etwas daraus werden, treffen Sie für danach keine wirkliche Verabredung zum Essen; vorgeschobene können Sie »absagen«, wenn alles gut läuft.

WAS WÜRDEN SIE ANDEREN SINGLE-FRAUEN RATEN, DIE GROSSE ANGST VORM DATEN HABEN?

So antworteten mir Frauen auf diese Frage:

»Machen Sie's einfach. Nichts tut sich, solange Sie nichts tun.«

»Konzentrieren Sie sich auf Freundschaften, pflegen Sie sie wieder, falls Sie sie vernachlässigt haben. Gehen Sie aus und treffen Sie Leute, nur so. Tun Sie, was Sie gern tun, einfach so, nicht unbedingt, um einen Partner zu finden. Damit gewinnen Sie Selbstvertrauen, und das macht attraktiv.«

»Erzählen Sie Freunden, dass Sie auf der Suche sind. Die stellen Ihnen vielleicht jemand vor oder halten für Sie Ausschau.«

»Ich habe mehrere Dating-Apps und -Portale ausprobiert, hatte aber nur mit einer Erfolg. Ich überlege, ob ich nicht wieder arbeiten gehe, damit ich Leute treffe.«

»Ich bin bei einem ›altersgerechten‹ Dating-Portal, aber da sind viel zu viele Alte, die ihre Rosen pflegen und Phrasen dreschen.«

»Der Aufstieg von Dating-Portalen und -Apps hat leider dazu beigetragen, dass es kaum noch normale Verabredungen gibt. Zu viel Auswahl bedeutet, dass Typen denken, sie würden beim nächsten Wischen eine finden, die strahlender, hübscher und jünger ist.«

»Dating-Apps sind schrecklich, aber man muss sie nutzen, weil das jeder tut. Es ist schwierig, die richtige Person zu finden. Nutzen Sie alle Mittel, die Ihnen zur Verfügung stehen.«

»Der Erfinder von Tinder war ein Genie. Man sagt, es sei nur für One-Night-Stands, aber ich habe durch Tinder zwei Männer kennengelernt und zwei wunderbare Beziehungen gehabt. Es macht aber süchtig. Ich denke weiterhin, es könnte noch einen Besseren geben, und sehe immer wieder nach.«

»Meine Freundinnen und ich organisieren etwa alle zwei Monate ein Treffen für alle Singles, die wir kennen. Wir kommen in einer Bar oder einem Restaurant zusammen und amüsieren uns großartig. Manchmal passen Leute zusammen, und wir hatten schon einige Erfolgsgeschichten. Noch wichtiger aber ist, dass man richtig gute Freundschaften schließen kann.«

»Nur Mut – aber legen Sie sich ein dickes Fell zu. Viele Männer sind langweilig, egozentrisch, auf der Suche nach jungen Frauen oder gemein. Tun Sie's nur, wenn Sie stark sind.«

»Dating hat sich enorm verändert. Es ist heute viel legerer. Früher hat man sich schick gemacht und ist ausgegangen. Jetzt heißt es: ›Treffen wir uns auf Pizza und Bier?‹ Der Druck, jemanden ranlassen zu müssen, ist aber immer noch da.«

»Meine Mutter hat mit mir und meinen Schwestern sehr negativ über Sex gesprochen. Seit sie tot ist, habe ich nicht mehr das Gefühl, sie würde mich beobachten. Ich kann jetzt machen, was ich will und so schamlos sein, wie ich mag. Das ist so befreiend.«

Bemühen Sie sich, nicht nach Äußerlichkeiten zu gehen. Viele Frösche verwandeln sich in Prinzen, wenn man genauer hinsieht. Die Eigenschaft, von der Sie dachten, sie sei unerlässlich, ist es vielleicht gar nicht. Der Typ, der nicht groß genug war, gewinnt an Größe, wenn er sich als der netteste Mann entpuppt, den Sie je kennengelernt haben.

Lächeln Sie freundlich, selbst wenn Sie innerlich verzweifeln, weil er nicht so aussieht wie auf seinem Foto. Wer sagt denn, dass Sie seinen Erwartungen entsprechen? (Tut mir leid, aber ich sage es mal ganz direkt: Wie fänden Sie es denn, wenn ihm beim ersten Anblick Ihrer Person die Gesichtszüge entgleisten?)

Wir mögen Menschen, die uns mögen. Eröffnen Sie das Date mit einem Lächeln, und schon fühlt sich Ihr Gegenüber zu Ihnen hingezogen.

DATING-TIPPS FÜR ERWACHSENE

Hier sind ein paar Lebensweisheiten zum Thema Dating mit 50 plus – beruhend auf persönlicher Erfahrung, meinen Recherchen sowie Ratschlägen von Beziehungsexperten und den vielen Frauen, die meine Fragebögen beantwortet haben und sich mit dem Thema auskennen.

Schätzen Sie Ihre Anziehungskraft realistisch ein. Sollten Sie nicht wissen, wie attraktiv Sie auf einer Skala von eins bis zehn sind, fragen Sie eine gute Freundin und ziehen dann einen oder zwei Punkte ab. Wenn Sie eine Zwei sind, bringt es nichts, nach Typen zu schauen, die eine Zehn sind.

Gehen Sie unter Menschen. Unternehmen Sie etwas. Treffen Sie so viele Leute wie möglich. Wenn Sie immer zu den altvertrauten Orten mit denselben vertrauten Menschen gehen und noch immer niemanden kennengelernt haben, wird das auch so bleiben. Ändern Sie Ihre Gewohnheiten.

Prüfen Sie Ihre Erwartungen. Wenn Sie zu jedem Date mit der Vorstellung gehen, er könne der Eine sein (eine törichte Vorstellung – wer sagt, dass nur eine Person Sie glücklich machen kann? Sind Sie 12?), werden Sie schwer enttäuscht werden. Nehmen Sie sich einfach vor, auszugehen und sich zu amüsieren. Schließen Sie ein paar neue Freundschaften.

Signalisieren Sie mit Körpersprache Offenheit. Verschränken Sie nicht die Arme, legen Sie die Hände auf den Tisch, halten Sie direkten Blickkontakt, lächeln Sie. Wenn Sie beschlossen haben, dass Sie ihn mögen, machen Sie ihm ein paar Komplimente, berühren seinen Unterarm, zeigen deutlich, dass Sie interessiert sind.

Sie sind beim Date vermutlich tonangebend (wenn Sie hetero sind). Die meisten Männer sind schlecht darin zu kommunizieren. Seien Sie neugierig: Stellen Sie Fragen, finden Sie etwas über den Mann heraus, darüber, wer er wirklich ist, was er in seinem Leben so gemacht hat, über seine Familie. Lenken Sie das Gespräch. Aber scheuen Sie sich auch nicht, über sich selbst zu sprechen. Im Idealfall kommen beide gleichermaßen zu Wort.

Nette Typen sind nicht langweilig. Verwechseln Sie nicht Drama und Liebe. Aufs und Abs wie auf der Achterbahn sind kein Zeichen von Leidenschaft, sondern von Unvereinbarkeit. Ruhe ist gut.

Stecken Sie sich hohe Ziele. Von »sicheren Kandidaten« können Sie genauso abserviert oder schlecht behandelt werden wie von riskanteren, aber anziehenderen Partnern. Da können Sie sich doch gleich holen, was Sie sich wirklich wünschen.

Verlangen Sie nichts, was Sie nicht selbst bieten können. Auf Ihrem Wunschzettel sollte nur stehen, was auch Sie zu bieten haben.

Die Liebe, die Sie finden, sieht wahrscheinlich nicht so aus, wie Sie es sich vorgestellt haben. Was jetzt zu Ihnen passt, ist etwas anderes als früher, als Sie jung waren. Seien Sie flexibel. Lösen Sie sich von »Ihrem Typ«, dann werden Sie vielleicht glücklicher, als Sie je waren.

Beziehungen sind nicht alles. Sie bekommen nicht nur vom Partner Liebe. Enge Freunde, Familie, Haustiere, Beruf, Bücher, DVDs, Filme, Reisen, Essen, Wein, Solo-Sex – all das macht Freude. Wenn Sie einen Partner wollen, dann versuchen Sie ruhig, einen zu finden. Lassen Sie es aber nicht zu einer fixen Idee werden.

Würden Sie mit sich ausgehen? Wenn nicht, müssen Sie sich in den Griff bekommen. Übernehmen Sie Verantwortung. Wenn alle Ihre Verabredungen und Beziehungen ein schlechtes Ende nehmen, hat das mit Ihnen zu tun. Hören Sie auf, anderen die Schuld für Ihre Misserfolge zu geben.

Sich lieben zu lassen ist genauso wichtig, wie lieben zu können. Zu lernen, wie man geliebt wird, ist schwieriger, weil es Verletzlichkeit voraussetzt.

Nichts ist weniger attraktiv als Verzweiflung. Es ist kein Akt der Verzweiflung zuzugeben, dass Sie gern eine Beziehung mit einer bestimmten Person hätten. Ein Akt der Verzweiflung ist es, wenn Sie eine Beziehung so sehr wollen, dass Ihnen egal ist, mit wem.

Gehen Sie nicht hin, wenn Sie nicht in der richtigen Stimmung sind. Sich zu einem Date einzufinden, wenn man übel gelaunt ist und dann sein Gegenüber misstrauisch und ablehnend beäugt, ist völlig sinnlos. Besser, Sie verzichten und schauen Netflix, bis Ihre Laune besser wird, oder Sie machen einen Termin bei einem guten Therapeuten.

Wenn Sie die Verabredungen satthaben, dann lassen Sie es und machen sich auf eine andere Art glücklich. Manche Menschen haben so viele schlechte Erfahrungen gemacht, dass sie einfach nicht mehr offen für weitere sind.

Seien Sie nett zu den Leuten, mit denen Sie verabredet sind. Seien Sie freundlich und höflich. So, wie Sie von ihnen behandelt werden möchten.

Sehen Sie, was da ist, nicht, was Sie sehen wollen. Es gibt positives Denken, und es gibt Wunschdenken. Wenn er über 45 ist, wird er sich jetzt kaum noch ändern. Man kann ihn formen, aber er wird sich nicht dramatisch verändern.

Machen Sie sich nichts vor. Übernehmen Sie die »Er steht einfach nicht auf Dich«-Philosophie, die besagt: Wenn er Interesse hat, zeigt er Interesse. Lügen Sie sich nicht in die eigene Tasche.

Das Leben ist zu kurz, um es an unentschlossene Menschen zu vergeuden. Wenn er sich schon am spannenden Anfang der Beziehung nicht entscheiden kann, ob er rein oder raus will, bleibt er garantiert nicht bei Ihnen, wenn Sie bei den langweiligen Phasen ankommen.

Wenn er nicht anruft oder auf Kontaktversuche nicht reagiert, gehen Sie Ihrer Wege. Vergeuden Sie Ihr Leben nicht damit zu analysieren, was falsch gelaufen ist, wenn die Antwort eigentlich lauten müsste: Der Typ ist ein Idiot und fühlt sich von Ihnen eingeschüchtert. Allerdings …

Schreiben Sie niemanden zu früh ab. Eine Tirade à la »Wie kannst du es wagen, mich zu ignorieren« loszulassen, wenn er nicht innerhalb weniger Tage auf Ihre SMS antwortet, könnte sich gegen Sie wenden. Im Leben von Menschen geschehen Dinge, die anderes überlagern. Eltern sterben. Leute werden krank. Verlieren ihren Job. Fahren in Urlaub. Sind einfach nicht der Typ, der schnell antwortet, und eine Antwort innerhalb einer Woche ist bereits fabelhaft. Machen Sie in aller Stille Schluss, schreiben Sie ihn geistig ab, ohne ihn das wissen zu lassen. Wenn er sich meldet, großartig. Wenn nicht, denkt er, Sie seien auch nicht interessiert gewesen. Win-win.

Sie müssen beide das Gefühl haben, das große Los gezogen zu haben. Es ist egal, ob einer besser aussieht, reicher oder geistreicher ist, worauf es ankommt, ist die Balance.

Wenn Sie sich wirklich viel Mühe geben und es trotzdem nicht klappt, ist es die falsche Beziehung für Sie. Wenn Sie die richtige Beziehung finden, ist alles ganz einfach, weil Sie miteinander daran arbeiten. Bei einigen Paaren stimmt die Chemie einfach nicht: Sie bringen das jeweils Schlechteste im anderen zum Vorschein.

Sie brauchen drei Dinge, um wirklich miese Zeiten zu überstehen: Sinn für Humor, eine Chemie, die stimmt, und die Fähigkeit, Dinge aus der Sicht des jeweils anderen Partners zu sehen.

Warten Sie ein Jahr, bevor Sie voll vertrauen. Die meisten Leute verraten sich innerhalb von zwölf Monaten.

UND WAS NUN?

ICH BIN JETZT SINGLE, HABE ABER FEST VOR, SEX ZU HABEN, WENN ICH DEN RICHTIGEN PARTNER FINDE. WIE HALTE ICH MICH IN DER ZWISCHENZEIT IN SEXUELLER HINSICHT FIT?

Masturbieren Sie regelmäßig, das hält Ihre Genitalien fit und gesund und Ihre Lust auf Sex groß. Falls Sie das noch nie getan haben: Eine Anleitung dafür finden Sie auf Seite 176. Wie Sie Ihren Körper auf Verkehr vorbereiten, wenn Sie länger keinen hatten, lesen Sie ab Seite 86. Das Kapitel über Sexspielzeug (ab Seite 171) enthält auch eine Menge interessante Vorschläge, wie Solo-Sex Spaß macht und gleichzeitig nützlich ist.

WANN IST DER RICHTIGE ZEITPUNKT FÜR SEX?

Der richtige Zeitpunkt ist, wenn Sie wollen und bereit sind. Er hängt auch davon ab, was Sie von der Beziehung erwarten.

Wenn Sie auf ein kurzes Abenteuer aus sind und Sex Ihr Hauptmotiv ist, warum sollten Sie dann mit dem (sicheren) Sex warten? Wenn Sie aber das Gefühl haben, die Beziehung könne länger halten, würde ich an Ihrer Stelle etwas abwarten. Menschen, denen es leidtut, dass sie erst spät Sex hatten, haben meist nicht klar signalisiert: Ich will Sex, aber noch nicht jetzt. Viele hingegen bereuen es, Sex zu früh gehabt zu haben. Kein anständiger Mensch wird sich zurückziehen, wenn Sie sagen, dass Sie Zeit brauchen.

Allerdings kenne ich sehr viele Paare, die schon am Tag des Kennenlernens miteinander geschlafen haben und Jahre später immer noch verliebt sind. Alles hängt von Ihren persönlichen Moralvorstellungen, Ihrer beider Persönlichkeit, sexuellen Erfahrungen und Geschichten ab. Tun Sie, was richtig für Sie ist. Einen richtigen Zeitpunkt gibt es nicht.

KANN ICH DEN ERSTEN SCHRITT MACHEN?

Und ob! Die Zeiten, in denen wir Frauen so taten, als würden wir Sex nicht mögen, sind vorbei. Ob Sie damit die Pferde scheu machen, hängt von der Persönlichkeit des glücklichen Empfängers ab. Wenn er schüchtern und von Ihnen überwältigt ist, kann es nach erst einer Woche etwas zu viel sein, wenn Sie nackt, nur mit einer Schleife bekleidet, in der Tür stehen.

WAS, WENN ICH NUR SEX WILL? MUSS ICH IHM DAS SAGEN?

Kommt drauf an. Wenn es klar ist, dass Sie beide nur ein bisschen Spaß haben wollen, wäre es unnötig und etwas peinlich, wenn Sie das ansprächen. Aber wenn Sie glauben, er könnte Gefühle in etwas investieren, das für Sie eine Freundschaft-plus-Geschichte sein soll, *müssen* Sie etwas sagen. »Den Sex, den wir haben, finde ich wirklich toll, aber zu einer Beziehung bin ich gerade nicht bereit. Bist du damit zufrieden?« Mehr müssen Sie nicht sagen.

WAS, WENN ICH GAR KEINEN SEX WILL?

Wenn Sie das suchen, was Ihre Oma einen »Gefährten« nennen würde, wäre ich an Ihrer Stelle von Anfang an ehrlich. Glauben Sie nicht, dass jenseits eines bestimmten Alters Sex kein Thema mehr wäre; manche Männer um die 80 denken noch immer nur an das Eine. Ein Spaziergang im Park und ein paar Tässchen Tee sind vielleicht nicht das Einzige, was er im Sinn hat, wenn er Sie für den Nachmittag zu sich einlädt.

Am besten sagen Sie, dass Sie enthaltsam leben wollen, sobald er Ihnen Avancen macht oder etwas sagt, woraus Sie schließen, dass Sex auf seiner Tagesordnung steht. Wenn das nicht innerhalb des ersten Monats Ihrer Bekanntschaft passiert, sollten Sie es trotzdem ansprechen. Sagen Sie: »Ich mag dich sehr und verbringe gern Zeit mit dir. Aber ich bin nicht mehr sexuell aktiv und nicht sicher, wie wichtig Sex für dich ist.« Wenn es dafür einen Grund gibt, nennen Sie ihn.

Manche Leute sind froh, Sex als ein Relikt der Vergangenheit zu betrachten, und lassen sich mit Freuden auf eine sexlose, aber zärtliche und liebevolle Beziehung ein. Andere wenden sich ab. Das sollte man besser früher als später wissen.

WAS, WENN SEX JETZT WEHTUT? SPRECHE ICH DAS VORHER AN? ODER DABEI?

Sagen Sie davor, dabei und danach etwas. Warum sollten Sie Sex haben, der wehtut, und ihn einfach ertragen?

Es ist kein Abtörner, sondern einfach nur menschlich, wenn Sie zugeben, dass Sie beim Sex Schmerzen haben. Sagen Sie: »Hör zu, Geschlechtsverkehr tut mir manchmal weh. Ich brauche eine Menge Gleitmittel und muss es langsam angehen lassen, und du musst wirklich langsam eindringen und aufhören, sobald ich sage, dass es schmerzt. Bist du damit einverstanden?« Die einzige akzeptable Antwort ist: »Selbstverständlich!«

Wenn die Person, mit der Sie schlafen, es nicht versteht oder verärgert wirkt – abservieren. Was für ein Mann wünscht sich, dass seine Partnerin Schmerzen in Kauf nimmt, damit er sein Vergnügen hat?

WAS HALTEN SIE VON FREUNDSCHAFT-PLUS-VEREINBARUNGEN?

Als Kurzzeitlösung können solche Vereinbarungen eine wunderbare Idee sein – solange keiner von Ihnen versteckte Motive hat. Das Dumme ist nur, dass viele Leute sie haben: Man tut so, als sei es bloß Sex, und hofft, dass mehr daraus wird.

Selbst wenn Sie diese Hürde bezwingen: Sollten Sie irgendwann einen festen Partner finden wollen, denken Sie daran, dass Freundschaft-plus-Vereinbarungen Ihnen die Lust nehmen könnten, sich auf die Suche zu machen. Es ist viel zu einfach, nach einem Date, das schlecht gelaufen ist, betrunken und verzagt auf seiner Türschwelle aufzutauchen und die Grenze zwischen Sex und Liebe weiter verschwimmen zu lassen.

Manchmal wird aus Freundschaft plus eine echte, feste Beziehung. Meistens nicht.

WAS IST MIT ONE-NIGHT-STANDS UND SEX OHNE VERPFLICHTUNG?

One-Night-Stands können sehr befreiend sein, wenn Sie in der richtigen Verfassung sind und Sie eine positive Erfahrung machen. »Ich war frisch geschieden und versuchte nach 30 Jahren mit demselben Mann, den Mut für eine neue Partnersuche aufzubringen. Dann war ich auf Geschäftsreise und kam in der Hotelbar mit einem Mann ins Gespräch. Fünf Drinks später sagte ich ihm, dass ich Horror davor hätte, mich vor einem Mann auszuziehen, und zack, war ich nackt. Ich liebte es. Es war genau das, was ich zu dem Zeitpunkt brauchte«, sagte eine Frau. Ein kurzes Abenteuer mit einem heißen jungen Typ könnte das sein, was Sie brauchen, um über Probleme mit der Körperwahrnehmung hinwegzukommen, mit denen Ihr Ex Sie hat sitzen lassen.

Wenn Sie aber unverbindlichen Sex benutzen wollen, um über eine nach wie vor schmerzhafte Trennung oder einen Verlust hinwegzukommen, oder wenn Sie sich verletzlich und zerbrechlich fühlen – vergessen Sie's. Unverbindlicher Sex ist egoistischer Sex. Es geht dabei nicht ums Hätscheln, sondern ums Sich-Nehmen. Sex wegen des anschließenden Schmusens zu haben, ist nie eine gute Idee.

EIN STRESSFREIES »ERSTES MAL« MIT JEMANDEM, DEN SIE WIRKLICH MÖGEN

Einen Leitfaden, wie Sie sich körperlich auf Sex vorbereiten, wenn Sie länger keinen hatten, finden Sie ab Seite 86. Aber es geht beim Sex nicht nur darum, körperlich bereit zu sein.

Wir tun gern so, als sei Sex keine große Sache mehr; schließlich leben wir in einer äußerst sexualisierten Gesellschaft. Aber Sex mit jemandem, den Sie mögen und mit dem Sie eine Beziehung aufbauen wollen, ist eine große Sache. Sich jemandem nackt zu präsentieren – damit er Ihren Körper berühren, riechen und schmecken kann –, macht verwundbar. Wenn Sie sich jahrelang – vielleicht jahrzehntelang – für niemand anderen als einen festen Partner ausgezogen haben, wie könnte das keine große Sache sein? Lassen Sie uns das also festhalten: Lampenfieber ist normal. Fühlen Sie sich nicht eigenartig, wenn Sie Hemmungen haben.

Folgen Sie Ihrem Instinkt und befolgen Sie diesen Leitfaden, und alles wird gut. Vertrauen Sie mir. Das meiste in diesem Abschnitt richtet sich an Mann-Frau-Paare, einfach deswegen, weil es für Hetero-Paare kniffliger ist als für lesbische Paare. Aber vieles gilt für jede Partner-Kombination.

Stellen Sie keine Regeln auf, wann Sie mit jemandem schlafen. Manchmal ist die erste Nacht die richtige, manchmal dauert es bis nach dem zehnten Date. Manchmal einige Monate. Lassen Sie es organisch geschehen, aber mit einer Regel: Sie tun es, wenn Sie bereit sind, nicht wenn er bereit ist: Sobald Sie angefangen haben, Sex zu haben, hören Sie nicht mehr damit auf. Das kann Gefühle durcheinanderbringen.

Wenn Sie Brustkrebs hatten und gehemmt sind, sagen Sie es ihm. Wenn Sie nicht gerade vorhaben, einen Teenager zu daten (ich sagte nach jüngeren Männern umsehen, aber nicht nach so jungen), haben Sie es mit einem Erwachsenen zu tun. Erwachsene Männer wissen, dass so etwas wie Krebs passieren kann. Teenager sind besessen von Brüsten, ältere Männer nicht so sehr. Sie haben schon einige befühlt und brauchen es nicht mehr. Lassen Sie ihn wissen, dass Sie Krebs und Operationen hatten, und er wird höchstwahrscheinlich erleichtert sein. Er kann dann die Arthritis in seinen Fingern und Potenzstörungen eingestehen. Das gilt für jede Krankheit, jedes gesundheitliche Problem, das Ihnen Sorgen bereitet.

Haben Sie sicheren Sex. Eine Schwangerschaft ist unwahrscheinlich, aber nicht unmöglich, und Sie können durchaus eine große, blutige, schmerzhafte Blase an Ihren Sie-wissen-schon bekommen. Oder sich HIV einfangen. (Gehen Sie zu Seite 265, wenn Sie immer noch überzeugt werden müssen, dass ein Kondom notwendig ist.)

Machen Sie, was Sie brauchen, um sich wohlzufühlen. Wenn Sie es lieber dunkel haben möchten, schalten Sie das Licht aus. Wenn Sie nicht ganz nackt sein wollen, behalten Sie etwas an. Wenn Sie Rücken- oder Knieprobleme haben, scheuen Sie sich nicht, Kissen als Stützen zu verwenden. Warnen Sie ihn, wenn es bei Ihnen einen Körperteil gibt, der eine bestimmte Stellung unmöglich macht.

Bereiten Sie sich vor. Sex ist für ältere Frauen weniger spontan, denn: Sex ohne Gleitmittel fordert Schmerzen beim Sex und eine Harnwegsentzündung geradezu heraus. Wenn es Ihnen peinlich ist, das Gleitmittel vor seinen Augen aufzutragen, gehen Sie vor dem Sex zur Toilette und geben welches oben in die Scheide. Es findet danach seinen Weg nach unten. Selbst wenn Sie nicht vorhaben, es zum Geschlechtsverkehr kommen zu lassen: Vorspiel macht viel mehr Spaß, wenn Sie befeuchtet sind. Außerdem müssen Sie nicht befürchten, dass er denkt, weil Sie nicht feucht sind, seien Sie nicht erregt.

Machen Sie sehr kleine Schritte. Die ersten Male wird wohl Vorspiel dominieren – Oralsex, Finger, Streicheln – und nicht der Verkehr. (Vielleicht kommt es sogar nie dazu.) Das sind gute Nachrichten für Sie beide: Wir brauchen länger, bis wir erregt sind, und die Männer auch. Das schenkt Ihnen Zeit, sich aneinander zu gewöhnen, und erhöht auch den Reiz und die erotische Spannung.

Nicht vergessen: Ältere Männer brauchen spezielle, kräftige Stimulation, und davon mehr, damit sie eine Erektion bekommen und halten können. Wenn Sie Kapitel 7 gelesen haben, sind Sie bereits vorgewarnt, wie empfindlich Männer mit Potenzstörungen sind. Bedenken Sie: Es ist unwahrscheinlich, dass er eine Erektion bekommt, nur weil er mit Ihnen zusammen ist. Vorfreude und zu sehen, wie wunderschön Sie sind, könnte nicht reichen. Das ist keine Beleidigung, das ist ein alternder Penis.

Ältere Männer brauchen kräftige, (vorzugsweise) versierte Stimulation, selbst wenn sie Viagra oder Ähnliches eingenommen haben. Trauen Sie sich zuzupacken. Wenn Sie etwas zaghaft sind, nehmen Sie seine Hand und legen sie auf seinen Penis; dann weiß er, dass Sie nichts dagegen haben, wenn er sich selbst stimuliert.

Lenken Sie sanft, aber nicht zu viel. Bei der ersten sexuellen Begegnung geht es um Verbundenheit und Intimität. Es ist keine Unterrichtsstunde, wie er Sie zum Orgasmus bringen kann. Wenn er ernsthaft keine Ahnung hat und Sie nichts davon haben, intervenieren Sie, indem Sie eine seiner Hände nehmen und dorthin legen, wo Sie sie haben möchten. Doch ansonsten sollten Sie sanft und ermutigend sein. Belohnen Sie Dinge, die Ihnen gefallen, mit eindeutigem Stöhnen oder mit »Das fühlt sich wunderbar an«, und reagieren Sie auf Dinge, die Sie nicht mögen, nicht so enthusiastisch.

Aufrichtigkeit ist sexy. Von jemandem echt erregt worden zu sein, ist das größte Kompliment, das Sie machen können. Lassen Sie ihn wissen, dass Sie, auch wenn seine Technik nicht perfekt ist, sehr glücklich sind – einfach weil seine Hand/sein Penis/seine Zunge Sie berührt.

Halten Sie es schlicht. Wenn Sie ein Repertoire von Tricks abarbeiten, sieht das nach Verzweiflung aus. Ebenso kann jeder etwas »schräge« Kram noch ein wenig warten. Selbst wenn Sie es kaum erwarten können, all die abenteuerlichen Sachen auszuprobieren oder vorzuführen, die Sie mit Ihrem vorherigen Partner nicht probieren konnten: Verschieben Sie's. Besonders wenn er älter ist; ältere Männer sind häufig weitaus konservativer als ältere Frauen. Lernen Sie ihn erst ein bisschen besser kennen, bevor Sie die Peitsche herausholen.

Erwarten Sie keinen Orgasmus. Einigen Frauen fällt es schwer, keinen Orgasmus zu haben, wenn Sie sexuell ausgehungert sind und endlich Sex bekommen. Andere müssen entspannen und ihrem Partner vertrauen, bevor sie den Höhepunkt erreichen können. Täuschen Sie keinen vor, wenn Sie keinen haben. Wenn er fragt, sagen Sie: »Ich brauche Zeit, dich kennenzulernen, bevor es klappt. Aber alles, was du gemacht hast, hat sich toll angefühlt, und ich finde es wunderbar, hier so mit dir zu liegen.«

Haben Sie Sinn für Humor. Selbst wenn der Sex eine Katastrophe war – wenn Sie beide darüber lachen, was macht das schon? Die meisten murksen beim ersten Mal ziemlich herum. Der richtig gute Sex geschieht normalerweise ab dem fünften, sechsten Mal.

5 GUTE GRÜNDE, MRS ROBINSON ZU SPIELEN

Höchstwahrscheinlich weiß der jüngere Typ, den Sie sich aussuchen, nicht einmal, wer Mrs Robinson ist. Aber er wird wissen, dass er Sie begehrt! Hier sind Gründe dafür, warum die Kombination ältere Frau mit jüngerem Mann sexuell gut funktioniert.

1. **Wir wissen, was wir tun.** Für fast alles gilt: Je länger Sie etwas üben, desto besser werden Sie darin. Über die Jahre hatten wir mit Penissen zu tun, die nicht hoch- oder runterkamen oder beides taten – in der Zeit, die man braucht, um »vorzeitiger Samenerguss« zu sagen. Jüngere Frauen haben glattere Oberschenkel, aber sexuell kennen wir uns viel besser aus. Er kann bei uns entspannen.

2. **Wir machen die Ansagen.** Ältere Frauen scheuen sich nicht, Anweisungen zu geben: Wir kennen unseren Körper gut und wissen, was funktioniert und was nicht. Nach wie vor liegen viele junge Frauen einfach da und erwarten, dass der Mann die ganze Arbeit macht. Und sie lehnen es ab, ihren Liebhaber anzuleiten, weil er ja »wissen« sollte, was er tun muss. Oder sie fürchten, er könnte Anweisungen als Kritik auffassen. Falsch. Die meisten Männer lieben ein eher zupackendes Vorgehen. Wenn wir wollen, dass jemand unsere Brüste berührt, nehmen wir seine Hände und legen sie dorthin.

3. **Unser Hauptaugenmerk liegt nicht auf Geschlechtsverkehr.** Das nimmt ihm den Druck, etwas leisten zu müssen.

4. **Wir lassen uns Zeit.** Weil wir zum Warmwerden länger brauchen, machen wir das Beste daraus. Eine langsamere, länger dauernde Sex-Session ist für Sie beide genussvoller. Er mag in der Lage sein, auf Zuruf zu kommen, aber ein längerer Weg dorthin verbessert auch seinen Orgasmus.

5. Wir zeigen ihm, dass wir Spaß haben. Warum sollten Sie im Bett auf cool machen? Viele Männer sagen, zu sehen, wie Sie reagieren und dass sie in der Lage sind, Sie zu erregen, würde sie mehr antörnen als Schönheit.

Rechnen Sie damit, sich hinterher verwundbar zu fühlen. Wenn es das erste Mal war, nachdem Sie einen geliebten Partner verloren oder sich von ihm getrennt haben, könnten Sie sogar weinen. Das ist okay. Sagen Sie ihm, wie Sie sich fühlen, und auch den Grund dafür. Wie gesagt, Erwachsene können mit so etwas umgehen.

Falls Sie die Fassung verloren haben, stellen Sie klar, dass das nicht bedeutet, dass Sie es nicht genossen haben oder die Beziehung mit ihm beenden wollen. Selbst wenn Sie innerlich schreien: »Ich fühle mich wie eine Betrügerin! Das ist verkehrt. Ich hätte es nicht tun sollen!« – versuchen Sie, nicht in Panik zu verfallen. Seien Sie still, bleiben Sie ruhig, und denken Sie später darüber nach.

Das erste Mal mit jemandem, den Sie mögen, kann alle möglichen Gefühle hochkommen lassen. Wie es mit der Beziehung weitergehen soll, klären Sie später in Ruhe, nachdem Sie darüber nachgedacht oder mit Freunden geredet haben.

KÖNNTEN SIE FÜR SEX STERBEN? OHNE KONDOM VIELLEICHT

Ich habe eine ganz einfache Frage an Sie, wenn Sie Single und sexuell aktiv sind: Haben Sie vor, beim nächsten Mal ein Kondom zu benutzen? Wenn Ihre Antwort nein ist, setzen Sie Ihre Gesundheit und möglicherweise Ihr Leben aufs Spiel.

In der Altersgruppe der 50- bis 90-Jährigen hat sich die Zahl der diagnostizierten sexuell übertragbaren Infektionen (STI) in den vergangenen zehn

Jahren verdoppelt. Hepatitis B und C, Syphilis, HIV, Chlamydien und Antibiotika-resistente Gonorrhö-Stämme (mit wenigen, leicht erkennbaren Symptomen) sind auf dem Vormarsch. Würden Sie sich gern damit anstecken?

Der einzig wirkliche Schutz vor sexuell übertragbaren Krankheiten ist, überhaupt keinen Sex zu haben. Herpes und Warzen können schon durch die Berührung erkrankter Haut übertragen werden; Filzläuse und Krätze interessiert es nicht, ob er sogar drei Kondome trägt, sie springen einfach fröhlich auf das nächstgelegene Haar.

Kondome sind nach wie vor ein sehr wirksamer Schutz vor den meisten wirklich schlimmen Erkrankungen und schützen Sie vor der Infektion mit Geschlechtskrankheiten durch Körperflüssigkeiten (wie Sperma, Blut und Schleim). Das risikoreichste Verhalten ist, Geschlechtsverkehr (anal oder vaginal) ohne Kondom zu haben. Wenn Sie eine wunde Stelle oder eine Verletzung im Genitalbereich haben, kann sich eine Infektion umso leichter verbreiten. Nicht zu vergessen: Auch Oralsex kann STIs zur Folge haben. (Mund-Rachen-Krebs durch Humane Papillomviren [HPV] ist eine sehr schwerwiegende Konsequenz.)

So erkennt man jemanden mit einer STI

Ich habe Sie reingelegt – man kann es nicht. Wie die meisten Erkrankungen sind auch sexuell übertragbare Infektionen nicht wählerisch, und Sie können nicht herausfinden, wer eine hat – meist, weil die Betroffenen selbst nichts davon wissen. Viele STIs verursachen keine Symptome. Eine diskrete, aber gründliche Musterung seiner Genitalien kann hilfreich sein, wenn er gerade akut etwas hat – wie Genitalwarzen oder Herpes –, gibt aber keinen Hinweis darauf, was sich in seinem Blut befinden könnte.

Nette Menschen haben STIs. Der Mensch, in den Sie sich gerade verlieben, hat vielleicht eine STI. Die Person, die schon 30 Jahre verheiratet ist und nur mit einer Person geschlafen hat, kann eine STI haben, weil der Partner untreu oder bereits beim Kennenlernen infiziert war.

Unbehandelt können STIs bei Frauen zu einer entzündlichen Beckenerkrankung und zu Krebs der Geschlechtsorgane führen. Bei Männern können unbehandelte STIs Penis- und Analkrebs zur Folge haben. HPV kann bei beiden Geschlechtern Mund-Rachen- sowie Analkrebs verursachen; Hepatitis erhöht das Risiko für Leberkrebs.

Noch mehr gute Nachrichten

Okay, auch diese Überschrift ist ein Fake. Ich habe vor, Sie zu Tode zu erschrecken, wollte aber, dass Sie weiterlesen.

Wenn Sie noch immer nicht überzeugt sind, dass Sie mit ungeschütztem Sex Ihr Leben aufs Spiel setzen, wie wäre es denn hiermit: HIV (das Virus, das zu Aids führen kann) nimmt in der Altersgruppe 50 plus zu. Eine Studie ergab, dass in Europa einer von sechs neu diagnostizierten HIV-Fällen Menschen über 50 betrifft. Ebenfalls über 50 sind 27 Prozent aller Menschen, die in den USA mit HIV/Aids leben.

Warum? Viele ältere Leute glauben weiterhin, man könne sich HIV nur beim gemeinsamen Nutzen von Drogen-Spritzen oder durch homosexuelle Handlungen »einfangen«. Falsch. Sie brauchen nur mit der attraktiven Person, die so schrecklich nett zu sein scheint, Sex zu haben – ohne Kondom.

Wirklich gute Nachrichten

Diesmal kein Fake: Die meisten STIs kann man gut behandeln. Selbst Menschen mit HIV können mit antiretroviralen Mitteln ein langes und gesundes Leben führen, sofern die Diagnose früh gestellt wurde.

Das Problem ist, dass die meisten älteren Menschen glauben, sie seien nicht gefährdet. Deshalb fragen sie ihren Arzt nicht nach Symptomen oder Risiken, und viele Ärzte besprechen das Thema »Sexualgesundheit« nicht mit älteren Patienten, weil sie (häufig fälschlicherweise) annehmen, diese seien nicht mehr sexuell aktiv.

Hat ein Mann Probleme beim Wasserlassen, wird die Prostata untersucht. Klagt eine Frau über Schmerzen beim Sex, wird von Scheidentrockenheit und Hormonmangel ausgegangen. STIs werden selten als Auslöser in Erwägung gezogen – das sollten sie aber.

Wenn wir altern, wird das Immunsystem schwächer, wir werden anfälliger für Infektionen. Viagra führt dazu, dass viele Männer viel länger, als die Natur es vorgesehen hat, Verkehr haben – und viele verwenden kein Kondom oder lassen sich nicht testen. Nach den Wechseljahren begünstigen dünne Scheidenwände und Feuchtigkeitsmangel in der Scheide die Übertragung von STIs und HIV. Gibt es auch nur eine winzige Hautverletzung – zu der es oft kommt, wenn ein Viagra-gestählter Penis und eine gealterte Scheide aufeinandertreffen –, ist es, als würde man die Tür für alle Infektionen weit öffnen und ihnen zur Begrüßung einen Willkommensdrink servieren.

Warum verwenden ältere Menschen keine Kondome?

Unsere Generation assoziierte Kondome mit Schwangerschaft. »Safer Sex« bedeutete, nicht schwanger zu werden. Vielen älteren Menschen ist nicht bewusst, wie leicht STIs übertragen werden, sie haben keine Ahnung von den Symptomen, wurden kaum oder gar nicht aufgeklärt oder haben jahrzehntelang kein Kondom benutzt und wissen nicht, wie angenehm und unauffällig Kondome heute sind.

Den meisten über 50-Jährigen, die in Langzeitbeziehungen waren, würde es nicht in den Sinn kommen, sich auf STIs untersuchen zu lassen – sie sind es einfach nicht gewohnt. Saga, eine englische Zeitschrift für die Generation 50 plus, gibt an, dass 65 Prozent der Menschen über 50 sexuell aktiv sind. Viele von ihnen haben Dates und Sex nach einer Scheidung oder dem Tod ihres Partners, in seliger Unwissenheit darüber, dass sie Kondome benutzen müssen. Hören Sie auf, so naiv zu sein: Sex kann Sie töten.

Benutzen Sie ein Kondom. Falls Sie befürchten, dass Sie sich infiziert haben könnten: Lassen Sie sich testen. Haben Sie in einer Beziehung keinen Sex ohne Kondom, bevor Sie beide getestet und für gesund befunden wurden. (Und Sie darauf vertrauen, dass Ihr Partner treu ist oder beim Sex mit anderen Kondome benutzt.)

Wenn Sie nicht zum Arzt gehen möchten, können Sie STI- und HIV-Selbsttests kaufen (in der Apotheke oder im Internet). Das übliche Verfahren: Sie machen selbst einen Abstrich und nehmen eine Urinprobe, schicken beides an ein Labor und bekommen den Befund von dort mitgeteilt. Das Schöne am Testen oder Getestetwerden: Sie sind so erleichtert, wenn Sie den negativen Befund bekommen, dass Sie nie wieder Sex ohne Kondom haben werden!

KAPITEL 12

50 DINGE, DIE SIE NUR WISSEN KÖNNEN, WENN SIE ÜBER 50 SIND

Die Jahre zwischen 50 und 60 sind die glücklichsten meines Lebens. Dazu trägt bei, dass ich die meisten davon in der besten Beziehung verbracht habe, die man sich wünschen kann, aber das ist es nicht allein. Ich fühle mich mit mir im Reinen. Mein Enthusiasmus ist nach wie vor da, aber ich bin zufrieden mit dem, was ich erreicht habe: Ich nehme neue, interessante Projekte an, aber zu *meinen* Bedingungen.

Von 20 bis 45 habe ich fast jedes Wochenende gearbeitet. Ich stellte die Arbeit über alles. Zu meinem Glück waren die meisten meiner Freunde und die Familie immer noch da, als ich bemerkte, wie lächerlich das war. Ich bin heute fitter als je zuvor, weil ich jetzt Zeit für Arbeit und Entspannung habe. Es hat sich herausgestellt, dass Yoga nachhaltige Veränderungen bewirkt – ich dachte lange, Yoga wäre etwas für Leute, die nur so tun, als ob sie Sport treiben.

Früher sagte ich immer, erschießt mich, wenn ich jemals behaupte, zufrieden zu sein. Spannung war das Ziel, Zufriedenheit der alte Sack. Heute sitze ich mit einem Glas großartigem Wein auf dem Sofa und schaue mit meinem Mann DVDs. Wer hätte gedacht, dass Zuhausebleiben das neue Ausgehen wird? Ich würde gern die Zeit anhalten, damit ich in diesem Jahrzehnt bleiben kann. Und ich bin nicht die Einzige, die »Soll das ein Witz sein?« sagt, wenn Leute, stets jüngere, fragen: »Wärst du nicht gern wieder jung?«

Ich sage nicht, dass ich die Zeit davor nicht genossen habe – ich habe jede kostbare Sekunde geliebt –, aber diese Zeit gefällt mir am allerbesten. Vielleicht, weil ich endlich das Gefühl habe, ich hätte ein paar Dinge kapiert – so wie Sie. Wenn Sie 18 werden, glauben Sie alles, aber auch alles zu wissen. Dabei haben Sie von nichts eine Ahnung. Hier sind 50 Dinge, die Sie nur wissen, wenn Sie ein halbes Jahrhundert hinter sich haben – und die Sie vielleicht an jüngere Frauen weitergeben möchten, die es noch nicht so weit gebracht haben.

LEBEN

1. Es liegt nicht immer alles an Ihnen. Sie sind nicht die Einzige, die Einfluss auf die Laune anderer hat. Hören Sie auf, alles persönlich zu nehmen.

2. Menschen lassen sich nicht ändern. Ihre Kinder, Ihre Freunde, Ihr Partner sind nicht Sie und denken nicht wie Sie, und das sollen sie auch gar nicht. Erfreuen Sie sich an den Unterschieden, statt zu versuchen, aus jedem eine kleine Kopie von Ihnen zu machen.

3. Immer nett zu sein führt zu nichts. Kellner, die Sie übersehen, Verkäuferinnen, die telefonieren, Leute, die notorisch zu spät kommen: Wenn Ihnen etwas nicht passt, dann sagen Sie es.

4. Nicht jeder muss Sie mögen. Sie wissen, dass Sie ein netter Mensch sind. Wenn andere nicht dieser Meinung sind, ist das deren Problem.

5. Ehrlichkeit ist nicht immer angebracht. Takt, Freundlichkeit und Einfühlungsvermögen sind es. Menschen, die sich rühmen, immer »Klartext zu reden«, sind überwiegend gemein.

6. Ist Ihr Körper gesund, ist er perfekt. Hören Sie auf, nach Mängeln zu suchen, und freuen Sie sich, wenn Sie gesund sind. Seien Sie einfach glücklich, dass alle Teile gut funktionieren.

7. Wählerisch zu sein ist nichts Schlechtes. Zeit ist endlich. Wenn etwas Sie nicht in den ersten zehn Minuten entzückt, servieren Sie es ab und wenden sich etwas zu, das Ihre Aufmerksamkeit wert ist.

8. Kleinigkeiten sind es nicht wert, sich darüber aufzuregen. Nichts setzt alles so gut wieder ins richtige Verhältnis wie der Tod eines Freundes oder Ihr eigener Kampf gegen eine lebensbedrohliche Erkrankung.

9. Grübeln bringt nichts. Es ändert nie den Lauf der Dinge, und in 90 Prozent der Fälle tritt nicht ein, was Sie befürchten.

10. Es ist wichtiger, sich mit Gleichgesinnten zusammenzutun, als jemand zu sein, der man nicht ist. Umgeben Sie sich mit Menschen, die sind wie Sie. Dann merkt niemand, dass Sie ein bisschen seltsam sind.

11. Jugend ist an Kinder nicht vergeudet, wie der irische Schriftsteller George Bernard Shaw es einst behauptet hat. Alt und zufrieden sein oder jung und getrieben – beides macht Freude.

12. Die Wechseljahre bekommt man in den Griff. Sie können Sie eine Weile in den Wahnsinn treiben, sind aber eine zähmbare Bestie.

13. Alt aussehen ist cooler, als verzweifelt zu wirken. Frauen mit straff gezogenen Gesichtern oder Schlauchbootlippen werden eher bedauert als bewundert.

14. Man muss aufpassen, was man sich wünscht. Sie können in das Leben anderer nicht hineinsehen und können nicht wissen, wie es sich anfühlt, es zu leben.

15. Nicht auf bessere Zeiten warten. Sich vorzunehmen, etwas erst zu tun, wenn Sie jemand kennengelernt haben/in Rente sind/einen neuen Job haben/ umgezogen sind, ist Schwachsinn.

16. Jede glaubt insgeheim, sie sähe für ihr Alter klasse aus. Bei Ihnen stimmt's.

LIEBE

17. Alleinsein bedeutet nicht, einsam zu sein. Wirklich einsam ist man in einer unglücklichen Beziehung.

18. Sie sind wahrscheinlich nicht mit dem falschen Mann zusammen, wenn Sie nicht mehr scharf auf ihn sind. In Langzeitbeziehungen ist es »natürlicher«, die Lust zu verlieren, als weiterhin Sex haben zu wollen. Sie wären ein Freak, wenn Sie über Ihren Partner herfallen wollten, wenn er zum 15000. Mal zur Tür hereinkommt.

19. Ihr Partner liebt Sie nicht unter allen Umständen. Wenn Sie sagen: »Harold wird nie fremdgehen«, erhöhen Sie sich selbst und beleidigen Harold. Wenn Sie Ihren Partner lieben, gibt es auch für andere Menschen Gründe, ihn zu lieben. Wissen Sie zu schätzen, was Sie haben, solange Sie es haben.

20. Auch glückliche Menschen haben Affären. Wenn Ihr Partner Sie häufig betrügt, hat es nichts mit Ihnen und Ihrer Beziehung zu tun, sondern ausschließlich mit ihm.

21. Aus neuen Liebhabern werden alte. Diese verführerische, strahlende neue Person wird in ein paar Jahren genauso nerven wie die, mit der Sie jetzt zusammen sind.

22. Spielchen führen zu nichts. Warum sagen Sie, Sie hätten keine Zeit, jemanden zu treffen, den Sie wirklich mögen, obwohl Sie Zeit haben? Tauschen Sie emotionale Manipulation gegen emotionale Transparenz.

23. Mit dem Partner zu konkurrieren macht Sie beide unglücklich. Was bringt es, wenn Sie nicht auf seiner Seite stehen?

24. Vertrauen Sie auf Ihr Bauchgefühl. Es lenkt Sie fast immer in die richtige Richtung.

25. Wenn Sie sich wirklich viel Mühe geben und es klappt nicht, sind Sie in der falschen Beziehung.

SEX

26. Sie vermissen vielleicht den Sex, den Sie als junge Frau hatten, aber der Sex, den Sie jetzt haben, ist auch nicht schlecht. Er ist nur anders.

27. Wer nicht an sich glaubt, kann nicht sexy sein. Eine selbstbewusste Liebhaberin ist Millionen Mal sexyer als eine, die daliegt und sich Gedanken wegen ihrer Cellulite macht.

28. Es ist erleichternd, nicht von der Libido beherrscht zu werden. Sie geraten in viel weniger Schwierigkeiten, und treu zu bleiben fällt um vieles leichter.

29. Orgasmen werden überbewertet. Nicht das Ziel der Reise ist die Hauptsache, sondern der Spaß, den man auf dem Weg dorthin hat.

30. Begeisterung ist attraktiver als ein toller Körper. Schönheit vergeht. Echte Liebe zum Sex hält so lange wie Sie.

31. Es gibt nicht die »richtige« Menge Sex. Wen kümmert es, was die anderen machen? Finden Sie Ihre eigene Norm.

32. Verlangen ist nicht der einzige Anreiz für Sex. Verbundenheit und Intimität sind genauso wichtig wie Lust. Der Wunsch, den Partner glücklich zu machen, auch.

33. Sich begehrt zu fühlen ist der allergrößte Antörner. Die Begeisterung in den Augen der anderen Person zu sehen erregt mehr als alle Sex-Tricks im Buch.

34. Egoismus ist nichts Schlechtes. Konzentrieren Sie sich auf Ihr eigenes Vergnügen, dann muss keiner sich sorgen, ob der andere auf seine Kosten kommt.

35. Nicht ad hoc eine Erektion zu bekommen, ist für Männer traumatisierend. Doch sobald sein Penis nicht mehr der Star ist, wird der Sex besser. Machen Sie mit dem ganzen Körper Liebe, nicht nur mit den Genitalien.

36. Die besten Orgasmen sind oft die, die Sie allein haben. Ihrem Vibrator macht es nichts aus, hoch- und runtergeschaltet, hierher und dorthin bewegt zu werden.

37. Spaß im Bett kann man auch ohne erigierten Penis haben. Die besten, intensivsten Orgasmen mit einem Partner kommen durch Oralsex zustande.

38. Kleine blaue Pillen sind nicht immer die Lösung. Ein Viagra-gehärteter Penis und eine Scheide 50 plus sind nicht wirklich füreinander geschaffen.

39. Wegen Fantasien Schuldgefühle zu haben, ist Quatsch. Im Kopf untreu zu sein ist etwas anderes, als es in einem Bett zu sein.

40. Es ist okay, gelegentlich mit Sex aufzuhören. Das Leben ist stressig. Vereinbaren Sie eine Pause, und keiner von Ihnen wird Angst haben, es sei für immer vorbei mit dem Sex, und deswegen durchdrehen.

41. Sexualität ist flexibel. Frauen sind sexuell viel flexibler als Männer, und die Wahrscheinlichkeit, eher durch die Persönlichkeit als durch die Geschlechtszugehörigkeit erregt zu werden, ist höher.

42. Spontaner Sex wird überbewertet. Vorfreude ist ein ausgezeichneter Ersatz.

43. Keine vernünftige Frau über 50 hat Sex ohne Gleitmittel. Es ist so unentbehrlich wie Zahnpasta und Toilettenpapier.

44. Der richtige Zeitpunkt, Sex mit jemand Neuem zu haben, ist, wenn Sie dazu bereit sind. Das kann nach »Hallo« sein, das kann nach einem Jahr sein.

45. Wer rastet, der rostet. Haben Sie Sex mit sich selbst, wenn Sie keinen Partner haben.

46. Der weibliche Orgasmus ist nicht weniger wert als der männliche. Stimuliert man uns richtig, erreichen wir Frauen genauso leicht den Höhepunkt.

47. Vorspiel ist Sex. Es ist nicht bloß etwas, das Sie vor dem Geschlechtsverkehr tun.

48. Kondome sind in neuen Beziehungen nicht verhandelbar. Derjenige, der das glaubt, ist es hingegen schon.

49. Sie können keinen tollen Sex haben, wenn Ihre Beziehung in Scherben liegt. Warum würden Sie Sex mit jemandem haben wollen, den Sie nicht einmal mögen?

50. Wenn Sie sich nach dem Sex schlecht fühlen, schlafen Sie mit der falschen Person.

DANK

Ich bin wirklich ein ausgesprochener Glückspilz. Dies ist mein 17. Buch, und wenn ich die Danksagung in meinem allerersten lese, das ich vor 20 Jahren geschrieben habe, freue ich mich sehr, dass viele der Namen in beiden Büchern vorkommen.

Niemand schreibt ein Buch ganz allein. Freunde sind kostbar; und je älter ich werde, desto mehr vermisse ich meine Familie. Wann immer es sich zeitlich einrichten lässt, versetze ich mich zu ihnen nach Australien und verbringe in Gedanken Zeit mit ihnen. Wenn ich nicht leibhaftig bei ihnen sein kann, so kann ich es wenigstens im Geiste. Ich vermisse sie alle in jeder Sekunde an jedem einzelnen Tag. Meine Mutter Shirley, meinen Vater Pat und seine Frau Mo, meinen Bruder Nigel und seine Frau Diana, meine Schwester Deb und ihren Mann Doug und meine Neffen Maddie und Charlie. Ihr seid stets in meinem Herzen.

Mein Mann Miles hat es ausgehalten, dass ich in den vergangenen sechs Monaten permanent im Büro verschwunden war, und er hat mich nur unterbrochen, um mir ein kühles Gläschen Wein zu bringen (selbstverständlich nach 18 Uhr). Verzeihen Sie, dass ich in diesem Buch so mit ihm angebe, aber er ist nun einmal absolut hinreißend. Genau wie meine schöne und kluge Stieftochter Sofia (sie ist wirklich etwas Besonderes!).

Meine Schwester Deb hat für die Organisation Family Planning in Australien gearbeitet und weiß ungeheuer viel über Sexualgesundheit und -beratung. Sie war so lieb, jedes Kapitel zu lesen, und hat mir dermaßen den Rücken gestärkt, wie es nur große Schwestern können. Mein Vater hatte mir schon bevor der Verlag an mich herantrat, in den Ohren gelegen, ich solle doch ein Sexbuch »für alte Leute« schreiben. Ich sagte ihm, das ich das gern täte, aber keiner mehr Sexbücher kaufen würde. Wie sich gezeigt hat, tun sie es doch, Dad. (Zumindest hoffe ich das!) Meine Mutter, die nach wie vor die coolste Frau ist, die ich kenne, bot mir faszinierende Einblicke in Sexualität und Älterwerden. Das erinnerte mich daran, dass alle meine Schulfreundinnen sie gern als ihre Mutter gehabt hätten (und es immer noch wollen). Nigel, mein großer Bruder, mit dem alle meine Schulfreundinnen durchbrennen wollten, hielt mich mit seiner typischen witzigen Schlagfertigkeit bei Laune.

Alle meine Freunde haben wie immer verstanden, dass ich ein paar Monate untertauchen musste – was ich stets mache, wenn ich ein Buch schreibe. Ich glaube, ihr wisst inzwischen alle, wer ihr seid, und findet es langweilig, eure Namen gedruckt zu sehen! Meine Agentin Vicki McIvor ist noch immer meine Agentin und wunderbare Freundin – bestimmt schon jahrzehntelang! Danke, Vic, für alles, was du für mich tust, beruflich und privat.

Ein Riesendank geht mit diesem speziellen Buch an Victoria Lehmann, Sexualtherapeutin und liebe Freundin für ihr kompetentes, eloquentes Interview. Und an Dr. Patricia Schartau, eine begabte Londoner Gynäkologin mit speziellem Interesse an Sexualmedizin und Urologie dafür, dass sie all die medizinischen Fakten in diesem Buch überprüft hat, damit wirklich alles stimmt. Ich bin euch beiden zutiefst dankbar.

Corinne Roberts war die Verlegerin meines dritten Buchs, *Supersex,* das zugleich eins der erfolgreichsten war. Wir wurden enge Freundinnen und Kolleginnen. Sie verließ vor vielen Jahren Großbritannien für Australiens Sonne und Sand, meldete sich aber bei mir und fragte, ob ich über Sex und die Lebensmitte schreiben wolle. Ich ergriff die Gelegenheit, wieder mit ihr zu arbeiten, beim Schopf. Während ich dies schreibe, habe ich noch nicht lange mit Murdoch Books zu tun, bin aber bereits von allen, mit denen ich bisher gearbeitet habe, sehr beeindruckt. Meine erste Begegnung in Großbritannien war mit Lou Johnson, Jemma Crocker und Clive Kintoff, und die Energie, die Ideen und die Begeisterungsfähigkeit leben seitdem fort. Ich danke auch meinen großartigen Lektorinnen Julie Mazur Tribe und Andrea O'Connor, die meine Texte genau angesehen haben und wie von Zauberhand besser klingen ließen. Ich kann mir kein besseres Team wünschen.

Zu guter Letzt: Dieses Buch gehört den vielen Frauen, die mir ihre Herzen ausgeschüttet und mir offen und ehrlich geschildert haben, wie es ist, Frau und über 50 zu sein. Danke, dass Sie mir diese intimen Geständnisse anvertraut haben. Ihre Fallberichte lassen das Buch lebendig werden.

LESEEMPFEHLUNGEN

Hier ist eine Liste empfehlenswerter Medien, falls Sie Themen weiter vertiefen möchten.

BÜCHER

Alvear, Michael, *Not Tonight Dear, I Feel Fat: How to Stop Worrying About Your Body and Have Great Sex,* Naperville, Sourcebooks

Bergner, Daniel, *Die versteckte Lust der Frauen: Ein Forschungsbericht,* München, Random House

Cox, Tracey, *Hot Relationships: How to Have One,* London, Corgi

Hot Sex: Das kleine Handbuch für die schönsten Liebeslagen, München, Goldmann

de Hennezel, Marie, *L'âge, le désir & l'amour. L'intimité après 60 ans: Les chemins de l'accomplissement,* Paris, Pocket

Fisher, Dr. Helen, *Anatomie der Liebe: Warum Paare sich finden, sich binden und auseinandergehen,* München, Droemer Knaur

Katz, Dr. Anne, *Men Cancer Sex,* Pittsburgh, Oncology Nursing Soc

Woman Cancer Sex, Pittsburgh, Oncology Nursing Soc

Kerner, Dr. Ian, *Mehr Lust für ihn: Was Männer beim Sex verrückt macht,* München, Goldmann

Mehr Lust für sie: Was Frauen beim Sex verrückt macht, München, Goldmann

Kirshenbaum, Mira, *Soll ich bleiben, soll ich gehen? Ein Beziehungs-Check,* Frankfurt, Fischer

Lehmiller, Dr. Justin, *Tell Me What You Want: The Science of Sexual Desire and How It Can Help You Improve Your Sex Life,* London, Robinson

Marshall, Andrew G., *Ich liebe dich noch, aber …: In sieben Schritten zu einer dauerhaften und leidenschaftlichen Beziehung,* Kindle-Ausgabe

Kann ich dir jemals wieder vertrauen? So bewältigen Sie den Seitensprung Ihres Partners, München, Goldmann

Martin, Wednesday, *Untrue: Warum fast alles, was wir über weibliche Untreue zu wissen glauben, unwahr ist,* Berlin, Berlin Verlag

Morin, Dr. Jack, *Erotische Intelligenz,* München, Goldmann

Nagoski, Dr. Emily, *Komm, wie du willst: Das neue Frauen-Sex-Buch,* München, Knaur

Nelson, Dr. Tammy, *When You're the One Who Cheats: Ten Things You Need to Know,* Toronto, RL Publishing Corp

Northrup, Chrisanna; Schwartz, Dr. Pepper; Witte, Dr. James, *The Normal Bar: The Surprising Secrets of Happy Couples and What They Reveal About Creating a New Normal in Your Relationship,* New York, Harmony

Perel, Esther, *Was Liebe braucht. Das Geheimnis des Begehrens in festen Beziehungen, Hamburg,* HarperCollins

Was Liebe aushält: Untreue überdenken. Ein Buch für alle, die jemals geliebt haben, Hamburg, HarperCollins

Price, Joan, *Naked at Our Age: Talking Out Loud About Senior Sex,* New York, Seal Press

The Ultimate Guide to Sex After 50: How to Maintain – or Regain – a Spicy, Satisfying Sex Life, New York, Cleis Press

Snyder, Stephen, *Love Worth Making: How to Have Ridiculously Great Sex in a Long-Lasting Relationship,* New York, Griffin

WEBSITES

Andrew G. Marshall: www.andrewgmarshall.com

Deutsche Psychotherapeuten-vereinigung: www.deutschepsychotherapeuten-vereinigung.de

Dr. Emily Nagoski: www.emilynagoski.com

Esther Perel: www.estherperel.com

Lovehoney (Sexspielzeug-Händler, der meine Supersex- und Edge-Produkte führt): www.lovehoney.de

Deutsche Menopause Gesellschaft e.V.: www.menopause-gesellschaft.de

Suzi Godson: www.suzigodson.com

Tracey Cox: www.traceycox.com

PODCASTS

Mamamia: No Filter
Gastgeberin ist die großartige und mutige Mia Freedman, die mit ihren Gästen offene Gespräche zu allen Lebensbereichen führt.

Quick and Dirty Tips/Relationship Doctor
Mit dem Therapeuten Stephen Snyder. Der Podcast hilft, sich in den Höhen, Tiefen und Wendungen Ihres Liebeslebens zurechtzufinden. Tolle Tipps.

Ted Talks
Hier finden Sie eine Menge über Sex, Beziehungen, die Wechseljahre und das Altern. Esther Perels *Why Happy Couples Cheat* und *Rethinking Infidelity* sind ein Muss für jede und jeden, die/der mit Untreue konfrontiert ist.

The Tracey Cox Show
Meine wöchentliche Radiosendung und den ebenfalls wöchentlichen Podcast finden Sie auf Jack Radio (www.jackradio.com) und über Links auf meiner Website. Alles und jedes, was mit Sex und Beziehungen zu tun hat, wird besprochen; eine Menge praktische Tipps gibt es auch.

Where Should We Begin?
Gastgeberin ist Esther Perel. Esther berät Paare jeweils in einer einzigen Therapie-Sitzung. Herzzerreißend, stimmungsaufhellend, informativ und faszinierend – seltene Einblicke in die intime Welt der anderen.

QUELLENANGABEN

Hier ist eine Auswahl der interessantesten und wichtigsten Bücher, Websites und Artikel, auf die ich mich in jedem Kapitel bezogen habe, sortiert nach Kapiteln.

Kapitel 1

Korevarr , K., *'This Study on Older Adults' Sex Lives Proves Your Sex Life Isn't Doomed',* Men's Health, July 2018 ‹www.mh.co.za/sex-women/study-showssex-life-isnt-doomed-age-heres-exact-percentage-people-older-65-still-sex/›

Snyder, S., MD, *Love Worth Making: How to Have Ridiculously Great Sex in a Long-Lasting Relationship,* New York, St Martin's Griffin, 2018

Nagoski, Dr. E., *Komm, wie du willst: Das neue Frauen-Sex-Buch,* München, Knaur, 2015

Godson, S., *'Midlife Sex—Yes, Yes, Yes, You Must Do It!',* The Times, June 2018 ‹www.thetimes.co.uk/article/midlife-sex-yes-yes-yes-you-must-do-itdvt5q89t8›

Kapitel 2

Forevher Healthy Women ‹https://forevher.healthywomen.org/›

Portman, P., *'Let's Talk About Sex, Baby: What's "Normal" for Over-60s', Starts at 60,* February 2019 ‹https://startsat60.com/health/being-healthy/sex-in-older-age-what-is-normal-health-risks-what-to-expect›

Petter, O., *'Nearly Three-Quarters of Women Are Uncomfortable During Sex, Study Claims',* The Independent, February 2019 ‹www.independent.co.uk/life-style/love-sex/painful-sex-discomfort-women-females-reasonsa8756821.html›

Hennezel, M., *L'âge, le désir & l'amour. L'intimité après 60 ans: Les chemins de l'accomplissement,* Paris, Pocket, 2016

Kapitel 3

Nagoski, E., Dr. *Komm, wie du willst: Das neue Frauen-Sex-Buch,* München, Knaur 2015

Pells, R., *'Children as Young as Three "Worry About Being Fat or Ugly"',* The Independent, August 2016 ‹www.independent.co.uk/life-style/healthand-families/health-news/children-as-young-as-three-worry-about-being-fator-ugly-a7216951.html›

Body Logic MD, *Dead Bedrooms: American Men and Women Come Clean About Their Sexless Marriages', Survey of 1000 people* ‹www.bodylogicmd.com/dead-bedrooms›

Alvear, M., *Not Tonight Dear, I Feel Fat: How to Stop Worrying About Your Body and Have Great Sex,* Naperville, Sourcebooks, 2013

Kapitel 4

Hudson, R., *'Feeling Stressed, Sad or Snappy', Live Better With,* March 2019 ‹https://menopause.livebetterwith.com/blogs/stories-info/feeling-stressed-sad-or-snappy›

National Health Service (NHS), *Risks: Hormone Replacement Therapy (HRT)* ‹www.nhs.uk/conditions/hormone-replacement-therapy-hrt/risks/›

WebMD, *Natural Alternatives to Hormone Therapy,* archives ‹www.webmd.com/menopause/news/20000209/natural-alternatives-hormone-therapy#2›

Minkin, M. J., Dr. *Prevalence of postmenopausal symptoms in North America and Europe,* November 2015 ‹bit.ly/1M8qDsJ›

Parker, J., *'France: the Land That Menopause Forgot', My Second Spring,* April 2019, ‹https://mysecondspring.ie/blog/france-the-land-that-menopause-forgot›

Kapitel 5

Perel, E., *Was Liebe braucht. Das Geheimnis des Begehrens in festen Beziehungen*, Hamburg, HarperCollins, 2020

Basson, Dr. R., *Rethinking low sexual desire in women*, Dezember 2003 ‹https://obgyn.onlinelibrary.wiley.com/doi/full/10.1111/j.1471-0528.2002.01002.x›

Flannery, J., *'Taking a Closer Look at Basson's Model of the Sexual Response Cycle'*, Sexology International ‹https://sexology-international.com/taking-a-closer-look-at-bassons-model-of-the-sexual-response-cycle/›

Snyder, S., *'Simmering: How to Improve Your Sex Life in a Long-term Relationship'*, The Times, January 2019 ‹www.thetimes.co.uk/article/simmering-how-toimprove-your-sex-life-in-a-long-term-relationship-ggkxvjvvc›

Morin, J., *Erotische Intelligenz*, München, Goldmann, 1999

Kapitel 6

Bergner, Daniel, *Die versteckte Lust der Frauen: Ein Forschungsbericht*, München, Random House, 2014

Klusmann, Dr. D., *Sexual motivation and the duration of partnership*, Juni 2002, ‹https://pubmed.ncbi.nlm.nih.gov/12049023/›

Security ,bad news for sex drive', August 2006, ‹http://news.bbc.co.uk/2/hi/health/4790313.stm›

Moorhead, J., *'A Strong Libido and Bored by Monogamy: The Truth About Women and Sex'*, The Guardian, October 2018 ‹www.theguardian.com/lifeandstyle/2018/oct/13/a-strong-libido-and-bored-by-monogamy-the-truthabout-women-and-sex›

Good in Bed, Good in Bed Survey, Report #1: *Relationship Boredom* ‹www.goodinbed.com/research/GIB_Survey_Report-1.pdf›

Good in Bed, Good in Bed Survey, Report #2: *Sexual Adventurousness* ‹www.goodinbed.com/research/good-in-bed-survey-report-2/index.php›

Boule, M., *'Women Get Bored in Bed Faster Than Men'*, Vice, February 2019 ‹www.vice.com/en_uk/article/a3bnez/women-get-bored-in-bed-faster-than-men›

Woodbridge, K., *The truth about the midlife sex surge, for men and women*, September 2008, ‹Krywww.thetimes.co.uk/article/the-truth-about-the-midlife-sex-surge-for-men-and-women-j03sj5q3p›

Lehmiller, J., *Tell Me What You Want: The Science of Sexual Desire and How It Can Help You Improve Your Sex Life*, London, Robinson, 2018

Herbenick, D., e.a., *Sexual diversity in the United States: Results from a nationally representative probability sample of adult women and men*, Juli 2017, ‹https://journals.plos.org/plosone/article?id=10.1371/journal.pone.0181198›

Kapitel 7

Kale, S., *'Erectile Dysfunction or Performance Anxiety? The Truth Behind a Modern Malaise'*, The Guardian, October 2018 ‹www.theguardian.com/lifeandstyle/2018/oct/18/erectile-dysfunction-performance-anxiety-truthmodern-malaise›

Kerner, I., *Mehr Lust für ihn: Was Männer beim Sex verrückt macht*, München, Goldmann, 2017

What Is Erectile Dysfunction?, Urology Care Foundation, June 2018 ‹www.urologyhealth.org/urologic-conditions/erectile-dysfunction›

Perel, E., *Where Should We Begin?* podcast series, *'Impotent Is No Way to Define a Man'* ‹https://www.estherperel.com/podcast›

Kapitel 8

Auf meiner Website (traceycox.com) gibt es eine Serie aus fünf Artikeln, »10 New Reasons to Love …«, in denen detailliert beschrieben wird, wie man herkömmliches Sexspielzeug kreativ einsetzt (www.traceycox.com/?s=10+new+reasons+to+love+your)

Price, J., *The Ultimate Guide to Sex After 50: How to Maintain – or Regain – a Spicy, Satisfying Sex Life,* New York, Cleis Press, 2014

Barnes, Z., *'6 Lube Ingredients You Might Not Want to Put in Your Vagina', Self,* February 2017 ‹www.self.com/story/6-lube-ingredients-to-avoid›

Anbieter von Sexspielzeug

Meine Linien werden weltweit über Lovehoney vertrieben. Auf deren Website (www.lovehoney.de) finden Sie auch Anleitungs-Videos zu fast allen Produkten.

https://www.amorelie.de

www.eis.de

https://www.brandeins.de/magazine/brand-eins-wirtschaftsmagazin/2016/lust/selbst-ist-die-frau

Kapitel 9

National Surveys of Sexual Attitudes and Lifestyles 3, August 2012, ‹www.natsal.ac.uk/natsal-3.aspx›

'Are We Really in the Middle of a Global Sex Recession?', The Guardian, November 2018 ‹www.theguardian.com/lifeandstyle/shortcuts/2018/nov/14/are-we-really-in-the-middle-of-a-global-sex-recession›

Over a quarter of relationships are 'sexless', September 2018, ‹www.relate.org.uk/about-us/media-centre/press-releases/2018/9/17/over-quarter-relationships-are-sexless›

Maxted, A., *'"Not This Year, Darling." The Misery of a Sexless Marriage',* The Times, May 2016 ‹www.thetimes.co.uk/article/hope-is-the-corrosivething-thinking-maybe-tonight-and-it-never-is-vfpxz2str›

Snyder, S., MD, *Love Worth Making: How to Have Ridiculously Great Sex in a Long-Lasting Relationship,* New York, St Martin's Griffin, 2018

Watson, L., *Wanting Sex Again: How to Rediscover Your Desire and Heal a Sexless Marriage,* London, Penguin, 2012

Kapitel 10

Ted Talks: Esther Perel's *'Why Happy Couples Cheat'* and *'Rethinking Infidelity'* ‹www.youtube.com/watch?v=P2AUat93a8Q›

Fisher, Dr. H., *Anatomie der Liebe: Warum Paare sich finden, sich binden und auseinandergehen,* München, Droemer Knaur, 1993

Fisher, Dr. H., e.a., *Infidelity: when, where, why,* in: Cupach, W. R., und Spitzberg, B. H., The Dark Side of Close Relationships II, New York, Routledge, 2010

Nelson, T., *'The 3 Phases of Erotic Recovery After Infidelity',* Recovery, February 2015 ‹www.recovery.org/pro/articles/the-3-phases-of-erotic-recovery-afterinfidelity/›

Perel, E., *Was Liebe aushält: Untreue überdenken. Ein Buch für alle, die jemals geliebt haben,* Hamburg, HarperCollins, 2020

Nelson, T., *When You're the One Who Cheats: Ten Things You Need to Know,* Toronto, RL Publishing Corp, 2019

REGISTER

Abstinenz, von Sex 192 ff., 217 ff.
Abwechslung, beim Sex 23, 36, 124 f., 130 ff., 174
Affären 221 ff.
  Siehe auch Fremdgehen
  Phase der Beziehung, danach 229 ff.
  Umgang, mit 233 ff.
ältere Frauen, mit jüngeren Männern 246, 264
Alter, Einstellung gegenüber 12, 28 ff., 51 f., 56 f., 144
Analplug 185
Analverkehr 41, 44, 163, 166, 185, 186
Attraktivität 50, 54, 58 ff., 105, 112 ff., 208, 244, 246, 253

Beckenbodendysfunktion 85
Beckenbodenmuskeln 73, 87, 88, 132, 173, 181
Begehren bei Frauen steigern 199
Begehren bei Männern steigern 200
Begehrt fühlen 9, 18, 54, 58, 103, 104, 148 f., 161, 200, 264, 276
Berühren 47, 93, 160, 215, 254
Betrug, *siehe* Untreue
Betrüger 250
Beziehung, sexlos 191 ff., 225, 258
  Gründe 192 f.
Beziehungen, Phasen von 99 f.
Bondage
  Fessel- und Machtspielchen 134
  Soft Bondage Kit 134, 186
Botox 56, 57, 87
Brustkrebs 52, 76, 91 f., 260
Buttplug, *siehe* Analplug

Chlamydien 266
Cialis 155

Dating 241, 244 ff.
  Angst, vor 251 f.
  Apps & Online 248 ff.
  Sex 257 ff.
  Tipps 250, 253 ff.
Depression 72, 74, 154, 194
Dilatator 87, 93
Dildo 93, 132, 165, 167, 186
Dreier 138 f.
Duales Kontrollmodell 66
Dyspareunie 77, 83

Ehrlichkeit 92, 114, 236, 273
Eifersucht 100, 106, 109, 136 ff.
Einstellungen, gegenüber dem Sex 12 ff., 103 f., 110 f.
Elektrostimulation 132
emotionale Transparenz 275
Empfängnisverhütung 82
Endometriose 85
Erektion 12, 29, 143 ff., 145, 148, 262, 276
  Behandlung 154 ff.
  erektile Dysfunktion 150 f.
  erektionsfördernde Mittel 147, 164 ff.
  erektionshemmende Mittel 33, 150
  herbeiführen 164 ff.
  Medikamente injizieren 156
  Potenzmittel 155, 157
  Potenzstörung 149 ff.
    darüber sprechen 152 f.
  Sex ohne Erektion 143 ff., 158 ff.
  Sexspielzeug 184
Ernährung 72, 154
Erotika 61, 111
Erregung 9, 61, 66 f., 93, 104, 135, 214
  Weibliche 101 f.
Experimentieren, mit Sex 36, 130 ff.

Fantasie 61, 64, 109, 115, 130 f., 137, 210 f.
Flirten 201, 225
Französinnen 81 ff.
Fremdgehen 211 f., 222, 224 f.
  Gründe 226 f.
Frenulum 43
Freundschaft-Plus 258, 259

Gehirn, benebeltes, während der Menopause 74
Gelegenheitssex 18, 259
Genitalwarzen 266
Geschwister-Falle 100, 112, 118, 195
gesund leben 36, 72
getrennte Betten 202
Gewohnheit, Sex als 18
Gewichtszunahme 35, 50, 52, 113
Gleitmittel 39, 144, 147, 162, 164, 165, 177, 181, 258, 261, 277
  auf Ölbasis 181
  auf Silikonbasis 181
  auf Wasserbasis 181
  mit CBD 86
Orgasmusgel 182
Gonorrhö 266
G-Punkt 187
  G-Punkt, männlicher 162, 184
  G-Punkt-Vibrator 187
Gynäkologe 75

Handjob 44 ff. 163
  an ihm 45 f.
  an ihr 46 f.
Harnwegsinfektion 17, 30, 71, 78, 83, 84, 261

Hepatitis 266
Herpes 266
Hitzewallungen 72, 74, 79, 80
HIV/AIDS 233, 261, 267
Hormone
 bioidentische »natürliche« 77, 82
 Hormonersatztherapie (HRT) 16, 39, 71, 76, 82, 86
 Veränderungen, hormonelle 28 f., 72 ff., 84
HPV 266
Hysterektomie 85, 169

Impotenz 144 ff., 160, 169
Inkontinenz 17, 73, 168
Intimität 17, 21, 36, 103, 198, 205, 207, 212, 226, 262, 276
Introjekte 64 f.

Jüngere Männer, mit älteren Frauen 246, 264

Kegel-Training 87, 88, 181
Klitoris 16, 39 ff., 46 f., 89, 124, 176, 182, 183, 185
 Klitorisvibrator 183
 Klitoris-Stimulation 177
Kondom 180, 261, 265 ff., 277
Körpersprache 22, 47, 254
Körperwahrnehmung 7, 35, 50 ff., 54, 58 ff., 62 ff., 112 f., 180, 259
Krebserkrankung 7, 29, 75, 91, 150, 167 f., 261, 266

Langeweile, in Beziehungen 109, 121 ff., 224
Leben nach 50, Tipps für 273 f.
Lesbierin 99, 137 f., 139, 149, 194
Levitra 155
LGBTQIA 149
Libido 7, 17, 27 ff., 122 ff., 149, 275
 Anstieg, im mittleren Alter 127 f.
Liebe 18, 97 ff., 124, 136, 141, 153
Liebeseier 186
Liebe nach 50, Tipps für 274 f.
Löffelstellung 38, 88

Machtspielchen 134
Marihuana 133
Massage 89, 162, 178, 184, 199
Masturbation, *siehe* Selbstbefriedigung
Medikamente, als Ursache von Sexualproblemen 33, 92, 150, 194
Menopause 70, 79
 siehe auch Wechseljahre
Midlife-Wanderlust 127 f.
Missionarsstellung 59, 134, 186
Monogamie 122, 124 f., 219, 223
Myome 85
Mythen 16, 122 ff., 188 f.

Nachtschweiß 71, 73, 79

Offene Ehe 141, 225
One-Night-Stands 211, 252, 259
Oralsex 39, 40 ff., 93, 163, 167, 242, 261, 266, 276
Orgasmus 9, 14 ff., 24, 28, 37, 41 f., 54, 87, 101, 114, 118, 127, 133, 151, 159, 172, 263, 277
 Selbstbefriedigung 88, 94, 111, 172, 176
 Sex, ohne 9, 42, 124, 161, 214 f., 263
 Sexspielzeug 171 ff.
Orgasmus-Gel 182
Östrogen 28, 37, 73, 75, 76, 86, 89, 93
Oxytocin 17, 37

Partnersuche 244 ff.
 »Erstes Mal« 260 ff.
Pegging-Set 186
Penetration 14, 16, 39, 79, 83, 86, 93, 138, 156, 160, 167, 175, 181, 183 ff.
Penis, *siehe* Erektion
 Penis-Implantate 156
 Penis-Puffer 90
 Penis-Pumpen 155
 Penisringe 155, 166
Peyronie-Krankheit 150
Polyamorie 130, 141, 219, 244
Pornografie 61 f., 111, 116, 146, 165, 193, 210
Potenzstörung 149 ff.
 siehe auch Erektion
Progesteron 29, 73, 74, 76, 82
Prolaktin 37
Prostata 44, 162, 166
 P-Punkt treffen 162 f.
 Prostatahyperplasie, benigne 138
 Prostatakrebs, Sex nach 167 ff.
 Prostata-Massagegeräte 184

Rabbit-Vibrator 175, 183
Reden, über das Aufhören mit dem Sex 200 f., 218
Reden, über Potenzstörungen 152 f.
Reden, über Sex 19 ff., 114, 129, 206 ff.
Refraktärphase 164
Rollenspiel 118 f., 139

Safer Sex 268
Scheidung 202, 219, 225, 240
Scheidentrockenheit 7, 17, 28, 39, 72 f., 76 f., 79, 80, 84, 89, 93, 243, 267
Schmerzen, beim Sex 30, 36, 83, 85, 258, 261
 Erste Hilfe, bei 90
 Gründe, für 83 ff.
 Umgang, mit 86 ff.
Selbstbefriedigung 16, 88, 173, 204, 210, 218, 257
 So geht's 176 ff.

Selbstwertgefühl 35, 50, 51 ff., 62 ff., 74, 113, 193, 224
stärken 58 ff., 233
Sensualitätstraining 93, 215 f., 235
Serotonin 75
Sex
als Einschlafhilfe 37
Bremsen, beim 66
egoistischer 31, 174, 260
Einstellung ändern 110 ff.
Frauen mit Frauen 137
genehmigter, außerhalb der Beziehung 212
im Freien 131
kein, oder selten 196 f., 200 f., 217 ff.
nach Krankheit 91 ff., 261
nach Operation 91 ff.
ohne Verkehr 158 ff.
perfekte Bedingungen schaffen für 66 ff.
schmutziger 128
Sensualitätstraining 215 f.
spontaner 13, 98, 101, 153 ff., 277
Stellung 38, 40, 45, 46, 59, 83, 88
Tageszeit 36, 93, 176
Tipps für besseren 114 ff.
Übung, einfachste 214 f.
Vorteile 17, 103, 173, 197 f.
Wahrheiten über 9
was Frauen tun könnten, damit Männer mehr Lust haben 200
was Männer tun könnten, damit Frauen mehr Lust haben 199
Sexclub 109, 137, 138
Sexlose Beziehungen 191 ff.
Sexmöbel 187 f.
Sex nach 50, Tipps 275 ff.
Sexpartys 137
Sexspielzeug 171 ff.
für ihn 184 f.
für sie 182 f.
Mythen 188 f.
Selbstbefriedigung 176 ff.
Sex-Trigger 61
Sexualtherapeut 86
Sexuell übertragbare Infektionen (STI) 85, 265 ff.
Sexuelle Funktionsstörung 74, 193
sexuelle Routine 115, 122, 199
sexy fühlen 49 ff., 108
Singleleben 239 ff.
Partnersuche 244 ff.
Single-Frauen, über 50 242
Slutshaming 126
Solo-Sex 39, 62, 94, 174, 176, 182, 193, 210, 254, 257
Spanking 135 f., 167
Spedra 155
Spontanes Verlangen 101, 153
Stimmungsschwankungen 75
Stroker 46, 91, 166, 184
Swinger 58, 139 f.
Syphilis 266

Technik 192, 214
Temperaturspiel 132
Testosteron 29, 36, 73, 77 f., 104, 154, 196
The 2-Step 214 f.
Therapie 79, 91, 154, 210, 217, 225, 230
Trennung 219

Unterleibsbehandlung 85
Unterleibschmerzen 85
Untreue 116, 194, 211, 221 ff., 228 ff.
Siehe auch Affären; Fremdgehen

Vaginismus 85, 87
Vaginose, bakterielle 85
Vakuumpumpen 155
Verlangen 18, 29, 33, 36, 54, 60, 66, 76, 122 ff., 127 f., 165, 235, 276
spontanes 101 f.
Verlust, des, nach Sex 100 ff., 205
Vertrauen 17, 105, 126 ,198, 231, 236
Vestibulodynie, provozierte 85
Viagra 147 f., 155, 157, 164 f., 276
Alternativen 165 ff.
Vibratoren 14, 24, 42, 61, 88, 89, 111, 172, 176, 178 ff., 188, 276
Bullet-Vibrator 183
G-Punkt-Vibrator 187
Klassisch 185
Klitorisvibrator 183
Rabbit-Vibrator 183
Selbstbefriedigung, so geht's 176
Stabvibrator 182
Vibro-Eier 186
Vorbereitung für Sex 88 f., 257, 260
Vorspiel 13, 14, 39, 85, 89, 93, 158, 184, 199, 218, 261, 277
Vulvodynie 75

Wechseljahre 69 ff.
Behandlungen 75 ff.
emotionale Symptome 74 f.
Hormonersatztherapie 76 f.
körperliche Symptome 72 f.
kulturelle Unterschiede 57, 74, 79 ff.
schmerzhafter Sex 83 f.
Westermarck-Effekt 195
Wiederbelebung des Begehrens 104 ff., 110 f.
Witwe 240

X-Position 38

Zeit lassen 87, 93, 160, 162, 166, 216, 235, 264
Zyste 85
Zystitis, interstitielle 85